Schiedsgerichtsbarkeit in Frankreich

Schriftenreihe des
Deutschen Instituts für Schiedsgerichtswesen

Herausgegeben von Prof. Dr. Karl-Heinz Böckstiegel

Band 3

Carl Heymanns Verlag KG · Köln · Berlin · Bonn · München

Schiedsgerichtsbarkeit in Frankreich

Herausgegeben von

Karl-Heinz Böckstiegel

Mit Beiträgen von

Detlev von Breitenstein
Roland Funck-Brentano
Jacques Mauro
Ernst H. Mezger
Richard Neuer
Alexander Schill

und mit den wichtigsten Texten,
insbesondere den neuen Kodifikationen von 1980 und 1981

Carl Heymanns Verlag KG · Köln · Berlin · Bonn · München

CIP-Kurztitelaufnahme der Deutschen Bibliothek

Schiedsgerichtsbarkeit in Frankreich: / hrsg. von Karl-Heinz Böckstiegel. Mit Beitr. von Detlev von Breitenstein ... u. mit d. wichtigsten Texten insbesondere d. neuen Kodifikationen von 1980 u. 1981. – Köln; Berlin; Bonn; München: Heymann, 1983.
(Schriftenreihe des Deutschen Instituts für Schiedsgerichtswesen; Bd. 3)

ISBN 3-452-19449-3

NE: Böckstiegel, Karl-Heinz [Hrsg.]; Breitenstein, Detlev von [Mitverf.]; Deutsches Institut für Schiedsgerichtswesen: Schriftenreihe des Deutschen ...

ISBN 3-452-19449-3

Gedruckt in der Gallus Druckerei KG Berlin

Inhalt

Abkürzungen

Batiffol	*H. Batiffol, P. Lagarde,* Droit international privé, Bd. I, 7. Aufl. 1981, Bd. II, 6. Aufl. 1974
Cass.	Arrêt de la Cour de Cassation – Entscheidung des Kassationsgerichtshofes
CC	Code Civil
Civ.	Arrêt de la Chambre Civile de la Cour de Cassation – Entscheidung des Kassationsgerichtshofes in Zivilsachen
Clunet	Journal du droit international
CPC	Code de procédure civile (ancien) – (ehemaliges) französisches Zivilprozeßgesetzbuch
D.	Recueil Dalloz
D. H.	Dalloz, Recueil hebdomadaire de jurisprudence
D./S.	Recueil Dalloz et Sirey (seit 1971)
EuGVÜ	Europäisches Übereinkommen über die gerichtliche Zuständigkeit und die Vollstreckung gerichtlicher Entscheidungen in Zivil- und Handelssachen vom 27. 9. 1968
Fouchard	*Ph. Fouchard,* L'arbitrage commercial international, 1965
Gaz. Pal.	Gazette du Palais
Goldman	*B. Goldman,* Arbitrage (Droit international privé), in: Répertoire de droit international (Encyclopédie Dalloz), 1968
JCP	La Semaine Juridique – JurisClasseur Périodique (édition générale)
J.O.	Journal Officiel (französisches Amtsblatt)
Loquin	*E. Loquin,* L'amiable composition en droit comparé et international, 1980
NCPC	Nouveau Code de Procédure Civile

Paris	Arrêt de la Cour d'Appel de Paris – Entscheidung des Appellationsgerichtshofes Paris (entsprechend für andere Appellationsgerichtshöfe)
Req.	Arrêt de la Chambre des Requêtes de la Cour de Cassation – Entscheidung der Vorprüfungskammer des Kassationsgerichtshofes
Rev.	Siehe Rev.crit.dr.int.pr.
Rev. arb.	Revue de l'Arbitrage (Bulletin du Comité français de l'arbitrage)
Rev.crit.dr.int.pr.	Revue critique de droit international privé (bis 1922: Revue de droit international privé et de droit pénal international; bis 1933: Revue de droit international privé; bis 1946: Revue critique de droit international)
Rev.trim.dr.civ.	Revue trimestrielle de droit civil
Rev.trim.dr.com.	Revue trimestrielle de droit commercial
RIW	Recht der Internationalen Wirtschaft – Außenwirtschaftsdienst des Betriebs-Beraters (AWD)
Robert	*J. Robert*, Arbitrage civil et commercial, 4. Aufl. 1967
S.	Recueil Sirey
Schlosser	*P. Schlosser*, Das Recht der internationalen privaten Schiedsgerichtsbarkeit, 1975
ZZP	Zeitschrift für Zivilprozeß

Terminologie suggérée en matière de procédure civile (französisch-deutsch)*

amiable compositeur	»amiable compositeur«
amiable composition	»amiable composition«
annuler	aufheber
arbitrage	Schiedsverfahren; Schiedsgerichtsbarkeit
arbitre	Schiedsrichter
arbitre unique	Einzelschiedsrichter
astreinte	Zwangsgeld
autorité de la chose jugée	materielle Rechtskraft
chef de demande	Antrag
clause compromissoire	Schiedsklausel
compromettre	einen Schiedsvertrag abschließen
compromis	Schiedsvertrag
constitution (du tribunal arbitral)	Bestellung (des Schiedsgerichts)
contredit	Widerspruch
convention d'arbitrage	Schiedsvereinbarung
Cour d'Appel	Appellationsgerichtshof
Cour de Cassation	Kassationsgerichtshof
décision/ordonnance d'exequatur	Vollstreckbarkeitsanordnung
délibération/délibéré	Beratung
désignation (d'un arbitre)	Benennung
désigner (un arbitre)	benennen
déssaisi (être)	nicht mehr befaßt sein
exequatur	Vollstreckbarerklärung
fond (sur le)	zur Sache
force de la chose jugée	formelle Rechtskraft
incident de vérification d'écriture ou de faux	Zwischenstreit über die Echtheit einer Urkunde oder deren Fälschung

* Zusammengestellt von *Detlev von Breitenstein*

inscription de faux	Streit über die Echtheit einer öffentlichen Urkunde
instance	(anhängiges) Verfahren
instance arbitrale	anhängiges Schiedsverfahren
instruire	verhandeln
interruption	Unterbrechung
litige	Streitigkeit
litige né	entstandene Streitigkeit
minute	Urschrift
moyens d'attaque et de défense	Angriffs- und/oder Verteidigungsmittel
mission (d'arbitre)	Amt (des Schiedsrichters)
opposition	Widerspruch
ordre public	öffentliche Ordnung, »ordre public«
partie la plus diligente	betreibende Partei
peine de nullité	Eintritt der Nichtigkeit
pièce	(Beweis-)Unterlage
pourvoi en cassation	Kassationsbeschwerde
prestation de serment	Eidesleistung
prétention	Anspruch
principe de la contradiction	Grundsatz der streitigen Verhandlung
procédure d'arbitrage/arbitrale	schiedsgerichtliches Verfahren
prononcé	Verkündung
recours en annulation	Nichtigkeitsbeschwerde
recours en révision	Restitutionsklage
récusation (d'un arbitre)	Ablehnung (eines Schiedsrichters)
référé (en matière de)	in einstweiligen Verfügungssachen
réformation (par voie d'appel)	Abänderung (durch Berufung)
règlement d'arbitrage	Schiedsverfahrensordnung
rendre une sentence	einen Schiedsspruch erlassen
sentence arbitrale	Schiedsspruch
signification/notification	Zustellung
tierce opposition	Dritteinspruch
tribunal arbitral	Schiedsgericht
tribunal de grande instance	Großes Instanzgericht
voie de recours	Rechtsmittel

Vorwort des Herausgebers

Frankreich ist ein wichtiger Platz für die internationale Wirtschaftsschiedsgerichtsbarkeit. In der ständig steigenden Zahl der Verträge des internationalen Wirtschaftsverkehrs mit Schiedsklauseln findet sich sowohl in Verträgen mit französischen Vertragspartnern als auch in Verträgen zwischen nichtfranzösischen Vertragspartnern nicht selten eine Wahl insbesondere von Paris als Sitz des Schiedsgerichts. Und soweit es zu Schiedsverfahren aufgrund von Schiedsklauseln kommt, welche noch keine Wahl des Sitzes enthalten, werden diese Verfahren trotzdem dann nicht selten in Frankreich, insbesondere in Paris, durchgeführt, weil entweder die Parteien sich nachträglich dahin gehend geeinigt haben oder die Schiedsrichter das im Rahmen ihrer Befugnisse festlegen oder aber die Internationale Handelskammer, deren Schiedsgerichtsbarkeit in der Praxis des internationalen Wirtschaftsverkehrs immer noch am meisten vereinbart wird, aufgrund der ihr in der Schiedsordnung übertragenen Befugnis einen Sitz des Schiedsgerichts in Frankreich festlegt. Zu dieser Bedeutung von Frankreich als Platz für die Schiedsgerichtsbarkeit allgemein im internationalen Wirtschaftsverkehr kommt hinzu, daß Frankreich als einer der wichtigsten Handelspartner der Bundesrepublik Deutschland in Verträgen des bilateralen Außenwirtschaftsverkehrs jedenfalls eine führende Stellung einnimmt. Das schlägt sich naturgemäß auch dahin gehend nieder, daß in diesem bilateralen Verkehr nicht selten Schiedsgerichtsverfahren in Frankreich vereinbart werden oder durchzuführen sind.

Der Zeitpunkt für die Herausgabe eines möglichst umfassenden Werkes über die Schiedsgerichtsbarkeit in Frankreich ergibt sich durch die Reformen von 1980 und 1981, welche dazu geführt haben, daß ältere Darstellungen des französischen Rechts nunmehr nur noch mit Schwierigkeiten verwendbar sind. Zwar wurden in diesen Reformen nicht alle Wünsche erfüllt, immerhin hat aber damit Frankreich unter den westlichen Industriestaaten das wohl modernste Recht der Schiedsgerichtsbarkeit – insbesondere für die internationale Schiedsgerichtsbarkeit – erhalten:

Zunächst wurde mit dem Dekret vom 14. 5. 1980 die nationale Schiedsgerichtsbarkeit in Frankreich neu geregelt. Aus der Sicht des Ausländers, der mit den Besonderheiten des französischen Zivilprozeßrechts normalerweise wenig vertraut ist, ist dabei eine praktisch wichtige Neuerung, daß gemäß Artikel 20 (jetzt: Artikel 1460 NCPC) die Schiedsrichter im Rahmen der von den Parteien vorgegebenen Festlegung das Schiedsverfahren selber bestimmen können und nicht mehr an das vor den staatlichen französischen Gerichten geltende Prozeßrecht grundsätzlich gebunden sind. Weitere Neuerungen betreffen die Form und Bedeutung der Schiedsklauseln für künftige Streitigkeiten, die Qualifikation und Zahl der Schiedsrichter, die Schiedsgerichtsbarkeit unter Einschaltung von Schiedsgerichtsinstitutionen, die Frist für den Schiedsspruch, Einwände gegen die Zulässigkeit eines schiedsgerichtlichen Verfahrens sowie eventuelle Rechtsbehelfe gegen den Schiedsspruch. Nicht ausdrücklich beseitigt wurde allerdings das in Artikel 2061 CC enthaltene grundsätzliche Verbot des Schiedsvertrages über künftige Streitigkeiten, dessen Wirksamkeit durch eine schiedsgerichtsfreundliche Rechtsprechung der französischen Gerichte allerdings erheblich reduziert worden ist, insbesondere für Verträge mit Auslandsbeziehung. Diese Rechtsprechung behält auch weiterhin ihre Bedeutung.

Wichtiger aus der Sicht ausländischer Unternehmen und Juristen ist die mit Dekret vom 12. 5. 1981 durchgeführte Reform des französischen Rechts der internationalen Schiedsgerichtsbarkeit, welche noch unter der Administration Giscard d'Estaings vorbereitet worden war und dann noch unmittelbar vor Beginn der Administration Mitterands ohne Änderungen in Kraft gesetzt wurde. Damit wurden besondere Regelungen über die Schiedsgerichtsbarkeit mit Auslandsbezug in den Titeln V (internationale Schiedsgerichtsbarkeit) und VI (Anerkennung, Vollstreckung und Rechtsmittel in bezug auf im Ausland ergangene Schiedssprüche oder in Sachen der internationalen Schiedsgerichtsbarkeit ergangene Schiedssprüche) des NCPC zusammengefaßt. Aus der Sicht des deutschen Betrachters liegen dabei materiell wohl die wichtigsten Neuerungen in einer Erweiterung der Autonomie der Parteien und der Schiedsrichter hinsichtlich des anwendbaren Rechts, einschließlich des anwendbaren Kollisionsrechts, und in der Beschränkung der Nichtigkeitsgründe und Rechtsmittel, welche gegen in Frankreich oder im Ausland ergangene Schiedssprüche zur Verfügung stehen. Die Parteiautonomie hinsichtlich des anwendbaren Verfahrensrechts und die formelle Gleichbehandlung ausländischer und inländischer Schiedssprüche sind Neuerungen, welche bereits vor der Reform durch die französische Rechtsprechung anerkannt worden waren.

Ausgangspunkt für diese Veröffentlichung war eine ganztägige Vortrags- und Diskussionsveranstaltung des Deutschen Instituts für Schiedsgerichtswesen in Bonn am 6. 11. 1981. Auf der Grundlage der dort von Autoren dieses Buches gehaltenen Vorträge und der mit Teilnehmern aus Frankreich, der Bundesrepublik, Österreich und der Schweiz geführten Diskussion wurden dann die in diesem Band zusammengestellten Beiträge fertiggestellt.

Darüber hinaus wurde versucht, dem Leser die praktische Verwendung des Buches in mehrfacher Weise zu erleichtern: Wie sich näher aus dem Inhaltsverzeichnis ergibt, wurden deshalb Hinweise für die einschlägige Terminologie in französischer und deutscher Sprache sowie in einem Anhang die wichtigsten Rechtstexte mit deutscher Übersetzung, Auszüge aus wichtigen Entscheidungen, eine Musterschiedsklausel, kurze Literaturhinweise sowie ein Stich- und Schlagwortverzeichnis aufgenommen.

Im Namen des Vorstandes des Deutschen Instituts für Schiedsgerichtswesen möchte der Herausgeber zunächst den Autoren seinen herzlichen Dank dafür aussprechen, daß sie durch ihre Beiträge dem Leser deutscher Sprache ein umfassendes Bild über den neuen Rechtsstand dieses wichtigen Rechtsgebietes vermitteln. Ein ganz besonderer Dank gebührt Herrn *von Breitenstein*, der über seine Stellung als Autor hinaus in erheblichem Maße Rat und Tat für die Fertigstellung des Gesamtmanuskripts und des Anhangs zur Verfügung gestellt hat. Schließlich ist auch in diesen Band wieder die Mitarbeit eines Teils der »Mannschaft« am Lehrstuhl des Herausgebers eingeflossen, wofür auch an dieser Stelle ein besonderer Dank an Frau Assessorin *Maiwald*, Frau *Wolff* und den studentischen Mitarbeiter Herrn *Lenz* auszusprechen ist.

Karl-Heinz Böckstiegel

I. Die Reform der internen Schiedsgerichtsbarkeit in Frankreich*

Von Rechtsanwalt Jacques Mauro, Paris

Dekret Nr. 80–354 vom 14. 5. 1980 (im Journal Officiel vom 18. 5. 1980, S. 1238);

Dekret Nr. 81–500 vom 12. 5. 1981 (im Journal Officiel vom 14. 5. 1981, S. 1380 und Korrektur im Journal Officiel vom 21. 5. 1981, S. 1607).

Durch das letztgenannte Dekret ist die Reform des internen Schiedsverfahrens (Dekret vom 14. 5. 1980) in einigen Punkten revidiert und zusammen mit der Reform des internationalen Schiedsverfahrens in den »Nouveau Code de Procédure Civile« (Neues Zivilgesetzbuch) eingefügt worden:

- Art. 1442 bis 1491 für das interne Schiedsverfahren,
- Art. 1492 bis 1497 für das internationale Schiedsverfahren,
- Art. 1498 bis 1507 für die Anerkennung, die Vollstreckung und die Rechtsmittel betreffend im Ausland oder im internationalen Schiedsverfahren erlassene Schiedssprüche.

Die Übergangsbestimmungen sind in den Art. 52 bis 56 des Dekrets vom 14. 5. 1980 enthalten (s. Anhang Nr. 6: Gegenüberstellung der Artikel des Dekrets und der Artikel des Nouveau Code de Procédure Civile), sowie in Art. 55 und 56 des Dekrets vom 12. 5. 1981 (s. Anhang Nr. 1).

I. Einführung

Wie Me. *Jean Robert* richtig schrieb[1], hat die neue Gesetzgebung das Gebiet der Schiedsgerichtsbarkeit nicht umgewälzt, sondern hat sich an die bestehende Rechtsprechung gehalten. Frankreich hat nicht den belgischen Gesetzgeber imi-

* Dieser Aufsatz übernimmt im wesentlichen das am 6. 11. 1981 anläßlich des 80. Geburtstages von Herrn Staatssekretär a. D. *Bülow*, Officier de la Légion d'Honneur de la République Française, vor dem Deutschen Institut für Schiedsgerichtswesen in Bonn gehaltene Referat.

1 D./S. 1980. Ch., S. 189 ff.

tiert, der die Loi Uniforme von Straßburg (20. 1. 1966) durch Gesetz eingeführt und im Moniteur Belge vom 8. 8. 1972 veröffentlicht hat[2].

Trotzdem stellt die neue Gesetzgebung einen Komplex von neuen und systematischen Regeln für die interne und internationale Schiedsgerichtsbarkeit dar. Er folgt der französischen Tradition der Gesetzestexte, die »kurz und bündig« sind; er hat jedoch seine Feuerprobe noch vor sich, d. h. die Cour de Cassation hatte noch keine Gelegenheit zur Interpretation. Solange sich die hohen Richter dieses Gerichtshofes nicht geäußert haben, ist es ratsam, sich so eng wie möglich an den Text und die weisen Kommentare, wie zum Beispiel die von Me. *Jean Robert* in französischer Sprache und Me. *Mezger* in deutscher Sprache, zu halten[3].

Eine angenehme Sicherheit: Der französische Gesetzgeber wollte die Entwicklung der Schiedsgerichtsbarkeit begünstigen und das vor allem auf dem internationalen Gebiet. Daß Paris und Frankreich zum Anziehungspunkt des Schiedsgerichtswesens werden sollten, steht nicht schwarz auf weiß im Reformdekret. Sicherlich ist dies der Hintergedanke seiner Autoren. Deshalb darf man m. E. auf diesem renovierten Gebiet des französischen Rechts sagen »ut potius valeat« oder, bescheidener, daß die Reform wirksam und liberal ausgelegt werden muß.

II. Interne und Internationale Schiedsgerichtsbarkeit

Diese Unterscheidung der Rechtsprechung hat nun gesetzlichen Wert, und die beiden Arten von Schiedsgerichtsbarkeit werden von verschiedenen Artikeln des Nouveau Code de Procédure Civile reglementiert.

Der Art. 1492 des Nouveau Code de Procédure Civile definiert die internationale Schiedsgerichtsbarkeit so: »celui . . . qui met en cause les intérêts du commerce international«. Die Formulierung stammt von einem Urteil der Zivilkammer der Cour de Cassation vom 19. 12. 1930[4].

Man kann sich fragen, wo die tatsächliche Grenze der internen nationalen Schiedsgerichtsbarkeit ist: Ein sehr wichtiger Streit zwischen einem großen französischen Fabrikanten und einem großen französischen Exportunternehmen, beide mit Sitz in Frankreich, kann die Interessen des internationalen Handels berühren. Unterliegt dieser Streit den Regeln der internen oder der internationalen Schiedsgerichtsbarkeit?

Es ist zu befürchten, daß der Art. 1492 wegen seiner Kürze einige Schwierigkeiten aufwerfen wird. Vorsichtigerweise hätte man m. E. einen Satz wie ». . . wenn eine der Parteien nicht ihren Sitz in Frankreich hat« anfügen sollen.

2 *Huys* und *Keutgen*, L'arbitrage en droit belge et international, bei *Bruylant*.
3 Siehe Anhang Nr. 14 (Literatur).
4 D.H. 1930, 228; Rev.crit.dr.int.pr. 1931, 514.

Verfahrens) verschiedenen staatlichen Rechtsordnungen unterstellt werden können[29], und es wurde schließlich die Bindung der Schiedsklausel an ein bestimmtes Rechtssystem überhaupt offengelassen, womit sich die Möglichkeit eines vom staatlichen Recht losgelösten internationalen Schiedsverfahrens abzeichnete[30]. Der in den Entscheidungen zu findende, den Grundsatz der Autonomie der Schiedsklausel einschränkende Vorbehalt der außergewöhnlichen Umstände ist – soweit ersichtlich – in der Rechtsprechung niemals zum Tragen gekommen.

2.1.3.2. Nach Artikel 2060 Code civil (früher Artikel 1003 in Verbindung mit Artikel 83 Code de procédure civile) ist es Körperschaften des öffentlichen Rechts (établissements publics) versagt, Schiedsvereinbarungen abzuschließen. Gerade im internationalen Wirtschaftsverkehr und insbesondere bei Schiffchartern ist es jedoch vorgekommen, daß der französische Staat oder öffentlich-rechtliche Unternehmen Verträge abschlossen, die Schiedsklauseln enthielten. Die Gültigkeit dieser Klauseln und die Durchsetzbarkeit der auf ihrer Grundlage ergangenen Schiedssprüche war lange Zeit streitig[31].

Mit seinem bereits zitierten Urteil vom 10. 4. 1957 – *Myrtoon Steamship*[32] – hat der Appellationsgerichtshof Paris erklärt, daß die genannte Regelung nicht zum »ordre public international« gehöre. Der Kassationsgerichtshof hat dies bestätigt und präzisiert, daß in internationalen Verträgen Körperschaften des öffentlichen Rechts rechtswirksam Schiedsklauseln vereinbaren können, wobei klargestellt wird, daß es sich nicht um eine Frage der Geschäftsfähigkeit handele und daß es auf das für die Schiedsklausel geltende Recht nicht ankomme[33].

An der Befugnis von französischen Körperschaften des öffentlichen Rechts, Schiedsklauseln zu vereinbaren, die im Bereich der internationalen Arbitrage gültig sind, besteht heute kein Zweifel mehr.

net 1977, 106, Anm. *E. Loquin*, Rev.arb. 1977, 147, Anm. *Ph. Fouchard;* Paris 28. 2. 1980, *MOCUPIA*, Rev.arb. 1980, 538, Anm. *E. Loquin*. Vgl. auch: Paris 21. 2. 1980, *Götaverken*, Clunet 1980, 660, Anm. *Ph. Fouchard*, Rev.arb. 1980, 524, Anm. *F. Ch. Jeantet*, D./S. 1980.J.568, Anm. *J. Robert*, JCP 1981.II.19512, Anm. *P. Level;* siehe Anhang Nr. 12; Paris 9. 12. 1980, *Aksa*, Rev.arb. 1981, 306, Anm. *F. Ch. Jeantet.*

29 Vgl. die in Fn. 28 zitierten Entscheidungen Paris 19. 6. 1970, *Hecht;* Paris 25. 1. 1972, *Laporte;* Cass. 4. 7. 1972, *Hecht.*

30 Vgl. die in Fn. 28 zitierten Entscheidungen Paris 13. 12. 1975, *Mahieux;* Paris 21. 2. 1980, *Götaverken;* Paris 9. 12. 1980, *Aksa.*

31 Vgl. dazu *Robert*, Rdnrn. 23, 24 mit weiteren Nachweisen.

32 Vgl. oben 2.1.1. mit Fn. 18.

33 Cass. 14. 4. 1964, *O.N.I.C.*, D.1964.J.637, Anm. *J. Robert*, JCP 1965.II.14406, Anm. *P. Level*, Clunet 1965, 646, Anm. *B. Goldman*, Rev.crit.dr.int.pr. 1966, 68, Anm. *H. Batiffol;* Cass. 2. 5. 1966, *Galakis*, D.1966.J.575, Anm. *J. Robert*, Clunet 1966, 648, Anm. *P. Level*, Rev.arb. 1966, 99, mit Aufsatz *Ch. Carabiber*, S. 93 ff., JCP 1966.II.14798, Anm. *Ligneau*, Rev.crit.dr.int.pr. 1967, 553, Anm. *B. Goldman;* siehe Anhang Nr. 11. In beiden Entscheidungen wird abgestellt auf die Bräuche des Seehandels.

2.1.3.3. Der im voraufgehenden Abschnitt genannte Artikel 2060 Code civil bestimmt außerdem, daß ganz allgemein Angelegenheiten, die die öffentliche Ordnung betreffen, nicht zum Gegenstand von Schiedsverträgen gemacht werden können, dem schiedsgerichtlichen Verfahren also entzogen sind. Die Gültigkeit dieser Regelung hat mehrere Gerichte beschäftigt im Zusammenhang mit Verträgen, die zwischen einem französischen Lieferanten und italienischen Abnehmern geschlossen waren und die den Export von Brauereigerste unter Ausnutzung von EWG-Subventionen zum Gegenstand hatten. Die Exportsubvention war nicht erteilt und der daraufhin die Vertragsdurchführung verweigernde Lieferant von seinen Abnehmern vor französischen institutionellen Schiedsgerichten auf Schadensersatz in Anspruch genommen worden. Der zur Abwendung der Vollstreckung des ihn verurteilenden Schiedsspruches von dem Lieferanten unter anderem vorgebrachte Gesichtspunkt, die Fragen im Zusammenhang mit der EWG-Marktordnung hätten nicht Gegenstand eines Schiedsverfahrens werden können und der gegen ihn erlassene Schiedsspruch sei deshalb nichtig, ist von dem Appellationsgerichtshof Paris mit der Begründung verworfen worden, die angezogenen Bestimmungen der Artikel 83 und 1004[34] Code de procédure civile gehören zur internen öffentlichen Ordnung (ordre public interne) und schließen einen Schiedsvertrag im Rahmen eines internationalen Vertrages nicht aus[35].

Der Kassationsgerichtshof hat das Urteil der Cour d'Appel Paris zwar im Ergebnis bestätigt, aber zu der dort vertretenen Rechtsansicht nicht ausdrücklich Stellung genommen[36].

2.1.3.4. Handelsvertreter und sonstige mit der Geschäftsbesorgung für andere beauftragte Personen gelten in Frankreich nicht als Kaufleute und können daher nicht gemäß Artikel 631 (Absatz 2) Code de commerce rechtswirksam Schiedsverträge abschließen. Gleichwohl haben der Appellationsgerichtshof Paris und – ihn bestätigend – der Kassationsgerichtshof eine Schiedsklausel für gültig erachtet, die in einem zwischen einem holländischen Hersteller und seinem französischen Handelsvertreter (agent commercial) für den Verkauf in Frankreich geschlossenen Vertrag enthalten war[37].

In den im Ergebnis erfreulichen, in der Begründung allerdings nicht ganz überzeugenden Entscheidungen wird abgestellt auf die internationale Natur des streitigen Vertrages und auf den Grundsatz der Autonomie der Schiedsklausel in der internationalen Arbitrage[38].

34 Jetzt: Artikel 2060 Code civil.

35 Paris 20. 6. 1969, *IMPEX*, zitiert oben 2.1.2. Fn. 22; vgl. auch das in Fn. 28 zitierte Urteil des Appellationsgerichtshofes Colmar vom 29. 11. 1968 in Sachen *IMPEX*.

36 Cass. 18. 5. 1971, *IMPEX* (3 Entscheidungen), zitiert in Fn. 22.

37 Paris 19. 6. 1970 und Cass. 4. 7. 1972, *Hecht*, zitiert in Fn. 28. Ebenso für einen »mandataire« Paris 13. 12. 1975, *Mahieux*, zitiert ebenda.

38 Vgl. dazu oben 2.1.3.1.

2.1.3.5. Erwähnt seien schließlich zwei Anwendungsfälle aus der Rechtsprechung zum »ordre public international«[39]:

Französische Gerichte haben wiederholt entschieden, daß trotz des Begründungszwanges nach französischem Schiedsverfahrensrecht das Fehlen einer Begründung in einem nicht-französischen Schiedsspruch nicht dem »ordre public« im Sinne des französischen internationalen Privatrechts widerspricht[40]. In den Entscheidungsgründen wird betont, daß dies nur für die fehlende Begründung »an sich« gelte, nicht aber für eventuelle dadurch verborgen bleibende Verfahrensverstöße, wie insbesondere das Fehlen einer streitigen Verhandlung oder das Versagen rechtlichen Gehörs; solche Verfahrensverstöße müßten jedoch von der sich auf sie berufenden Partei dargelegt und wohl auch bewiesen werden[41].

In einer Entscheidung vom 30. 6. 1976, die in Frankreich heftig diskutiert wurde, hat der Kassationsgerichtshof unter Aufhebung einer entgegengesetzten Entscheidung des Appellationsgerichtshofes Paris[42] zur Frage der Befristung des Schiedsrichteramtes Stellung genommen[43]. Danach erfordert der »ordre public international« nicht, daß bei einem ausländischem Recht unterliegenden Schiedsverfahren die Befugnisse der Schiedsrichter durch Parteivereinbarung oder Gesetz zeitlich begrenzt werden. In dem zur Entscheidung stehenden Fall handelte es sich um eine bei Schiedsrichtern sehr beliebte, der strengen Bestimmung des bisherigen Artikels 1007 Code de procédure civile jedoch nicht genügende Klausel, wonach der Schiedsspruch binnen drei Monaten nach dem von dem Schiedsgericht festzustellenden Abschluß der Sachverhaltsermittlung zu erlassen sei.

2.2. *Rechtslehre*

Die im voraufgegangenen Kapitel dargestellte Rechtsprechung, mit der die internationale Arbitrage zu einem eigenständigen Rechtsinstitut mit besonderen, auf die Bedürfnisse des internationalen Handelsverkehrs zugeschnittenen Rechtsgrundsätzen und Regeln ausgeprägt worden ist, wurde im französischen Schrifttum sehr ausführlich erörtert und fast einhellig begrüßt[44].

39 Vgl. dazu oben 2.1.1. mit Fn. 18.

40 Vgl. Cass. 14. 6. 1960, *Elmassian;* Cass. 22. 11. 1966, *Gerstle;* Cass. 18. 3. 1980, *Cotunav;* zitiert in Fn. 18.

41 Vgl. dazu insbesondere *E. Mezger,* Anm. zu Cass. 18. 3. 1980, *Cotunav,* Rev.arb. 1980, 501 ff. (503 ff.).

42 Paris 27. 5. 1974, *Bruynzeel,* Rev.arb. 1975, 318, Anm. *J. Rubellin-Devichi.*

43 Cass. 30. 6. 1976, *Bruynzeel,* zitiert in Fn. 18.

44 Vgl. insbesondere die in Fn. 18, 21, 22 und 28 zitierten Urteilsbesprechungen; *Ch. Carabiber,* L'arbitrage international et la réserve de l'ordre public, Rev.arb. 1956, 118 ff.; *H. Motulsky,* L'évolution récente en matière d'arbitrage international, Rev.arb.; 1959, 3 ff.; *Ph. Fragistas,* Arbitrage étranger et arbitrage international en droit privé, Rev.crit.dr.int.pr. 1960, 1 ff.; *H. Motulsky,* L'internationalisation du droit français de l'arbitrage, Rev.arb. 1963, 110 ff.; *J. Rubellin-Devichi,* L'Arbitrage – nature juridique, droit interne et droit international privé, 1965.

2.2.1. Die Existenz und Besonderheit der internationalen Arbitrage wird allgemein anerkannt und bisweilen überschwänglich gefeiert[45]; dagegen bereitet die begriffliche Abgrenzung und rechtssystematische Erfassung erhebliche Schwierigkeiten:

Fouchard definiert die internationale Arbitrage zum einen unter dem Gesichtspunkt des Verfahrens und zum anderen von seinem Gegenstand her:

- « L'arbitrage international ou étranger ... est donc celui dont la procédure présente ou a presenté avec des pays étrangers des points de contacts suffisamment significatifs pour que le droit interne du pays où il est invoqué soit écarté.»[46]
- « Est international l'arbitrage ayant pour objet un litige portant sur des mouvements de biens, de services ou de monnaies à travers les frontières.»[47]

Er erklärt sich zugunsten der zweiten, im Anschluß an die Rechtsprechung[48] und in Anlehnung an die Entscheidung des Kassationsgerichtshofes zur Goldwertklausel[49] formulierte Definition, in der er die Möglichkeit einer Loslösung der internationalen Arbitrage vom staatlichen Recht und den damit verbundenen Anknüpfungsproblemen sieht[50].

Bisweilen wird ein formeller oder »juristischer« einem materiellen oder »wirtschaftlichen« Begriff gegenübergestellt[51]. Zumeist schließen sich jedoch die Stellungnahmen der zuvor referierten Rechtsprechung, die auf die »intérêts du commerce international« abstellt, an, weisen allerdings darauf hin, daß

45 Vgl. *H. Motulsky* (mit *R. Bruns*), Tendences et perspectives de l'arbitrage international, Revue internationale de droit comparé 1957, 717 ff. (717 f.); *ders.*, L'internationalisation du droit français de l'arbitrage, Rev.arb. 1963, 110 ff. (110); *Fouchard,* Rdnr. 2; *J. Robert,* Arbitrage en matière internationale et au regard du Marché commun, Rev.arb. 1966, 65 ff.; *R. David,* Arbitrage international ou arbitrage étranger, in: Festschrift für H. G. Ficker, 1967, S. 121 ff. (121); *ders.,* Principes directeurs de la législation en matière d'arbitrage commercial international, Rev.arb. 1969, 253 ff. (253 ff.); *Y. Loussouarn, J.-D. Bredin,* Droit du commerce international, 1969, S. 86 f.

46 »Die internationale oder ausländische Arbitrage ... ist demnach diejenige, deren Verfahren mit ausländischen Ländern hinreichend bedeutsame Anknüpfungspunkte aufweist oder aufgewiesen hat, damit das interne Recht des Landes, in dem sie geltend gemacht wird, ausgeschlossen wird« (*Ph. Fouchard,* Quand un arbitrage est-il international?, Rev.arb. 1970, 59 ff. [67]).

47 »International ist die Arbitrage, die eine Streitigkeit betreffend die Bewegungen von Gütern, Dienstleistungen oder Geld über die Grenzen zum Gegenstand hat« (ebenda, S. 74).

48 Siehe oben 2.1.2. mit Fn. 20 und 22.

49 Cass. 21. 6. 1950, *Messageries Maritimes,* JCP 1950.II.5812, Anm. *Ph. Levy,* Rev. crit.dr.int.pr. 1950, 609, Anm. *H. Batiffol,* Clunet 1950, 1196, D.1951.J.749, Anm. *J. Hamel,* S.1951.I.1, Anm. *J.-P. Niboyet.*

50 Ebenda, S. 74.

51 Vgl. *B. Goldman,* Les problèmes spécifiques de l'arbitrage international, Rev. arb.1980, 323 ff. (324 ff.); vgl. auch *B. Goldman,* Arbitrage (Droit international privé), in: Répertoire de droit international (Encyclopédie Dalloz), 1968 – zitiert: *Goldman, ...* –, Rdnrn. 1 ff.

das von der Rechtsprechung entwickelte »wirtschaftliche« Kriterium auslegungsbedürftig sei[52].

Die Problematik einer befriedigenden Begriffsbestimmung wird deutlich in dem Umstand, daß *Fouchard* in seinem Standardwerk über »L'arbitrage commercial international« auf eine eindeutige Definition einfach verzichtet[53].

2.2.2. Ausgehend von der mit der Entscheidung *Gosset* des Kassationsgerichtshofes vom 7. 5. 1963 postulierten juristischen Autonomie der Schiedsklausel[54] ist in Frankreich die Lehre entwickelt worden, in der internationalen Arbitrage bestimme sich das zur Anwendung kommende Verfahrensrecht unabhängig von dem am Sitz des Schiedsgerichts geltenden oder nach anderen kollisionsrechtlichen Gesichtspunkten ermittelten staatlichen Recht allein nach dem Parteiwillen[55].

Einige – zu nennen sind insbesondere *Motulsky, Goldman* und *Fouchard* – sind einen Schritt weitergegangen und meinen, die internationale Schiedsgerichtsbarkeit könne von jeder staatlichen Rechtsordnung losgelöst, sozusagen »entnationalisiert« werden[56]. Diese Lehrmeinung ist verschiedentlich kritisiert worden[57]. In einer eingehenden Untersuchung hat *Francescakis* zwar eine Tendenz der Rechtsprechung aufgezeigt, die er als dynamisches »Prinzip Gosset« bezeichnet[58], gleichwohl aber deutlich gemacht, daß es sich nur um die

52 Vgl. *B. Oppetit*, Anm. zu Cass. 18. 5. 1971, *IMPEX*, Clunet 1972, 65 ff.; *P. Level*, Anm. zu Paris 21. 2. 1980, *Götaverken*, JCP 1981.II.19512. Hingewiesen sei auf einen von *P. Lalive* in Anlehnung an die schweizerischen Arbeiten zur Kodifizierung der internationalen Arbitrage gemachten Definitionsvorschlag: «Serait international au sens de notre projet, tout arbitrage dont le siège a été fixé en Suisse (que ce soit par les parties, par une institution d'arbitrage compétente ou par les arbitres) à la condition que, au moment de la conclusion du compromis ou de la clause compromissoire, l'une des parties (au moins) ait sa résidence habituelle, son domicile ou son siège social hors de Suisse» (*P. Lalive*, Problèmes spécifiques de l'arbitrage international, Rev.arb. 1980, 341 ff. [348]).

53 *Fouchard*, Rdnrn. 35 ff., 49.

54 Vgl. oben 2.1.3.1. mit Fn. 27.

55 Vgl. *Robert*, Rdnrn. 340 ff.; *Fouchard*, Rdnrn. 496 ff.

56 Vgl. insbesondere: *H. Motulsky*, L'évolution récente en matière d'arbitrage, Rev. arb. 1959, 3 ff.; *ders.*, L'internationalisation du droit français de l'arbitrage, Rev. arb. 1963, 110 ff.; *B. Goldman*, Les conflits de lois en matière d'arbitrage international de droit privé, Cours à l'Académie de droit international de la Haye, 1963, Bd. 108; *Goldman*, Rdnr. 195; *Fouchard*, Rdnrn. 471 ff., 515 ff.; *ders.*, Anmerkung zu Paris 21. 2. 1980, *Götaverken*, Clunet 1980, 669 ff.; *J. Robert*, Anmerkung zu derselben Entscheidung, D./S.1980.J.569 ff.; vgl. auch die Anmerkung zu dieser Entscheidung von *P. Level* JCP 1981.II.19512, der an der Möglichkeit einer »Entstaatlichung« zweifelt.

57 Vgl. *Y. Loussouarn, J.-D. Bredin*, Droit du Commerce international, 1969, Rdnr. 92; vgl. auch *H. Batiffol, P. Lagarde*, Droit international privé, Bd. II, 6. Aufl. 1976, – zitiert: *Batiffol*, ... –, Rdnr. 700.

58 *Ph. Francescakis*, Le principe jurisprudentiel de l'autonomie de l'accord compromissoire après l'arrêt *Hecht* de la Cour de Cassation, Rev.arb. 1974, 67 ff. (87).

Ausbildung staatlicher Normen des internationalen Rechts handele, und daß letztlich die von dem französischen Kassationsgerichtshof entwickelten Grundsätze nicht mehr seien als eine Reihe von besonderen Ausnahmen von den Vorschriften des internen Rechts[59].

In diesem Zusammenhang ist auch das Problem der sogenannten »Kompetenz-Kompetenz« erörtert worden, das heißt die Frage, ob und inwieweit ein Schiedsgericht berufen sei, über seine eigene Zuständigkeit zu befinden[60]. Nach französischer Rechtsprechung steht dem Schiedsrichter eine solche Befugnis nicht zu. Die herrschende Lehre ist jedoch der Auffassung, jedenfalls in der internationalen Arbitrage müsse ihm die »Kompetenz-Kompetenz« gewährt werden[61].

2.2.3. Eines der schwierigsten Probleme im Bereich der internationalen Arbitrage ist das der Bestimmung des von den Schiedsrichtern anzuwendenden materiellen Rechts in den leider sehr häufigen Fällen, in denen die Parteien keine ausdrückliche Rechtswahl getroffen haben. Während dem staatlichen Richter in diesem Fall sein nationales Kollisionsrecht zur Verfügung steht, stellt sich für den Schiedsrichter die Frage nach dem maßgebenden internationalen Privatrecht[62].

Einige französische Autoren vertreten die Auffassung, der Schiedsrichter sei nicht an ein bestimmtes internationales Privatrecht und insbesondere nicht an das am Sitz des Schiedsgerichts geltende Kollisionsrecht gebunden, sondern könne das anzuwendende materielle Recht frei bestimmen[63].

Darüber weit hinausgehend sind jedoch in Frankreich auch Theorien entwickelt worden, die unter Berufung auf Bedürfnisse des internationalen Wirtschaftsverkehrs eine Autonomie des von dem Schiedsrichter anzuwendenden materiellen Rechts zu begründen versuchen: *Kahn* postuliert eine »internationale Gesellschaft der Verkäufer und Käufer«, aus deren Solidarität sich eine

59 Ebenda S. 85: «Pour agir, d'autre part, de la sorte, la Cour suprême a en fin de compte projeté sur l'écran international une image rectifiée du droit interne. Mais la correction ne porte que sur des points isolés et précis. Le ‹ système › jurisprudentiel n'est pas en dernière analyse une construction nouvelle de l'arbitrage mais une série de permissions ponctuelles dérivées de la permission initiale de traiter l'accord compromissoire indépendamment du contrat auquel il se rapporte. »

60 Vgl. *Robert*, Rdnrn. 163 ff., und *Fouchard*, Rdnrn. 239 ff., mit weiteren Nachweisen.

61 Vgl. insbesondere *H. Motulsky*, Menace sur l'arbitrage: La prétendue incompétence des arbitres en cas de contestation sur l'existence ou la validité d'une clause compromissoire, JCP 1954.II.1194; *ders.*, Anmerkung zu Tribunal Civil de la Seine 7. 6. 1956, JCP 1956.II.9460; *ders.*, Anmerkung zu Paris 22. 1. 1957, *Constantine*, JCP 1957.II.10165; *ders.*, Anmerkung zu Cass. 7. 5. 1963, *Gosset*, Rev.crit.dr.int.pr. 1963, 617 ff. (623); *Fouchard*, Rdnrn. 244 ff.; *B. Goldman*, Les problèmes spécifiques de l'arbitrage international, Rev.arb. 1980, 323 ff. (328 ff.).

62 Vgl. *Schlosser*, Rdnrn. 607 ff.

63 So insbesondere *Goldman*, Rdnrn. 45 ff.; *Fouchard*, Rdnrn. 556 ff.

eigenständige Rechtsordnung entwickle[64]. *Goldman* glaubt darin eine neue »lex mercatoria« in Anlehnung an das römische Recht zu erkennen, das heißt eine Gesamtheit von Grundsätzen, Einrichtungen oder Regeln aus den verschiedensten Quellen, die eine der Gemeinschaft der am internationalen Handel Beteiligten eigentümliche Rechtsordnung bilden[65]. *Fouchard* versucht in einer sehr gründlichen Untersuchung der Rechtsquellen des internationalen Wirtschaftsverkehrs, die Loslösung von jeder staatlichen Rechtsordnung (droit anational) und die Entwicklung einer eigenständigen, korporativen Rechtsordnung (droit des marchands) oder von allgemeinen, den zivilisierten Nationen gemeinsamen Rechtsgrundsätzen (droit commun des nations) zu begründen[66].

Obwohl die genannten Autoren und insbesondere *Fouchard* auf die Grenzen einer solchen autonomen Rechtsbildung hinweisen[67], bleiben nicht nur hinsichtlich des rechtsmethodischen Ansatzes und der dogmatischen Begründung, sondern auch im praktischen Ergebnis erhebliche Zweifel und Bedenken[68]. Die genannten Theorien stehen nicht im Einklang mit der bisherigen Rechtsprechung des französischen Kassationsgerichtshofes, der eindeutig erklärt hat, daß »tout contrat international est nécessairement rattaché à la loi d'un Etat«[69]. Jedoch hat das Große Instanzgericht Paris in einer kürzlich veröffentlichten Entscheidung ausdrücklich die Wahl der »lex mercatoria« ohne jede Bezugnahme auf ein staatliches Recht in einem internationalen Schiedsverfahren für zulässig erachtet[70].

64 *Ph. Kahn,* La vente commerciale internationale, 1961, insbesondere S. 6 ff. und 19 ff.; die Rolle der Schiedsgerichtsbarkeit wird auf S. 38 ff. und 366 hervorgehoben.

65 *B. Goldman,* La lex mercatoria dans les contrats et l'arbitrage internationaux: réalité et perspectives, Clunet 1979, 475 ff. (487); *ders.,* Les conflits de lois dans l'arbitrage international de droit privé, Cours à l'Académie de droit international de la Haye, 1963, Bd. 108, S. 347 ff., Rdnrn. 30 ff. und 75 ff.; *ders.,* Frontières du droit et »lex mercatoria«, Archives de philosophie du droit, 1964, S. 177 ff.; *Goldman,* Rdnr. 229.

66 *Fouchard,* Rdnrn. 533 ff.; 576 ff.

67 Vgl. insbesondere *Fouchard,* Rdnrn. 534, 605, 729 ff.

68 Vgl. dazu *Batiffol,* Bd. II, Rdnr. 578; vgl. auch *Y. Loussouarn, J.-D. Bredin,* Droit du Commerce international, 1969, Rdnr. 520, sowie die nuancierte Stellungnahme von *E. Loquin,* L'amiable composition en droit comparé et international, 1980 – zitiert: Loquin, ... –, Rdnrn. 535 ff. Es ist jedoch bemerkenswert, daß die genannten Theorien im französischen Schrifttum kaum einer grundsätzlichen Kritik unterzogen worden sind. Zur Kritik außerhalb Frankreichs vgl. Fn. 6.

69 »Jeder internationale Vertrag ist notwendigerweise an das Gesetz eines Staates geknüpft.« (Cass. 21. 6. 1950, *Messageries Maritimes,* zitiert in Fn. 49). Merkwürdigerweise wird auf diese Entscheidung zur Begründung eines »anationalen Rechts« Bezug genommen.

70 Tribunal de Grande Instance Paris 4. 3. 1981, *Norsolor,* Clunet 1981, 836, Anm. *Ph. Kahn.* Es handelt sich offenbar um die erste Entscheidung in dieser Richtung.

3. Die Aufnahme der internationalen Arbitrage in das neue französische Zivilprozeßgesetzbuch

Mit dem »Dekret No. 81–500 vom 12. 5. 1981 zur Einführung der Bestimmungen des III. und IV. Buches des Neuen Zivilprozeßgesetzbuches und zur Änderung gewisser Bestimmungen dieses Gesetzbuches« ist das Recht der internationalen Arbitrage zum Gegenstand ausdrücklicher und umfassender gesetzlicher Regelung gemacht worden[71]. Diese Gesetzgebung[72] ist im Schrifttum begrüßt und insgesamt als gelungen gewürdigt worden[73].

Im nachfolgenden sind die Bestimmungen des Titels V des vierten Buches, das heißt die Artikel 1492 bis 1497 des neuen französischen Zivilprozeßgesetzbuches, zu erörtern[74].

3.1. Die autonome Regelung der »arbitrage international«

3.1.1. »Est international l'arbitrage qui met en cause les intérêts du commerce international.« Mit dieser apodiktischen und eleganten Definition des Arti-

71 Siehe Anhang Nr. 1. Hinsichtlich der Entstehungsgeschichte des die internationale Arbitrage betreffenden Titels V und VI des vierten Buches des neuen französischen Zivilprozeßgesetzes sowie des Inkrafttretens der neuen Regelung und der teilweisen Fortgeltung der alten Bestimmungen vgl. den Beitrag von *J. Mauro*, S. 5 ff. (9).

72 Der Begriff Gesetzgebung (und entsprechend Gesetzgeber, gesetzlich etc.) werden im nachfolgenden in einem funktionalen Sinn staatlicher Normsetzung gebraucht, unabhängig davon, ob die Normen – wie im Falle des Dekrets vom 12. 5. 1981 – durch die Regierung im Wege der Rechtsverordnung oder durch das Parlament in einem förmlichen Gesetzgebungsverfahren erlassen worden sind. Hinzuweisen ist darauf, daß nach Artikel 34 der derzeit geltenden französischen Verfassung die Gesetzgebungsbefugnis des Parlaments gegenständlich begrenzt ist und daß das Zivilprozeßrecht nicht in die Zuständigkeit des Parlamentes fällt (vgl. dazu *E. Mezger*, Überblick über das französische Recht der Schiedsgerichtsbarkeit nach dem Reformdekret vom 14. 5. 1980, ZZP 1981, 117 ff. [119 mit Anmerkung 10]).

73 An Stellungnahmen im juristischen Schrifttum liegen bis jetzt vor: *E. Mezger*, Kernpunkte der Reform des Rechts der Internationalen Handelsschiedsgerichtsbarkeit in Frankreich, RIW 1981, 511 ff.; *J. Robert*, L'Arbitrage en matière internationale, D./S. 1981, Ch. S. 209 ff.; *P. Level*, La réforme de l'arbitrage international, La Semaine juridique (JCP), édition commerce et industrie, Actualités »Droit et Gestion«, 1981, 9899; *J.-L. Delvolvé*, France as a Forum for International Arbitration – the decree of May 12, 1981, The International Contract – Law & Finance Review 1981, S. 421 ff.; *P. Bellet, E. Mezger*, L'arbitrage international dans le nouveau code de procédure civile, Rev.crit.dr.int.pr. 1981, 611 ff.; *P. Fouchard, B. Goldman, F. Ch. Jeantet, J. Robert*, La réforme de l'arbitrage international en France, Rev.arb. 1981, 947 ff.

74 »Nouveau Code de Procédure Civile – NCPC«; Artikel ohne nähere Bezeichnung des Gesetzes beziehen sich im nachfolgenden auf die Bestimmungen dieses Gesetzes. Hinsichtlich des Titels VI (Artikel 1498 bis 1507) betreffend die Anerkennung, die Vollstreckung und die Rechtsmittel vgl. den Beitrag von *E. Mezger*, S. 45 ff.

kels 1492 leitet der französische Gesetzgeber die Kodifikation der internationalen Arbitrage ein. Ein Schiedsverfahren ist also international, wenn es »die Interessen des internationalen Handels berührt«.

Man erkennt unschwer die aus der französischen Rechtsprechung geläufige Formulierung (»met en jeu les intérêts du commerce international«)[75]. Der Gesetzgeber berücksichtigt also nicht Kriterien eines im Schrifttum bisweilen erörterten »prozessualen« oder »formellen« Begriffs der internationalen Arbitrage[76], wie etwa die Nationalität oder den Wohnsitz der Parteien, den Schiedsort oder die Nationalität der Schiedsrichter. Er berücksichtigt auch nicht das auf das Verfahren anzuwendende Recht, nach dem das deutsche Recht (§ 1044 ZPO) den ausländischen vom inländischen Schiedsspruch unterscheidet, oder das Recht, dem das streitige Rechtsverhältnis unterliegt, sondern schließt sich eindeutig und ausschließlich dem von der Rechtsprechung entwickelten »materiellen« oder »wirtschaftlichen« Kriterium an.

Wie schon aus der bisherigen Judikatur ersichtlich, ist die griffige Formulierung des »commerce international« ganz offensichtlich zu eng gefaßt. Es besteht kein Zweifel, daß damit nicht nur der Handel im strengen Wortsinn gemeint ist, sondern allgemein jeder internationale, das heißt nationale Grenzen überschreitende Wirtschaftsverkehr, gleichgültig, ob es sich um die Produktion oder Lieferung von Waren, die Erbringung von Dienstleistungen oder um Finanzierungsgeschäfte handelt[77].

Gleichwohl bleibt die Definition reichlich unbestimmt[78]. Zum einen ist der Begriff der Internationalität nicht hinreichend geklärt. Zum anderen muß gefragt werden, was mit dem Ausdruck »met en cause« gemeint ist, der offenbar eine größere Tragweite haben soll als die sonst in der Gesetzessprache gebrauchte Formulierung »a pour objet« (zum Gegenstand hat). Derartige Schwierigkeiten hatten wohl dazu geführt, daß bei den Verhandlungen der New Yorker Convention von 1958 der Vorschlag der Internationalen Handelskammer, »internationale« Schiedssprüche zum Gegenstand des Übereinkommens zu machen, nicht angenommen worden ist, da es als unmöglich angesehen wurde, den Begriff des »internationalen Handels« hinreichend genau einzugrenzen[79]. Zwar mag die bisherige Rechtsprechung nützliche Anhaltspunkte für eine präzisere Eingrenzung dessen, was als internationale Arbitrage zu verstehen sei, liefern; gleichwohl können nicht alle Zweifelsfragen ausgeräumt werden, wie insbesondere die im voraufgegangenen Kapitel bespro-

75 Vgl. oben 2.1.2. mit Fn. 20 und 22.

76 Zu den Versuchen einer Begriffsbestimmung in der bisherigen Rechtslehre vgl. oben 2.2.1.

77 *P. Level*, a.a.O. Fn. 73, Rdnr. 7; ähnlich *J. Robert*, a.a.O. Fn. 73, S. 210; vgl. auch *P. Bellet*, *E. Mezger*, a.a.O. (Fn. 73), S. 619/620.

78 So auch *P. Lalive*, Problèmes spécifiques de l'arbitrage international, Rev.arb. 1980, 341 ff. (348); *E. Mezger*, a.a.O. (Fn. 73), S. 512.

79 Vgl. *A. J. van den Berg*, The New York Arbitration Convention of 1958, 1981, S. 17.

chenen Entscheidungen des Appellationsgerichtshofes Paris vom 30. 11. 1972, SOCEA, und des Kassationsgerichtshofes vom 7. 10. 1980, *Tardieu*, gezeigt haben[80].

3.1.2. Die Überschrift »l'arbitrage international« des Titel V des vierten Buches des neuen französischen Zivilprozeßgesetzbuches und die an seinen Anfang gestellte Definition des Artikels 1492 sind ganz allgemein und bedeuten – soweit ersichtlich – ein absolutes Novum in der staatlichen Gesetzgebung. Sie gehen sogar weit über die vorsichtigen Formulierungen hinaus, die in den meisten die Schiedsgerichtsbarkeit betreffenden internationalen Abkommen zu finden sind. Dort ist bekanntlich nur von »ausländischen Schiedssprüchen« die Rede (so insbesondere im Genfer Abkommen vom 26. 9. 1927 und im New Yorker Übereinkommen vom 10. 6. 1958). Nur das Europäische Übereinkommen vom 21. 4. 1961 enthält eine dem Artikel 1492 vergleichbare Definition, ergänzt sie jedoch durch das formale Kriterium des Aufenthaltes oder Sitzes der Parteien in verschiedenen Vertragsstaaten[81]. Erwähnung verdient auch, daß das Einheitliche Gesetz über die Schiedsgerichtsbarkeit, das in der Straßburger Konvention vom 20. 1. 1966 vorgeschlagen wird, nichts über die internationale Arbitrage enthält.

Man könnte vermuten, daß trotz seiner allgemeinen Formulierung der französische Gesetzgeber internationale Schiedsverfahren nur insoweit regeln wollte, als deren Bezug zu Frankreich oder zur französischen Rechtsordnung in Frage steht. Die Analyse der noch zu besprechenden Bestimmungen zeigt jedoch, daß dem nicht so ist: Die dem Artikel 1492 nachfolgenden Artikel enthalten nämlich zum Teil Sonderregelungen für internationale Schiedsverfahren, die in Frankreich stattfinden (Artikel 1493 Absatz 2) oder auf die das französische Verfahrensrecht zur Anwendung kommt (Artikel 1493 Absatz 2 und Artikel 1495), sowie für in Frankreich erlassene internationale Schiedssprüche (Artikel 1504); auch werden ausländische Schiedssprüche gesondert angesprochen (Überschriften des Titels VI und seiner Kapitel I und II). Es muß daraus gefolgert werden, daß die übrigen Bestimmungen der Artikel 1492 ff. allgemein für jedes internationale Schiedsverfahren zu gelten haben, daß es der französische Gesetzgeber also unternommen hat, in der französischen Zivilprozeßordnung die internationale Arbitrage autonom und allgemeingültig zu regeln. Dieser erstaunliche Befund, der eine Fülle von Rechtsproblemen aufwirft, ist in den bisherigen Stellungnahmen zu dem Reformwerk nicht berücksichtigt worden.

3.2. Die Bestimmungen im einzelnen

Nachdem in Artikel 1492 eine Legaldefinition gegeben[82] und damit der Anwendungsbereich der besonderen Regelung des Titels V abgegrenzt worden

80 Vgl. oben 2.1.2. und Fn. 24 und 25.
81 Vgl. oben 1.2. mit Fn. 7.
82 Vgl. dazu oben 3.1.1.

ist, wird in vier Artikeln das Recht der internationalen Arbitrage normiert. Gewollt ist offenbar eine vollständige und in sich geschlossene Kodifikation[83].

Während für das interne Schiedsverfahren in den voraufgehenden Titeln I, II und III eine sehr detaillierte und weitgehend nicht abdingbare Regelung getroffen ist, zeichnen sich die Artikel 1493 bis 1497 durch eine außerordentlich liberale Haltung des Gesetzgebers aus, der es fast ausnahmslos den Parteien oder den Schiedsrichtern überläßt, das Schiedsverfahren einschließlich des zur Anwendung kommenden materiellen Rechts zu bestimmen. *Robert* hat diese Haltung als »l'autonomie de volonté poussée à ses plus extrêmes limites« gekennzeichnet[84].

3.2.1. Die Bestellung des Schiedsgerichts (Artikel 1493)

Artikel 1493 betrifft die Benennung der Schiedsrichter und sieht ein Verfahren vor zur Beseitigung von eventuellen Schwierigkeiten bei der Bestellung des Schiedsgerichts.

3.2.1.1. Gemäß seinem ersten Absatz bestimmt sich die Benennung der Schiedsrichter allein und ohne jegliche Einschränkung nach der Schiedsvereinbarung, also in aller Regel nach der für eventuelle zukünftige Streitigkeiten vereinbarten Schiedsklausel (clause compromissoire)[85]:

Die Parteien können in der Schiedsvereinbarung den oder die Schiedsrichter benennen oder bestimmen, in welcher Weise die Benennung zu erfolgen habe. Dies kann unmittelbar geschehen oder auch durch Bezugnahme auf eine staatliche Rechtsordnung, obwohl eine solche Verweisung im Gesetzeswortlaut nicht vorgesehen ist[86].

Ausdrücklich erwähnt wird hingegen die Möglichkeit einer Bezugnahme auf eine Schiedsordnung, worin die Anerkennung der im internen Schiedsverfahrensrecht (Artikel 1455) eher unfreundlich behandelten institutionalisierten

83 Die Anerkennung und Vollstreckung von internationalen Schiedssprüchen sowie die gegen sie eröffneten Rechtsmittel in Frankreich sind gesetzessystematisch recht unglücklich im Titel VI (Artikel 1498 ff.) zusammen mit außerhalb Frankreichs erlassenen Schiedssprüchen geregelt. Vgl. dazu den Beitrag von *E. Mezger*, S. 45 ff.

84 »Die bis zu ihren äußersten Grenzen getriebene Privatautonomie« (*J. Robert*, a.a.O. [Fn. 73], S. 212); in gleichem Sinn *P. Level*, a.a.O. (Fn. 73) Rdnr. 2, vgl. auch die kritische Stellungnahme von *P. Bellet, E. Mezger*, a.a.O. (Fn. 73), insbesondere S. 620 f., 635 und 656.

85 Zur Terminologie vgl. Artikel 1442 und 1447 sowie den Beitrag von *J. Mauro*, S. 5 ff.

86 *Level* sieht im Fehlen jeden Hinweises auf eine staatliche Rechtsordnung den Ausdruck dafür, daß der erste Absatz von Artikel 1493 eine der internationalen Arbitrage eigentümliche materielle Norm darstellt, die unabhängig von jeder Bezugnahme auf französisches oder ausländisches Recht gilt (*P. Level*, a.a.O. [Fn. 73], Rdnr. 10). Daß das Benennungsverfahren gleichwohl durch Bezugnahme auf eine staatliche Rechtsordnung bestimmt werden kann, ergibt sich aus Artikel 1495, der die subsidiäre Anwendbarkeit des Titels I mit den die Benennung der Schiedsrichter betreffenden Artikeln 1451 bis 1455 vorsieht.

Schiedsgerichtsbarkeit zu sehen ist[87]. Dabei wird nicht die mindeste Vorschrift für eine solche Schiedsgerichtsbarkeit oder deren Verfahrensordnung vorgegeben, womit die aus den zwingenden Bestimmungen der Artikel 1451 bis 1455 für bestehende Schiedsinstitutionen sich ergebenden Probleme im Bereich der internationalen Arbitrage ausgeräumt sind.

3.2.1.2. Der zweite Absatz enthält eine interessante Regelung: Für diejenigen internationalen Schiedsverfahren, die einen gewissen Bezug zu der französischen Rechtsordnung aufweisen, sei es, daß der Schiedsort in Frankreich liegt, sei es, daß die Parteien das französische Verfahrensrecht vereinbart haben, wird im Hinblick auf Schwierigkeiten bei der Bestellung des Schiedsgerichts die Möglichkeit einer Anrufung des Präsidenten des Großen Instanzgerichtes von Paris vorgesehen. Dieser fungiert gewissermaßen als Ernennungsbehörde und entscheidet durch unanfechtbaren Beschluß im einstweiligen Verfügungsverfahren. Einige Autoren sehen hierin eine von dem französischen Gesetzgeber angebotene, institutionalisierte internationale Arbitrage mit Sitz in Paris[88].

Hervorzuheben ist, daß die so gewährte Möglichkeit der Einschaltung eines staatlichen Gerichts abbedungen werden kann. Ob auch andere Gerichtsinstanzen, wie etwa der Präsident eines Handelsgerichts oder eines Appellationsgerichtshofes, als Ernennungsbehörde vereinbart werden können und ob eine solche Vereinbarung auch dann möglich ist, wenn es an dem im Text vorgesehenen Bezug zur französischen Rechtsordnung fehlt, mag zweifelhaft sein[89], sollte aber bejaht werden.

3.2.2. Die Regelung des Schiedsverfahrens (Artikel 1494)

Der Gedanke der absoluten Parteiautonomie liegt auch dem Artikel 1494 zugrunde, in dem festgelegt ist, wie das Schiedsverfahren selbst gestaltet wird.

3.2.2.1. Der Gesetzgeber sieht hier eine genaue Regelungshierarchie vor: Das Schiedsverfahren bestimmt sich in erster Linie nach dem, was unmittelbar von den Parteien vereinbart worden ist, in zweiter Linie nach den Vorschriften einer Schiedsordnung, wenn die Parteien auf eine solche Bezug genommen haben, und zuletzt nach dem Verfahrensgesetz, das in der Schiedsvereinbarung für anwendbar erklärt werden kann.

Soweit auf diese Weise keine Regelung getroffen worden ist, wird das Schiedsverfahren von den Schiedsrichtern selbst geregelt, und zwar entweder unmittelbar oder durch Bezugnahme auf ein Gesetz oder eine Schiedsordnung.

87 So auch *J. Robert*, a.a.O. (Fn. 73), S. 212; *P. Level*, a.a.O. (Fn. 73), Rdnr. 10.

88 So insbesondere *J.-L. Delvolvé*, a.a.O. (Fn. 73), Rdnr. 4; vgl. auch *J. Robert*, a.a.O. (Fn. 73), S. 209 und 216, sowie *P. Level*, a.a.O. (Fn. 73), Rdnr. 2, die das französische Recht und Frankreich als Schiedsort für internationale Schiedsverfahren empfehlen.

89 Zweifelnd *P. Level*, a.a.O. (Fn. 73). Rdnr. 11.

Es fällt auf, daß hierbei das Gesetz vor der Schiedsordnung rangiert, was aber wohl nur eine redaktionelle Ungenauigkeit sein dürfte. Wichtig ist, daß die Schiedsrichter Regelungen nur »soweit erforderlich« zu treffen brauchen, was von der erfahrungsgemäß oft lästigen Notwendigkeit entbindet, im vorhinein alle Verfahrensregeln zu definieren oder durch Bezugnahme auf eine bestimmte nationale Prozeßordnung festzulegen.

Unverkennbar ist die Anlehnung an die das Verfahren betreffende Klausel des Artikel 11 der Verfahrensordnung 1975 des Schiedsgerichtshofes der Internationalen Handelskammer. Wie dort und anders als in der Verfahrensordnung 1955 (Artikel 16) ist das am Schiedsort geltende Verfahrensrecht auch nicht subsidiär anwendbar.

3.2.2.2. Artikel 1494 ist das Ergebnis der mit der Grundsatzentscheidung des Kassationsgerichtshofes vom 7. 5. 1963 (*Gosset*) eingeleiteten Rechtsprechung[90] zur Autonomie der Schiedsklausel, die mit den Urteilen *Götaverken* und *Aksa* des Appellationsgerichtshofes Paris[91] zu einem vorläufigen Abschluß gekommen ist. Jedenfalls durch das Fehlen einer – und sei es auch nur subsidiären – Anwendbarkeit des am Schiedsort geltenden Rechts und durch die den Parteien und den Schiedsrichtern gewährte Möglichkeit, auf jede Rechtswahl zu verzichten, wird die in den vorgenannten Entscheidungen der Cour d'Appel Paris erkennbare Loslösung der internationalen Arbitrage von jedem staatlichen Verfahrensrecht nunmehr gesetzlich bestätigt[92].

Sind die Parteien oder die Schiedsrichter somit völlig frei, das Verfahren zu regeln oder auch ohne jegliche vorherige Regelung durchzuführen? Können sie sogar die Mindesterfordernisse eines ordentlichen Schiedsverfahrens außer acht lassen? Der Wortlaut des Artikel 1494 legt eine solche Annahme nahe, um so mehr, als der Gesetzgeber in der entsprechenden Vorschrift für das interne Schiedsverfahren (Artikel 1460) ausdrücklich bestimmt hat, daß die »allgemeinen Prozeß-Leitgrundsätze« stets anwendbar seien, zu denen insbesondere die Bestimmung des Streitgegenstandes, die Bindung des Richters an das Kla-

90 Vgl. oben 2.1.3.1. mit Fn. 27 und 28.

91 Paris 21. 2. 1980, *Götaverken*, Paris 9. 12. 1980, *Aksa;* zitiert in Fn. 28.

92 So auch *E. Mezger*, a.a.O. (Fn. 73), S. 512; *J. Robert*, a.a.O. (Fn. 73), S. 212, der offenbar noch weiter gehen will und in der Bezugnahme auf ein bestimmtes Prozeßrecht nicht die Unterwerfung des Schiedsverfahrens unter das so gewählte staatliche Recht sehen will, sondern lediglich eine Übernahme dort enthaltener Verfahrensregeln in die Schiedsvereinbarung: « Mais aussi bien les parties peuvent elles-mêmes se référer à une loi de procédure. Et il est à souligner qu'elles ne sont à ce titre aucunement entravées dans leur choix. La loi de procédure ainsi choisie ne prend donc elle-même figure que de »règle« procédurale, justement parce qu'elle peut n'avoir aucun rapport, ni avec le lieu de l'arbitrage, ni avec la loi de fond, ni avec celle qu'aurait désignée une règle de conflit. » Im Ergebnis ähnlich *P. Bellet, E. Mezger*, a.a.O. (Fn. 73), S. 622, die eine »Immunisierung« der Schiedsklausel gegenüber den Vorschriften jedweden staatlichen Rechts feststellen. Einschränkend *P. Level*, a.a.O. (Fn. 73), Rdnr. 14; zu den im Schrifttum vor Erlaß des Reformdekrets vertretenen Meinungen vgl. oben 2.2.2.

gebegehren, die Behauptungs- und Beweislastverteilung und die streitige Verhandlung gehören. Es wird bisweilen vertreten, solche Mindesterfordernisse gelten gleichwohl, weil sie zum »ordre public international« gehören und ebenso wie der Grundsatz der streitigen Verhandlung bei der Anerkennung und Vollstreckung eines Schiedsspruches mit den dagegen eröffneten Rechtsmitteln gemäß den Artikeln 1502 und 1504 zur Geltung gebracht werden können[93]. Das überzeugt jedoch nicht: Die auf das Schiedsverfahren anzuwendenden Vorschriften sind zu unterscheiden von den Gründen, aus denen ein Schiedsspruch oder seine Vollstreckbarkeit angefochten werden kann. Zudem ist nicht jeder Schiedsspruch, der auf der Grundlage von Artikel 1494 zustande gekommen ist, in Frankreich erlassen oder dort zu vollstrecken. Der in den Artikeln 1502 und 1504 vorgesehene Minimalschutz kommt also nicht notwendigerweise zum Tragen. Es kann daher nur geraten werden, in der Schiedsklausel, spätestens jedoch im Schiedsvertrag durch Bezugnahme auf eine bewährte Schiedsordnung oder ein ausdrücklich bezeichnetes staatliches Prozeßrecht, ein geordnetes Schiedsverfahren sicherzustellen[94].

3.2.2.3. Erstaunlich ist, daß die im französischen Schrifttum gerade für die internationale Arbitrage befürwortete Kompetenz-Kompetenz des Schiedsgerichts[95] in die Reformgesetzgebung nicht aufgenommen worden ist. Für das interne Schiedsverfahren ist in Artikel 1466 die Befugnis des Schiedsrichters, über die Gültigkeit und die Grenzen seiner Bestellung zu befinden, ausdrücklich vorgesehen. Diese Bestimmung ist jedoch für die internationale Arbitrage nur anwendbar, wenn die Parteien gemäß Artikel 1495 französisches Verfahrensrecht vereinbart haben. Auch hierzu ist also eine ausdrückliche Vereinbarung oder die Bezugnahme auf eine die Kompetenz-Kompetenz vorsehende staatliche Prozeßordnung zu empfehlen.

3.2.3. Die Anwendung französischen Verfahrensrechts (Artikel 1495)

In Artikel 1495 wird bestimmt, daß die Vorschriften des internen französischen Schiedsverfahrens betreffend die Schiedsvereinbarung (Titel I), das anhängige Schiedsverfahren (Titel II) und den Schiedsspruch einschließlich seiner Vollstreckbarerklärung und vorläufigen Vollstreckbarkeit (Titel III), das heißt, das interne Schiedsverfahrensrecht mit Ausnahme der Rechtsmittel (Titel IV), Anwendung finden, wenn ein internationales Schiedsverfahren französischem Recht unterliegt. Es wird jedoch einschränkend gesagt, daß diese Anwendung nur insoweit erfolgt, als die Parteien nicht etwas anderes vereinbart haben, und es wird die Geltung des internen Verfahrensrechts ausdrücklich noch unter den Vorbehalt der Artikel 1493 und 1494 gestellt.

93 Vgl. insbesondere *P. Level*, a.a.O. (Fn. 73), Rdnrn. 13, 14.
94 Vgl. die im Anhang Nr. 13 vorgeschlagene Musterschiedsklausel.
95 Vgl. oben 2.2.2. mit Fn. 61.

3.2.3.1. Nach dem den Artikeln 1492 ff. zugrundeliegenden Grundsatz der Privatautonomie und unbeschadet einer eventuellen international-privatrechtlichen Anknüpfung kann ein internationales Schiedsverfahren dem französischen Recht nur unterliegen, wenn die Parteien dies vereinbart (oder den Schiedsrichtern zur Entscheidung überlassen) haben. Deshalb kann die Formulierung, wonach die Titel I, II und III nur bei fehlender anderweitiger Vereinbarung anwendbar sind, wohl nur bedeuten, daß auch die Vorschriften des internen Schiedsverfahrensrechts, die zwingender Natur sind, für die internationale Arbitrage abbedungen oder eingeschränkt werden können. Eine solche pauschale Behandlung eines komplexen Normenzusammenhangs ist jedoch problematisch und gibt zu Zweifeln Anlaß. Abgesehen davon, daß einige der Vorschriften, auf die verwiesen wird, ohnehin abdingbar sind[96], nicht zum Gegenstand von Parteivereinbarungen gemacht werden können[97] oder in jedem Fall gelten[98], stellt sich bei mehreren Normen des französischen Rechts die Frage, ob ihre Ausschaltung im Wege der Parteivereinbarung wirklich vom Gesetzgeber gewollt sei[99]:

- Kann, entgegen dem Schriftformerfordernis des Artikels 1443 (Absatz 1), auch eine mündlich vereinbarte Schiedsklausel gültig sein? Der Hinweis auf die die Anerkennung und Vollstreckung betreffenden Vorschriften der Artikel 1499 und 1500, die die Vorlage einer die Schiedsvereinbraung enthaltenen Urkunde vorsehen, ist nicht überzeugend, da nicht alle nach französischem Recht erlassenen internationalen Schiedssprüche auch in Frankreich vollstreckt werden sollen[100].
- Soll in Abweichung von Artikel 1451 auch die Bestellung einer Gesellschaft oder eines Geschäftsunfähigen zum Schiedsrichter möglich sein?
- Der Verzicht auf eine zeitliche Begrenzung des Schiedsrichteramtes (Artikel 1456) mag für den deutschen Juristen nicht befremdlich sein und ist von dem Kassationsgerichtshof als nicht dem »ordre public international« widersprechend angesehen worden[101], dürfte aber in Frankreich auf erhebliche Bedenken stoßen[102].
- Kann es als zulässig angesehen werden, auch bei Geltung des französischen Verfahrensrechts auf die Beachtung der in Artikel 1460 (Absatz 2) in Bezug genommenen Prozeßleitgrundsätze zu verzichten[103]?

96 Vgl. etwa Artikel 1460 (Absatz 1), 1464, 1474.

97 Artikel 1457, 1458, 1476.

98 Artikel 1477, 1478, 1479 (vgl. Artikel 1500).

99 Vgl. dazu im einzelnen *E. Mezger*, a.a.O. (Fn. 73), S. 513 f., der zu Recht eine präzisere und auf die Besonderheiten der internationalen Arbitrage abstellende Formulierung für wünschenswert hält.

100 Vgl. dazu den Beitrag von *E. Mezger*, S. 45 ff. (51), der offenbar umgekehrt die Bestimmung des Artikels 1499 für verfehlt hält.

101 Cass. 30. 6. 1976, *Bruynzeel*, zitiert in Fn. 18.

102 So insbesondere *P. Level*, a.a.O. (Fn. 73), Rdnr. 15.

103 Vgl. dazu Anhang Nr. 5 und oben 3.2.2.2.

– Soll wirklich von gewissen Mindesterfordernissen eines gültigen Schiedsspruches, als da sind Namen und Unterschrift der Schiedsrichter, Datum des Schiedsspruches und Bezeichnung der Parteien (Artikel 1472 und 1473), abgesehen werden können?

Auch zu diesen Fragen geht der Hinweis auf die Schranke des »ordre public international« im Anerkennungs- und Vollstreckungsverfahren der Sache nach fehl.

Wenn für eine internationale Arbitrage französisches Verfahrensrecht vereinbart wird, ist daher wegen der sich aus Artikel 1495 ergebenden Unklarheiten Vorsicht geboten: Nicht alles, was nach dem Gesetzeswortlaut als abdingbar erscheint, wird vor der Rechtsprechung Bestand haben. Umgekehrt bieten die Artikel 1442 ff. eine moderne und weitgehend ausgewogene Regelung[104], deren Anwendung auch für die internationale Arbitrage von Nutzen sein kann. Einige Bestimmungen verdienen dann allerdings, besonders bedacht und eventuell geändert oder ergänzt zu werden: Die Festlegung auf eine ungerade Zahl von Schiedsrichtern (Artikel 1452) mag im Einzelfall nicht erwünscht sein. Die Bestimmung des Artikels 1461, wonach die Beweisaufnahme stets vor allen Schiedsrichtern zu erfolgen hat, wenn nicht in dem das Verfahren einleitenden Schiedsvertrag die Möglichkeit eröffnet wird, einen von ihnen zu beauftragen, ist gerade für internationale Verfahren unpraktisch[105]. Auch die Begründung des Schiedsspruches (Artikel 1471 Absatz 2) könnte unter Umständen nicht erwünscht sein.

3.2.3.2. Über den in Artikel 1495 zusätzlich noch enthaltenen Vorbehalt der die Parteiautonomie postulierenden Artikel 1493 und 1494 wird viel gerätselt: *Level* glaubt darin eine grundsätzliche Absicherung der internationalen Schiedsinstitutionen zu erkennen[106]. *Mezger* meint, daß damit die Möglichkeit offengehalten werden soll, bei Schwierigkeiten den Präsidenten des Großen Instanzgerichts Paris anzurufen (Artikel 1493 Absatz 2) oder Lücken in der Verfahrensregelung durch den Schiedsrichter zu schließen (Artikel 1494 Absatz 2)[107]. *Robert* schließlich kommt zu dem Schluß, daß damit das interne Schiedsverfahrensrecht praktisch nie zur Anwendung kommt, enthält sich aber jeder Erklärung der gesetzgeberischen Absichten[108].

Anscheinend haben die Verfasser des Dekrets vom 12. 5. 1981 befürchtet, es könne auf irgendeine Weise, zum Beispiel über eine internationale Konfliktregel, das strenge französische Recht des internen Schiedsverfahrens in einer internationalen Arbitrage zur Anwendung kommen und die zuvor erläuterte liberale Regelung stören. Sie wollten daher die Geltung der Artikel 1493 und 1494, die den Parteien völlige Freiheit hinsichtlich der Bestellung des Schieds-

104 Vgl. dazu den Beitrag von *J. Mauro,* S. 5 ff. (10).
105 Vgl. dazu Ziffer 2.6. der im Anhang Nr. 13 vorgeschlagenen Musterschiedsklausel.
106 *P. Level,* a.a.O. (Fn. 73), Rdnr. 10.
107 *E. Mezger,* a.a.O. (Fn. 73), S. 513.
108 *J. Robert,* a.a.O. (Fn. 73), S. 212.

gerichts und der Ordnung des für ihn geltenden Verfahrens einräumen, ausdrücklich absichern. Da dies jedoch in einer Norm geschieht, die ohnehin die freie Rechtswahl mit ausdrücklicher Ermöglichung abweichender Parteivereinbarung vorsieht, haben sie des Guten entschieden zu viel getan. Artikel 1495 in seiner derzeitigen Fassung muß deshalb als mißglückt angesehen werden und wäre besser weggelassen worden.

3.2.4. Das anzuwendende materielle Recht (Artikel 1496)

Der dem von dem Schiedsrichter anzuwendenden materiellen Recht gewidmete Artikel 1496 gehört in rechtssystematischer und -dogmatischer Hinsicht zu den interessantesten Bestimmungen des Reformwerkes und wirft eine Fülle von juristischen Problemen auf, die hier nur angedeutet werden können[109].

Die Formulierung des Artikel 1496 lehnt sich offensichtlich an Artikel VII (Absatz 1) des Europäischen Übereinkommens vom 21. 4. 1961 an, weist aber Abweichungen auf, die entgegen bisweilen vertretenen Auffassungen nicht irrtümlich, sondern durchaus bewußt vorgenommen worden sind. Um Inhalt und Tragweite dieser Bestimmung richtig zu erfassen, ist daher die Parallelvorschrift des Europäischen Übereinkommens bei der Auslegung heranziehen.

3.2.4.1. In beiden Fällen wird zunächst die freie Rechtswahl durch die Parteien postuliert. Während jedoch das Europäische Übereinkommen von »le droit« spricht, worunter eine bestimmte nationale Rechtsordnung zu verstehen ist, heißt es in Artikel 1496: »règles de droit«, also Rechtsregeln, und die Auswahlmöglichkeit bezieht sich nicht auf das Recht im Sinne einer Gesamtrechtsordnung, sondern auf die »Regeln«. Dies kann nur bedeuten, daß den Parteien und – wie nachstehend noch gezeigt wird – den Schiedsrichtern die Möglichkeit eröffnet wird, aus verschiedenen Rechtsordnungen die ihnen angemessen erscheinenden Normen zusammenzusuchen und miteinander zu kombinieren, im Ergebnis also, ihre eigene Rechtsordnung zu schaffen[110]. Auch eine Entscheidung für ein »anationales« Recht des internationalen Wirtschaftsverkehrs oder die sogenannte »lex mercatoria« dürfte damit ermöglicht sein.

Man könnte einwenden, der Begriff »règles de droit« habe die gleiche Bedeutung wie in Artikel 1474, wo er richtiger Ansicht nach die staatliche Rechtsordnung im Gegensatz zur freien Rechtsfindung des »amiable compositeur« bezeichnet. Jedoch steht in dem die interne Arbitrage betreffenden Artikel 1474 nur das französische Recht in Frage, während es im Artikel 1496 um die Auswahl unter mehreren Rechtsordnungen geht. Sollte eine solche Auswahl gemeint sein, so müßte es »règles *du* droit« heißen und das Verb »choisir« (wählen) sich auf das Wort »droit« beziehen; tatsächlich bezieht es sich jedoch in seiner Partizipialform völlig eindeutig auf »règles«.

109 Vgl. dazu die kritische Stellungnahme von *P. Bellet, E. Mezger,* a.a.O. (Fn. 73), S. 630 ff.

110 So auch *P. Bellet, E. Mezger,* a.a.O. (Fn. 73), S. 631.

Angesichts der in den letzten Jahren mit großem Nachdruck vorgetragenen Lehren von einem »anationalen« materiellen Recht der internationalen Schiedsgerichtsbarkeit oder einer sich entwickelnden »lex mercatoria«[111] ist es auch unwahrscheinlich, daß den Verfassern des Dekrets ein Redaktionsversehen unterlaufen ist. Es muß vielmehr angenommen werden, daß hier die Idee einer Loslösung der internationalen Arbitrage von den nationalen Rechtsordnungen gesetzlichen Ausdruck gefunden hat[112].

3.2.4.2. Im zweiten Halbsatz des ersten Absatzes von Artikel 1496 wird alsdann bestimmt, daß bei Fehlen einer Wahl durch die Parteien der Schiedsrichter den Rechtsstreit nach den »règles de droit« entscheidet, die er für angemessen erachtet. Der Vergleich mit der Formulierung von Artikel VII des Europäischen Übereinkommens macht deutlich, was gemeint ist: Bekanntlich wird dort vorgesehen, daß das Schiedsgericht das Recht nach den Kollisionsnormen bestimmt, deren Anwendung es in dem zu entscheidenden Rechtsstreit für angemessen hält, womit das oft erörterte Problem des für ein internationales Schiedsgericht maßgebenden internationalen Privatrechts gelöst wird. In Artikel 1496 fehlt hingegen ein ausdrücklicher Bezug auf die Konfliktsregel. Anders als in dem Europäischen Übereinkommen ist also nicht die Bestimmung einer solchen Regel in das Ermessen des Schiedsgerichts gestellt, sondern die Wahl des zur Anwendung kommenden materiellen Rechtes selbst. Der Umweg über die Verweisungsmechanismen des internationalen Privatrechts wird gespart: Der Schiedsrichter bestimmt in eigenem Ermessen unmittelbar das anzuwendende Recht[113].

Ebenso wie die Parteien braucht der Schiedsrichter nicht eine bestimmte staatliche Rechtsordnung auszuwählen, sondern entscheidet sich für die »règles de droit«, also unter Umständen für ein nach seinen eigenen Vorstellungen gebildetes Normengefüge, oder eine »lex mercatoria«. Es ist daher dringend zu raten, in der Schiedsklausel das anzuwendende materielle Recht genau zu bezeichnen oder zumindest Vorkehrungen zu treffen, daß das Schiedsgericht sich nicht einer freien Rechtsfindung hingibt.

3.2.4.3. Nach dem zweiten Absatz von Artikel 1496 muß der Schiedsrichter *in jedem Fall* die Handelsgebräuche berücksichtigen. Dies ist die einzige Bestimmung des der internationalen Arbitrage gewidmeten Titels V, der der Parteiautonomie entzogen und zwingend vorgeschrieben ist. Stellungnahmen im

111 Vgl. oben 2.2.3.

112 Im Ergebnis ähnlich *J. Robert,* a.a.O. (Fn. 73), S. 212 f.; *P. Level,* a.a.O. (Fn. 73), Rdnr. 18.

113 So auch *J. Robert,* a.a.O. (Fn. 73), S. 212 f., der hierin einen zu begrüßenden Fortschritt gegenüber dem Europäischen Übereinkommen sieht. In diesem Sinne bereits vor der gesetzlichen Neuregelung die oben unter 2.2.3. mit Fn. 63 referierten Lehrmeinungen. A. A. *P. Level,* a.a.O. (Fn. 73), Rdnr. 17, der ohne überzeugende Begründung dem Schiedsrichter nur die Auswahl der Konfliktsnorm gewährt; vgl. auch *E. Mezger,* a.a.O. (Fn. 73), S. 514 f., der beide Meinungen für vertretbar hält.

Schrifttum[114] geben Anlaß zu der Befürchtung, daß auf diese Weise die »lex mercatoria« gewissermaßen zwangsweise eingeführt wird, was um so gefährlicher ist, als abweichend von der Formulierung in Artikel VII Absatz (1) Satz 2 des Europäischen Übereinkommens der Vertrag als von den Schiedsrichtern auch (und vor den Handelsbräuchen) zu berücksichtigende Rechtsquelle nicht erwähnt wird.

Es bleibt nur zu hoffen, daß Schiedsgerichte von dieser Bestimmung einen vernünftigen Gebrauch machen und daß staatliche Gerichte einer Übersteigerung der Bedeutung von Handelsbräuchen einschließlich der sich auf sie berufenden Rechtstheorien entgegentreten.

3.2.5. Die »amiable composition« (Artikel 1497)

Wie für das interne Schiedsverfahren (Artikel 1474) sieht der Gesetzgeber in Artikel 1497 auch für die internationale Arbitrage die Möglichkeit der »amiable composition« vor, die zum Zuge kommt, wenn die Parteien dem Schiedsrichter ausdrücklich diese Befugnis eingeräumt haben. Da dieses besondere Rechtsinstitut des französischen Rechts Gegenstand eines gesonderten Beitrages ist[115], sei hier im Zusammenhang mit dem zuvor Gesagten nur folgendes erwähnt:

Richtiger Ansicht nach entscheidet auch der »amiable compositeur« auf rechtlicher Grundlage, ist allerdings nicht an die Normen einer bestimmten Rechtsordnung gebunden[116].

Wenn man der im voraufgegangenen Abschnitt vertretenen Auffassung folgt, wonach Artikel 1496 den Schiedsrichter befugt, das von ihm anzuwendende Recht losgelöst von jeder bestehenden Rechtsordnung und im Hinblick auf den zu entscheidenden Einzelfall frei zu finden, dann könnte man darin bereits eine »amiable composition« sehen. Die ausdrückliche Bestimmung des Artikels 1497 wäre damit überflüssig, es sei denn, der »amiable compositeur« habe nach dieser Bestimmung eine zusätzliche Befugnis, die nicht schon in Artikel 1496 enthalten ist.

Mezger hat diese Frage aufgeworfen und die Idee entwickelt, der »amiable compositeur« des Artikels 1497 könne sich auch über ausdrückliche Vertragsabreden hinwegsetzen[117]. Dieser Gedanke ist interessant, insofern als die

114 Vgl. die oben unter 2.2.3. mit Fn. 64, 65 und 66 referierten Lehrmeinungen, die entscheidend auf die »usages du commerce international« abstellen, sowie *P. Level*, a.a.O. (Fn. 73), Rdnr. 18, der die Möglichkeit einer Loslösung von jeder staatlichen Rechtsordnung und die Geltung einer »lex mercatoria« aus Absatz 2 von Artikel 1496 begründet. Noch deutlicher *J. Robert*, a.a.O. (Fn. 73), S. 213, der von einem »Signal« für Eingeweihte spricht.

115 Siehe den Beitrag von *R. Funck-Brentano*, S. 89 ff.

116 Vgl. dazu *Loquin*, Rdnrn. 404 ff.

117 *E. Mezger*, a.a.O. (Fn. 73), S. 514/515; *P. Bellet, E. Mezger*, a.a.O. (Fn. 73), S. 632/633.

Frage, ob und inwieweit der »amiable compositeur« an den der zu entscheidenden Streitigkeit zugrundeliegenden Vertrag gebunden sei, im französischen Recht bisher nicht geklärt ist[118]. Gleichwohl dürften damit die gesetzlichen Bestimmungen überinterpretiert sein. Es sollte davon ausgegangen werden, daß Artikel 1496 und 1497 selbständig nebeneinander bestehen, auch wenn sie sich teilweise überschneiden mögen. Es ist auch zu hoffen, daß ausgehend von dem im französischen Recht bewährten und für die internationale Arbitrage in Artikel 1497 bestätigten Institut der »amiable composition« ein mäßigender Einfluß auf die Auslegung der problematischen Bestimmung des Artikels 1496 ausgeht.

Jedenfalls sollte in den Fällen, in denen der Schiedsrichter befugt wird, als »amiable compositeur« zu entscheiden, ausdrücklich vereinbart werden, daß dieser an die Bestimmungen des Vertrages gebunden ist[119].

3.3. Grundsätze der bisherigen Rechtsprechung, die nicht in das Dekret vom 12. 5. 1981 aufgenommen worden sind

Einige wichtige Grundsätze, die die Rechtsprechung zur internationalen Arbitrage entwickelt hat, sind nicht in die neue Kodifikation aufgenommen worden. Es handelt sich insbesondere um die Befugnis von Körperschaften des öffentlichen Rechts, Schiedsverträge zu schließen, die Schiedsfähigkeit von Angelegenheiten, die in den Bereich der öffentlichen Ordnung gehören, sowie die Gültigkeit von Schiedsklauseln in Verträgen mit Personen, die nach französischem Recht nicht Kaufleute sind[120]. Auch wird der Grundsatz der völligen Autonomie der Schiedsklausel, die für die Rechtsprechung zur internationalen Arbitrage grundlegend ist[121], nicht ausdrücklich formuliert. Der Grund ist wohl darin zu finden, daß die Kodifizierung dieser Grundsätze nach Artikel 34 der französischen Verfassung zur Gesetzgebungskompetenz des Parlamentes gehören dürfte, die französische Regierung sich jedoch diesen Umweg bei ihrem Reformvorhaben sparen wollte[122].

Daß sich an diesen Grundsätzen nichts ändern sollte, ist jedenfalls ausdrücklich in dem Bericht bestätigt worden, mit dem der Justizminister den in seinem Ministerium erarbeiteten Entwurf des Dekretes dem Premierminister vorgelegt hat[123].

118 Vgl. *E. Mezger*, L'arbitrage commercial et l'ordre public, Rev.trim.dr.com. 1948, 611 ff. (616 ff.); *Loquin*, Rdnrn. 486 ff.
119 Vgl. dazu Ziffer 2.5 der im Anhang Nr. 13 vorgeschlagenen Musterschiedsklausel.
120 Vgl. oben 2.1.3.2., 2.1.3.3. und 2.1.3.4. mit Fn. 32, 33, 35, 36 und 37.
121 Vgl. oben 2.1.3.1. mit Fn. 27 und 28.
122 Allgemeine Ansicht; vgl. *E. Mezger*, a.a.O. (Fn. 73), S. 512; *J. Robert*, a.a.O. (Fn. 73), S. 211; *P. Level*, a.a.O. (Fn. 73), Rdnr. 16.
123 Siehe Anhang Nr. 7.

4. Schlußbemerkungen

4.1. Die mit dem Dekret vom 12. 5. 1981 in das französische Recht eingeführte Regelung der internationalen Arbitrage kann insgesamt und trotz einiger Einzelpunkte, die zu Kritik Anlaß geben, als ein gelungenes Werk bezeichnet werden. In klarer und prägnanter Formulierung sind in den Artikeln 1492 bis 1497 die wesentlichen Grundsätze eines aus dem Prinzip der Privatautonomie entwickelten Rechts der internationalen Arbitrage gesetzlich verankert worden. Diese Gesetzgebung steht im Einklang mit dem, was in der bisherigen Rechtsprechung schrittweise erarbeitet worden ist, und berücksichtigt moderne, internationalistische Theorien der französischen Rechtslehre. Die Anpassung an die neuesten internationalen Übereinkommen und das Bestreben, den Bedürfnissen des internationalen Wirtschaftsverkehrs gerecht zu werden, verdienen hervorgehoben und anerkannt zu werden.

4.2. Aus der Sicht des Praktikers ist zu sagen, daß wegen seiner überaus liberalen Grundhaltung das Reformwerk für internationale Verträge recht attraktiv sein kann. Auch ist die neue Regelung des internen Schiedsverfahrens durchaus nicht so unangemessen für die internationale Arbitrage, als daß man nicht die Anwendung des französischen Verfahrensrechts erwägen sollte. Es müßte jedoch dann die Schiedsvereinbarung mit Umsicht und Sorgfalt abgefaßt werden, damit das, was die Parteien gewollt oder beabsichtigt haben, auch tatsächlich zur Geltung kommen und durchgesetzt werden kann.

4.3. Gleichwohl bleiben drei Bedenken hinsichtlich der Neuregelung:

– Zunächst gibt der Kontrast zwischen den sehr ins einzelne gehenden und weitgehend zwingenden Bestimmungen des internen Schiedsverfahrensrechts einerseits und der großzügigen Ordnung der internationalen Arbitrage andererseits Anlaß zu der Frage, ob nicht in der einen oder anderen Richtung des Guten zuviel getan und ob der Gesetzgeber mit seiner Anerkennung absoluter Privatautonomie zugunsten der internationalen Arbitrage nicht zu weit gegangen ist. Ist nicht zu erwarten, daß die Rechtsprechung an anderer Stelle die notwendigen Schranken setzt, zum Beispiel bei der Auslegung und Anwendung des »ordre public international«, der damit Gefahr läuft, hypertrophiert zu werden?

– Alsdann muß die Loslösung des von dem Schiedsrichter anzuwendenden oder zu beachtenden Rechts von jedem staatlich gesetzten Recht und die alleinige Orientierung an Handelsbräuchen und an jeweils im Einzelfall als angemessen erachteten Regeln zumindest denjenigen als zu vage und ungesichert erscheinen, die in der staatlichen Rechtsordnung trotz aller Unzulänglichkeiten und Mängel gleichwohl die Gewähr für Gerechtigkeit und Rechtssicherheit sehen; dies jedenfalls so lange, als es eine in sich geschlossene, eindeutige, verbindliche und durchsetzbare internationale Rechtsordnung nicht gibt. Die oft berufenen »Interessen des internationalen Wirtschaftsverkehrs« stimmen nicht unbedingt mit dem überein, was die Rechtstheorie dafür hält.

– Schließlich sei an die eingangs gestellte Frage erinnert, ob der nationale Gesetzgeber berufen sei, die internationale Arbitrage autonom, das heißt losgelöst von jeder staatlichen Rechtsordnung, zu regeln. Diese Frage dürfte praktisch bedeutsam werden, wenn es um die Anerkennung und Vollstreckung von Schiedssprüchen geht, die aufgrund der Artikel 1492 bis 1497 zustande gekommen sind. Die dabei auftauchenden Schwierigkeiten und die Möglichkeiten ihrer Lösung sind noch nicht abzusehen.

Diese Bedenken machen deutlich, welche Probleme der kühne Griff des französischen Gesetzgebers nach einem seinen eigenen Rechtskreis übergreifenden Sachzusammenhang zur Folge hat.

III. Anerkennung und Vollstreckung von Schiedssprüchen, die im Ausland oder in internationalen Sachen ergangen sind

Von Rechtsanwalt Dr. Ernst H. Mezger, Paris

A. Rückblick

Die Einstellung der französischen Gerichte – eine gesetzliche Regelung fehlte – zur Anerkennung und Vollstreckung »ausländischer« Schiedssprüche war traditionell freundlich. Nach welchem Kriterium die Unterscheidung zwischen ausländischem und inländischem Schiedsspruch zu treffen sei, blieb unentschieden, weil Grenzfälle, wo sie hätte praktisch werden können, nicht vorkamen. Immerhin stand fest, daß jedenfalls Ausländer unter sich in Frankreich einen Vertrag mit ausländischer Anknüpfung schließen konnten und daß darin ein Schiedsgerichtsverfahren in Frankreich, aber nach ausländischem Recht, vorgesehen werden könne, unbeschadet der Zuständigkeit des französischen Gerichts, später über etwaige Einwendungen gegen die Wirksamkeit des Schiedsspruchs zu entscheiden[1]. Der Begriff selbst des »ausländischen« Schiedsspruchs wurde von einem Teil der Lehre abgelehnt. Deren These war, es gäbe ausländische Schiedssprüche nur in demselben Sinne, wie es auch ausländische Verträge gäbe[2]. Die Anhänger dieser Lehre befürworten für den internationalen Be-

1 Req. 17.7.1899, *Ospina*, D. 1904.I.225, S. 1900.I.339. Das Urteil betrifft den Streit zwischen den Gesellschaftern einer in Frankreich gegründeten Gesellschaft zwischen Kolumbiern mit Sitz in Kolumbien. Ein Schiedsspruch erging aufgrund einer in den Gesellschaftsvertrag aufgenommenen Schiedsklausel, wie sie damals nach innerfranzösischem Recht auch zwischen Kaufleuten unwirksam war. Das Schiedsverfahren hatte in Frankreich stattgefunden, aber nach kolumbianischem Verfahrensrecht. Weder der Einwand der Unwirksamkeit der Schiedsklausel noch die Unvereinbarkeit des Verfahrens mit französischem Verfahrensrecht (insbesondere Überschreitung der für das Verfahren in Ermangelung einer anderweiten Abmachung geltenden Dreimonatsfrist) wurde für die Wirksamkeit des Spruchs abträglich gehalten.

2 Diese Charakterisierung der sog. »kontraktualistischen« These stammt von *Bartin*, Principes de Droit international privé, I 1930, § 217, S. 603. *Bartin* selbst gehörte zu den entschiedensten Gegnern derselben und zu den Begründern der entgegengesetzten sog. »jurisdiktionalistischen« These. Über die historische Entwicklung des Gegensatzes vgl. *Robert*, 4. Aufl. 1967, S. 491–496.

reich die Qualifikation des Schiedsspruchs als Teil des Vertrages, auf den er sich bezieht, vergleichen ihn also mit der Bestimmung der Leistung durch einen Dritten, wie sie sowohl das französische als auch das deutsche Zivilrecht kennt[3]. Die Rechtsprechung ist dem gefolgt, aber nur teilweise, nämlich insofern, wie sie die Behandlung ausländischer Schiedssprüche nicht der ausländischer Gerichtsentscheidungen anglich und insbesondere jede sachliche Nachprüfung, wie sie bei ausländischen Urteilen bis 1963 üblich war[4], ablehnte[5] und ferner und vor allem gegenüber dem umständlichen kontradiktorischen Verfahren für die Vollstreckbarerklärung ausländischer Urteile dem einseitigen Verfahren für die Vollstreckbarerklärung französischer Schiedssprüche den Vorzug gab[6]. Der heikle Punkt blieb aber das System der Rechtsmittel. Schon für die inländischen Schiedssprüche war die Frage unübersichtlich und unvollständig geregelt[7]. Die Gerichte nahmen keinen Anstand, die sog. »opposition« des Art. 1028 CPC gegen ausländische Schiedssprüche zuzulassen[8]. Dagegen wollten sie von der Berufung nichts wissen[9] und ließen deshalb gegen die Vollstreckbarerklärung ausländischer Sprüche im Falle des Verstoßes gegen die öffentliche Ordnung ein im Gesetz für ganz andere Fälle vorgesehenes Rechtsmittel, den Dritteinspruch, zu[10]. Die genaue Abgrenzung zwischen dem Anwendungsbereich dieser beiden Rechtsmittel blieb bis zuletzt, d. h. bis zu dem

3 Art. 1592 des Code Civil erlaubt, die Bestimmung des Kaufpreises einem Dritten zu überlassen und nennt diese Bestimmung »arbitrage«. Daß dieses Wort hier in einem uneigentlichen Sinne gebraucht wird, sehen auch die französischen Juristen; es hat aber vielleicht zum Erfolg der kontraktualistischen These beigetragen, die ja gewissermaßen in allen schiedsgerichtlichen Verfahren ein »arbitrato irrituale« im italienischen Sinne sieht.

4 Das war die viel kritisierte »révision au fond«, der erst Civ. 7. 1. 1964, *Munzer,* JCP 1964.II.13590, Anm. *Ancel,* Rev. 1964, 344, Anm. *Bartiffol,* Clunet 1964, 302, Anm. *Goldman,* den Abschied gegeben hat. In den Anmerkungen und Besprechungen zu diesem Urteil ist die Entwicklung der Rechtsprechung ausführlich dargestellt.

5 Req. 9. 7. 1928 *Sté Fils Crémades,* D. 1928.I.173, Anm. *Cremieu,* S. 1930.I.17, Anm. *Niboyet,* Rev. 1929, 285, Anm. C. J.

6 Req. 27. 7. 1937, *Roses,* D. 1938.I.25 mit dem ausführlichen Bericht (rapport) über den Stand von Lehre und Rechtsprechung des Berichterstatters *Castets,* S. 1938.I.25, Anm. anonym, Clunet 1938, 86, Anm. anonym.

7 Siehe oben den Beitrag von *Mauro,* S. 5 ff. (8; 12 f.). Vgl. auch meine Darstellung »Das Schiedsgerichtswesen in Frankreich« in: *Schönke* u. *Kielwein,* Die Schiedsgerichtsbarkeit in Zivil- und Handelssachen, III 1956, S. 1–68, insbesondere S. 53–62. In bezug auf ausländische Schiedssprüche vgl. aus dem französischen Schrifttum etwa *Bredin,* La paralysie des sentences arbitrales étrangères, Clunet 1962, 628.

8 2e Civ. 16. 1. 1974, Ets. *Hindermeyer,* Rev. arb. 1974, 294, Anm. *Rubellin-Devichi.*

9 Civ. 3. 11. 1960, Comptoir agricole du pays bas normand, Rev. 1961, 564, Anm. *Mezger.*

10 Civ. 7. 5. 1963, Ets. *Gosset,* Rev. 1963, 615, Anm. *Motulsky,* JCP 1963.II.13405, Anm. *Goldman,* Clunet 1964, 83, Anm. *Bredin,* D. 1963, 545, Anm. *J. Robert.*

Dekret vom 14. 5. 1980, ja bis zu dem Dekret vom 12. 5. 1981, unklar[11]. Ein Eingreifen des Gesetzgebers wurde allgemein gefordert[12].

B. Überblick

Das Dekret vom 12. 5. 1981 hat nunmehr in das neue Zivilprozeßgesetzbuch nicht nur ein Buch IV über Schiedsgerichtsbarkeit eingeführt, um dort das Dekret vom 14. 5. 1980 in den Titeln I, II, III und IV unterzubringen, sondern auch einen Titel V über die internationale Schiedsgerichtsbarkeit angefügt, über den in diesem Buch an anderer Stelle referiert wird[13], und darüber hinaus einen Titel VI, dessen Überschrift in deutscher Übersetzung etwas umständlich lautet: »Die Anerkennung, die Zwangsvollstreckung und die Rechtsmittel hinsichtlich der im Ausland oder im internationalen Schiedsverfahren erlassenen Schiedssprüche«. Dieser Titel ist seinerseits in zwei Kapitel untergeteilt, das erste überschrieben »Die Anerkennung und die Zwangsvollstreckung der im Ausland oder im internationalen Schiedsverfahren erlassenen Schiedssprüche«, das zweite »Die Rechtsmittel gegen die im Ausland oder im internationalen Schiedsverfahren erlassenen Schiedssprüche«.

Schon bei diesen Überschriften fällt auf, daß die im Ausland ergangenen Schiedssprüche wie die im Inland und nach inländischem Recht aber auf dem Gebiet der internationalen Schiedsgerichtsbarkeit ergangenen behandelt werden sollen[14]. Dieses Programm entspricht ganz der erwähnten bisherigen Entwicklung und muß in deren Licht verstanden und ausgelegt werden. Es ist aber, wie wir sehen werden, nicht völlig durchgeführt, sondern schleppt die Inkonsequenz des bisherigen Systems weiter. Auf jeden Fall stellt die neue Regelung nicht mehr auf das kraft Gesetzes oder Parteiwillens auf das Verfahren anwendbare Recht ab, sondern in diesem Zusammenhang nur auf den Ort des Schiedsspruchs. Das ist eine indirekte Konsequenz der in Titel V den Parteien eingeräumten Freiheit, das Verfahren zu regeln, es insbesondere überhaupt keiner staatlichen Rechtsordnung zu unterstellen. Da der französische

11 Diese Unklarheit besteht auch nach dem Dekret vom 14. 5. 1980. Es hat die Regelung des CPC abgeschafft und durch eine neue ersetzt, die sich jedoch für im Ausland ergangene und ausländischem Verfahrensrecht unterliegende Schiedssprüche nicht eignet. Die Behandlung der zwischen dem Inkrafttreten des Dekrets von 1980 und dem des Dekrets von 1981 im Ausland oder in internationalen Sachen ergangenen Schiedssprüche ist noch ungeklärt. Paris 6. 7. 1982, Rev. arb. 1982, will mit guter Begründung die neuen Regeln (Artikel 1501–1503 NCPC) anwenden.

12 Z. B. von einem der angesehensten Vorkämpfer des Schiedsgerichtswesens in Frankreich, *J. Robert*, am Schluß seiner Übersicht über das Dekret von 1980 im D. 1980. Chr. S. 189–198.

13 Siehe oben den Beitrag von *von Breitenstein*, S. 15 ff.

14 Das Dekret vermeidet deshalb den Ausdruck »ausländische Schiedssprüche« ganz im Sinne der oben (Fn. 2) dargestellten kontraktualistischen Auffassung. Wenn hier der Kürze wegen dieser Ausdruck gebraucht wird, so bezieht er sich auf Schiedssprüche, die im Ausland ergangen sind.

Gesetzgeber nicht glaubte, schlechthin eine Erstreckung der Rechtsmittel, die gegen in Frankreich nach französischem Recht, aber in einer internationalen Sache gefällten Schiedssprüche gegeben sind, auf alle auch im Ausland nach ausländischem Recht in ausländischen internen Sachen ergangenen Schiedssprüche verantworten zu können[15], und da er als Kriterium eben wegen der Existenz von anationalen schiedsgerichtlichen Verfahren nicht das auf das Verfahren anwendbare Recht heranziehen konnte, blieb ihm nur der Weg, in dem Bereich der Rechtsmittel, auf den Ort abzustellen, wo der Schiedsspruch ergangen ist. Aber davon später.

I. Das Prinzip der Anerkennung

1. Der Einleitungsartikel, der Art. 1498, sagt anscheinend eine Banalität, nämlich daß die Anerkennung voraussetzt, daß die Existenz des Schiedsspruchs von der Partei, die sich darauf beruft, bewiesen wird. Das gilt natürlich auch für Schiedssprüche, die in Frankreich in nationalen Angelegenheiten ergehen. Hinter dieser positiven Formulierung in Art. 1498 versteckt sich aber eine negative Aussage, nämlich daß nicht nur im Inland ergangene Schiedssprüche, sondern auch im Ausland ergangene, gleichgültig ob in internationaler oder ausländisch-nationaler Sache, zu ihrer Anerkennung nicht einer vorherigen besonderen Prozedur bedürfen. Diese Vorschrift entspricht also insoweit dem Art. 26 Abs. 1 des Brüsseler Übereinkommens über die gerichtliche Zuständigkeit und die Vollstreckung gerichtlicher Entscheidungen in Zivil- und Handelssachen[16]. Diese Auslegung wird durch den Art. 1500 noch unterstrichen. Es ist dies überhaupt der wichtigste Artikel in Kapitel I. Dort wird nämlich u. a. auf Art. 1476 verwiesen, der dem Schiedsspruch materielle Rechtskraft von dem Augenblick seines Erlasses an verleiht (vorbehaltlich späterer Aufhebung im Rechtsmittelverfahren). So hat also etwa ein in Deutschland zwischen Deutschen ergangener Schiedsspruch, der später in Frankreich geltend gemacht wird, weil dort eine Partei Vermögen hat (vielleicht erst aufgrund eines Erwerbs nach Erlaß des Schiedsspruchs), Rechtskraft in Frankreich. Da erhebt sich die Frage, wann dieser deutsche Schiedsspruch in Frankreich als erlassen gilt. Darauf wird noch zurückzukommen sein[17]. Jedenfalls müssen jedes Ge-

15 Das ergibt sich aus dem Motivenbericht des Justizministeriums an den Ersten Minister, wo es sogar heißt, es sei ausgeschlossen, vor dem französischen Richter einen Rechtsweg auf Unwirksamerklärung in bezug auf einen im Ausland erlassenen Schiedsspruch zu eröffnen (zu Buch IV Abs. 15 S. 3). Der Bericht ist leider nirgends amtlich veröffentlicht, aber halbamtlich in juristischen Zeitschriften, z. B. JCP 1981 Beiheft zu Nr. 23/1981.

16 Im folgenden EuGVÜ genannt. Es ist für Frankreich wie für die fünf anderen Gründerstaaten der EWG seit 1. 2. 1973 in Kraft.

17 Siehe im Text unter II 1 c. Die Bestimmung des Zeitpunkts ist auch für die des Ortes des Erlasses des Schiedsspruchs wichtig. Deshalb ist zu bedauern, daß weder das Dekret von 1980, d. h. die nunmehrigen Titel I, II und III von Buch IV, noch das Dekret von 1981, d. h. die Titel V und VI, darüber Hinweise geben, obwohl

richt und jede Behörde den Schiedsspruch beachten. Da die Anerkennung immerhin an die gleich zu erwähnenden Voraussetzungen gebunden und damit der Gefahr einer Beseitigung im Wege des Rechtsmittelverfahrens ausgesetzt ist, werden allerdings Gerichte und Behörden das Verfahren, in dem der Schiedsspruch geltend gemacht wird, aussetzen dürfen. Damit wird die interessierte Partei doch dazu gezwungen, den Weg des Exequaturverfahrens zu beschreiten. Auch insoweit ist die Rechtslage nicht anders als in bezug auf Urteile nach den Abs. 2 und 3 von Art. 26 EuGVÜ.

2. Die Anerkennung ist an die Vereinbarkeit mit dem sog. »ordre public« gebunden. Auch das gilt ebenso für rein interne Schiedssprüche, wenn es auch nicht an der entsprechenden Stelle (Art. 1476) in Titel III steht. Bei Auslegung dieses Artikels kommt es auf den Zusatz des Adjektivs »international« zu dem Wort »ordre public« an, ferner auf den Zusatz des Adjektivs »manifestement« zu dem Wort »contraire« und schließlich auf die Nichterwähnung der anderen in Art. 1502 aufgezählten und noch zu besprechenden Nichtigkeitsgründe.

a) Der Begriff des »ordre public« ist genau so umstritten wie in Deutschland der entsprechende der »guten Sitten und der öffentlichen Ordnung« im Sinne von §§ 1041 Abs. 1 Nr. 2 und 1044 Abs. 2 Nr. 2 ZPO. Die verschiedenen Abgrenzungsversuche gegenüber dem Bereich des zwingenden Rechts sind in Frankreich wie in Deutschland wenig überzeugend. Darauf kann hier nicht eingegangen werden. Durch den Zusatz »international« wird der Begriff in Richtung auf die Vorbehaltsklausel im Sinne von Art. 30 EGBGB oder (besser noch) von Art. 328 Abs. 1 Nr. 4 ZPO oder Art. 27 Nr. 1 des EuGVÜ abgeschwächt. Ob diese Abschwächung in jeder Beziehung sachgerecht ist, mag mit Hinblick darauf bezweifelt werden, daß sich der Titel VI nicht nur auf Schiedssprüche im Bereich der internationalen Schiedsgerichtsbarkeit bezieht, sondern auch auf alle im Ausland ergangenen Schiedssprüche, und zu letzteren gehören solche, die aus irgendeinem Grunde im Ausland ergangen sind, obwohl es sich um eine rein intern-französische Sache handelt. Ob die Gerichte nicht in solchen Fällen doch den »ordre public national« zur Geltung bringen werden, steht dahin. Grundsätzlich jedenfalls sollen also nur solche Regeln und Prinzipien des französischen Rechts einer Anerkennung im Wege stehen, deren Verletzung selbst bei internationalen Sachverhalten nicht in Kauf genommen wird.

b) Das Dekret geht sogar noch weiter in seiner Erleichterung der Anerkennung. Diese soll nicht schon verweigert werden können, wenn sie dem »ordre public international« widerspricht, sondern nur wenn sie ihm »offensichtlich«

die Parteien im Anerkennungsverfahren gerade über diese Punkte streiten können, etwa mit der Behauptung, der Schiedsspruch sei erst nach Ablauf der vertraglich festgelegten Frist oder in einem anderen Lande ergangen, als im Schiedsvertrag vorgesehen war.

widerspricht. Der Unterschied zu der entsprechenden Nr. 5 des Katalogs der Nichtigkeitsgründe in Art. 1502 erklärt sich wie folgt: Dort fehlt zwar der Zusatz »offensichtlich«, aber in Wirklichkeit bezieht sich dieser Zusatz nur auf das einseitige und vorläufige Verfahren vor dem Exequaturrichter. Da vor diesem die Gegenpartei nicht zu Worte kommt und vielleicht mit der Vollstreckbarerklärung einverstanden ist, soll nur die »offensichtliche« Unvereinbarkeit mit dem »ordre public international« Anerkennung oder Vollstreckung ausschließen. Obwohl das im Gesetz nicht gesagt wird, ist deshalb anzunehmen, daß Offensichtlichkeit nicht nötig ist im Falle des Zwischenstreits über die Anerkennung in einem kontradiktorischen Verfahren.

c) Wer den Text des Art. 1498 liest, muß annehmen, daß jedenfalls in dem einseitigen Verfahren vor dem Vollstreckungsrichter nur die Frage des offensichtlichen Verstoßes gegen den »ordre public international« geprüft werden darf. Das wäre eine Begünstigung der im Titel VI gegenüber den im Titel III geregelten Schiedssprüche. Für letztere haben die Richter bisher in Anspruch genommen, auch im Exequaturverfahren das Vorliegen von anderen Nichtigkeitsgründen zu prüfen, soweit sie »offensichtlich« waren[18]. Das muß in einem gewissen Umfang auch im Rahmen des Art. 1498 gelten. Diese Folgerung ist aus Art. 1499 zu ziehen, der ausdrücklich vorsieht, daß in diesem Verfahren wie auch bei allen sonstigen Gelegenheiten, wo der Schiedsspruch geltend gemacht wird, außer einem Exemplar des Schiedsspruchs selbst ein solches der Schiedsvereinbarung vorgelegt werden muß. Das kann nur den Sinn haben, daß der Richter prüft, ob überhaupt prima facie das als Schiedsspruch bezeichnete Schriftstück sich auf einen Streit bezieht, der mindestens möglicherweise zu denen gehört, die in der Schiedsvereinbarung gemeint sind, sowie ob der Spruch von Personen stammt, die als Schiedsrichter in der Schiedsvereinbarung unmittelbar oder mittelbar eingesetzt worden sind oder von denen das jedenfalls nicht ausgeschlossen ist. Nur die inhaltliche Prüfung der in diesem Rahmen gefällten schiedsrichterlichen Entscheidung soll ausschließlich unter dem Gesichtspunkt der offensichtlichen Verletzung des »ordre public international« erfolgen.

3. Der bereits erwähnte Art. 1499 wiederholt ein schon in Art. 1477 Abs. 2 des Titels III anläßlich des Exequaturverfahrens enthaltenes Gebot, nämlich die Vorlegung eines Originals des Schiedsspruchs und der Schiedsvereinbarung. Nur so wird der prima-facie-Beweis für die Existenz des Schiedsspruchs geführt. Der Art. 1499 enthält gegenüber dem Art. 1477 Abs. 2 nur zwei Erleichterungen, die sich durch die bei internationalen oder ausländischen Schieds-

18 Anläßlich eines internen Schiedsspruchs ist diese Frage in 2e Civ. 17. 6. 1971, Sté française des transports pétroliers, Rev. arb. 1972, 10, Anm. *B. Moreau*, JCP 1971. II.16914, Anm. *Level*, letztlich wieder eindeutig, wenn auch obiter bejaht worden. In der Anmerkung von *Level* sind die bisherige Lehre und die Rechtsprechung zusammengestellt, die auch heute noch maßgeblich sind und auch für die Schiedssprüche, die unter Titel VI fallen, u. E. maßgeblich bleiben.

sprüchen oft bestehenden Situationen erklären (eine Situation, die aber auch bei internen französischen Schiedssprüchen ausnahmsweise vorkommen kann): Es kann sein, daß der Schiedsspruch nur in einem Original existiert, das von der interessierten Partei nicht vorgelegt werden kann (etwa weil der Schiedsrichter den Parteien nur beglaubigte oder gar unbeglaubigte Abschriften übermittelt hat oder das Original sich bei einem Gericht befindet, das nicht das des Vollstreckungsrichters ist). In diesen Fällen genügt die Vorlage einer Abschrift, welche die für ihre Beweiskraft erforderlichen Voraussetzungen erfüllt[19]. Dasselbe gilt für die Schiedsvereinbarung. Außerdem enthält Art. 1499 in seinem Abs. 2 eine Regelung für fremdsprachliche Urkunden. Er erlaubt deren Vorlage in einer Übersetzung, die von einem Übersetzer beglaubigt ist, der auf der Liste der dafür zuständigen Sachverständigen steht. Diese ganzen Vorschriften des Art. 1499 sind strenggenommen überflüssig, zumal Art. 1500 u. a. auf Art. 1477 über das Exequaturverfahren verweist und das über Abschriften und Übersetzungen Gesagte allgemeinen Prinzipien des Prozeßrechts entspricht[20].

4. Dagegen schafft Art. 1499 ganz unnötig ein Problem. Wenn in Art. 1477 Abs. 2 die Vorlage der Schiedsvereinbarung im Exequaturverfahren vorgeschrieben wird, so ist dem leicht nachzukommen, weil im internen französischen Recht des schiedsgerichtlichen Verfahrens die Schiedsvereinbarung, sei es als »clause compromissoire« nach Art. 1453, sei es als »compromis« nach Art. 1449, der Schriftform bedarf[21]. Für den Bereich des sog. internationalen Schiedsgerichtswesens im Sinne von Art. 1492 gilt das aber nicht. Wenn nämlich die Parteien sich in einer anderen Form, bzw. formlos, über die Unterwerfung ihres Streits unter einen Schiedsrichter einigen, dann schließen sie eben dadurch eine nach Art. 1495 zulässige besondere abweichende Vereinba-

19 Die Wendung »copies ... réunissant les conditions requises pour leur authenticité« ist dem Art. IV (1) des Übereinkommens von 1958 entlehnt, der wiederum auf Art. 4 Abs. 1 Nr. 1 der Genfer Konvention von 1927 zurückgeht. Dieser Art. IV hat zu Auslegungsschwierigkeiten geführt, s. *A. J. van den Berg*, The New York Arbitration Convention of 1958, Den Haag und Deventer (Asser/Kluwer) 1981, III–2., S. 250–258. Gemeint ist das, was die deutsche amtliche Übersetzung der Konvention von 1958 und der ähnlichen Formel in Art. 46 Nr. 2 EuGVÜ einfach mit »beglaubigte Abschrift« wiedergibt.

20 Deshalb ist es ungewiß, ob die Regeln über Vorlegung von Abschriften und Übersetzungen wirklich nur auf die im Titel VI angesprochenen Schiedssprüche Anwendung finden und nicht auch im Rahmen des Exequaturverfahrens für innerfranzösische Schiedssprüche nach Art. 1477 Abs. 2. Immerhin bringt die Regel über die Zulassung von beglaubigten Abschriften eine erfreuliche Klärung.

21 Siehe oben in dem Beitrag von *Mauro*, S. 5ff. (10). Allerdings unterliegt der »compromis«, wenn er Teil eines Handelsgeschäfts ist, richtiger Ansicht nach der Beweiserleichterung des Art. 109 des Code de commerce in der Fassung von Art. 11 des Gesetzes Nr. 80–525 vom 12. 7. 1980, der besagt, daß Handelsgeschäfte gegenüber Kaufleuten durch alle Beweismittel bewiesen werden können.

rung[22]. Schließlich, die Schiedsvereinbarungen, die im Ausland gefällten Sprüchen zugrunde liegen und die nicht dem Bereich der internationalen Schiedsgerichtsbarkeit zugehören, können je nach dem anwendbaren Recht ebenfalls nicht der Schriftform unterworfen sein. Mündliche Schiedsvereinbarungen mögen selten vorkommen[23]. Aber es wird berichtet, daß etwa in den Niederlanden kraft Handelsbrauchs in manchen Berufszweigen Operationen des Geschäftsverkehrs formlos zustande kommen und die daraus entstehenden Streitigkeiten dann ohne weiteres als einer Schiedsgerichtsbarkeit unterworfen angesehen werden. Das gilt erst recht, wenn die Operationen schriftlich, aber ohne besondere Erwähnung der Schiedsgerichtsbarkeit abgeschlossen werden. Bedeutsamer noch ist die zwar schriftlich von einer Partei angebotene oder »bestätigte« Schiedsklausel, der keine schriftliche Äußerung der anderen Partei gegenübersteht. So etwas hat es in Frankreich gegeben, und die Rechtsprechung hat das nicht beanstandet[24]. Bei solcher Sachlage kann keine Partei, nicht einmal der Schiedsrichter, eine Schiedsvereinbarung vorlegen, sondern höchstens den schriftlichen Teil einer solchen. Soll das nunmehr zur Folge haben, daß die aufgrund derartiger Vereinbarungen erlassenen Schiedssprüche nicht bewiesen und nicht anerkannt oder vollstreckt werden können? Das würde bedeuten, daß sich der französische Gesetzgeber zur Übernahme der strengen Form von Art. II des New Yorker Übereinkommens von 1958 bekehrt hätte[25]. Angesichts der allgemeinen Tendenz des Dekrets von 1981 ist das nicht anzunehmen, sondern vielmehr, daß sich der Vollstreckungsrichter mit der Vorlage eines Minimums von Dokumenten begnügen wird, vorausgesetzt, daß in dem Antrag auf Vollstreckbarerklärung oder Anerkennung eine plausible Erklärung für das Fehlen eines vollständigen Schriftbeweises gegeben wird[26].

5. Weil es nicht zur Anerkennung, wohl aber zur Zwangsvollstreckung erforderlich ist, ist das besondere Verfahren vor dem Vollstreckungsrichter in

22 Siehe oben in dem Beitrag von *von Breitenstein*, S. 15 ff. (36).

23 Immerhin gibt es ein veröffentlichtes Urteil über eine »convention verbale«, nämlich Req. 21. 6. 1904, *Georges Bernard*, D. 1906.I.295, S. 1906.I.22 (Vertrag und schiedsgerichtliches Verfahren in Belgien).

24 Civ. 9. 1. 1933, *Wallenborn*, D.H. 1933, 164, S. 1933.I.145, Com. 17. 10. 1961, *Sté Alfatière*, Rev. 1962, 129, Anm. *Mezger*. Diese Urteile haben eine stillschweigende Annahme durch konkludente Handlung anerkannt.

25 Bisher war die Formlosigkeit, jedenfalls für Schiedsvereinbarungen zwischen Kaufleuten im Sinne von § 1027 Abs. 2 ZPO ein den Rechtsverkehr zwischen Deutschland und Frankreich erleichterndes Moment, weil durch Art. I (2) (a) der Genfer sog. Europäischen Konvention über die internationale Handelsschiedsgerichtsbarkeit vom 21. 4. 1961, die ja zwischen Deutschland und Frankreich in Kraft ist, die zu strenge Formvorschrift des Art. II des New Yorker sog. UN-Übereinkommens von 1958 ausgeschaltet wurde. Dabei soll es und wird es u. E. bleiben.

26 Daß der Wille des Gesetzgebers dahin und nicht in Richtung einer Erschwerung des Formalismus geht, zeigt nicht nur Titel V und insbesondere Art. 1495, sondern auch die Mitwirkung Frankreichs an der Neufassung von Art. 17 EuGVÜ durch Art. 11 des Übereinkommens von Luxemburg vom 9. 10. 1978 (Amtsblatt der

Art. 1500 durch eine Verweisung auf die Art. 1477 und 1478, also auf die Regeln über die Vollstreckung innerfranzösischer Schiedssprüche geregelt. Anders als für intern-französische Schiedssprüche dürfte für Schiedssprüche, die unter die Bestimmung des Titels VI fallen, nicht nur ein Verfahren auf Vollstreckbarerklärung möglich sein, sondern auch ein Verfahren auf Anerkennung nach denselben Vorschriften. In Titel VI sind nämlich Anerkennung und Vollstreckung immer nebeneinander genannt, und zwar insbesondere in den Art. 1501 und 1502[27].

6. Die Bezugnahme auf Art. 1477 Abs. 1 ist insofern ein Redaktionsversehen, weil für die im Ausland ergangenen Schiedssprüche, auf die sich ja der Titel VI auch und sogar in erster Linie bezieht, ein französischer Richter »des Bezirks, in welchem der Schiedsspruch ergangen ist« nicht existiert. Man wird den zuständigen Richter nach den Richtlinien bestimmen, die die Rechtsprechung für ähnliche Fälle entwickelt hat, insbesondere für den Fall, daß ein französisches Gericht wegen der Staatsangehörigkeit einer Partei zuständig, aber keine besondere örtliche Zuständigkeit in Frankreich gegeben ist[28].

7. Das französische Recht kennt nach Art. 1479 vorläufig vollstreckbare Schiedssprüche aufgrund einer diesbezüglichen Entscheidung des Schiedsrichters. Diese Bestimmung wird in Art. 1500 ebenfalls aufgeführt[29]. Dessen Abs. 1 ist zwar zur Anwendung auf die in Titel VI geregelten Schiedssprüche nur geeignet, wenn das Verfahren französischem oder einem ähnlichen Recht untersteht oder wenn die Parteien eine Erklärung der vorläufigen Vollstreckbarkeit gemäß Art. 1494 als zulässig vereinbart haben. Dagegen ist Art. 1479 Abs. 2 Satz 2 immer von Bedeutung, weil er den Richter beim Appellationsgerichtshof ermächtigt, auch nicht vom Schiedsrichter für vorläufig vollstreckbar erklärte Schiedssprüche von sich aus für vorläufig vollstreckbar zu erklären, wenn die Voraussetzungen der Art. 525 oder 526 vorliegen. Gerade die Anwendung von Art. 526 wird oft mit Erfolg beantragt werden.

Europäischen Gemeinschaften Nr. L 304 vom 30. 10. 1978), der die geltende Regel, die für eine Gerichtsstandsklausel eine schriftliche oder mündliche, aber schriftlich bestätigte Vereinbarung fordert, durch eine mildere ersetzen will, allerdings nur »im internationalen Handelsverkehr« und gemäß »den internationalen Handelsbräuchen, die den Parteien bekannt sind oder die als ihnen bekannt angesehen werden« (vgl. dazu den Bericht von *Schlosser*, Amtsblatt C 59/125, Nr. 179).

27 Es kommt nicht darauf an, ob man neben dem Antrag auf Vollstreckbarerklärung einen besonderen Antrag auf Anerkennung zuläßt, sondern darauf, daß der Vollstreckungsrichter den Antrag auf Anerkennung oder Vollstreckbarerklärung eines Schiedsspruchs, der lediglich eine Klage abweist oder eine Feststellung enthält, nicht wegen mangelnden Rechtsschutzbedürfnisses abweist.

28 Vgl. neuestens Civ. 13. 6. 1978, *Mora*, Rev. 1978, 722, Anm. *Audit* und, betreffend das Exequatur eines ausländischen Urteils gegen eine Person ohne Wohnsitz in Frankreich, Trib. Gr. Inst. Paris 11. 7. 1979, *Lester*, Rev. 1981, 102, Anm. *Gaudemet-Tallon*.

29 Siehe oben den Beitrag von *Mauro*, S. 5 ff. (12).

II. Der Katalog der Nichtigkeitsgründe

Das zweite Kapitel des Titels VI ist den Rechtsmitteln gewidmet, und zwar nach seiner Überschrift sowohl denen, die gegen im Ausland erlassene Schiedssprüche gerichtet werden können, als auch denen, die gegen Schiedssprüche eingelegt werden können, die in Frankreich, aber im Rahmen der internationalen Schiedsgerichtsbarkeit im Sinne des Art. 1492 ergehen. Der Inhalt entspricht nicht ganz der Überschrift. Gleich der erste Artikel des Kapitels, Art. 1501, behandelt ein Rechtsmittel gegen die richterliche Entscheidung, mit der Anerkennung oder Vollstreckung abgelehnt werden. Der nächste Artikel, Art. 1502, behandelt strenggenommen auch kein Rechtsmittel gegen den Schiedsspruch, sondern die Berufung gegen die richterliche Entscheidung, mit der ein solcher anerkannt oder für vollstreckbar erklärt wird. Außer den prozessualen Regeln über die Rechtsmittel enthält dieses Kapitel (ähnlich wie § 1044 ZPO) den Katalog der Aufhebungs-(oder Nichtigkeits-)gründe[30]. Er ist nicht gerade sehr glücklich dem Art. 1502 angefügt. Dieser Katalog soll nach dem Willen des Gesetzgebers die Gleichbehandlung der im Ausland erlassenen und der im Inland in internationalen Sachen ergangenen Schiedssprüche verwirklichen. Die in Frankreich ergangenen Sprüche sollen von der Zurückhaltung profitieren, die traditionell bei der Prüfung der im Ausland ergangenen Schiedssprüche obwaltet. Eine andere Regelung würde die Liberalisierung der internationalen Schiedsgerichtsbarkeit auf französischem Boden, wie sie in Titel V vorgenommen wird, in Frage stellen.

Wir werden zunächst diesen Katalog kommentieren und erst unter III. auf die prozessuale Ausgestaltung der Rechtsmittel eingehen.

1. Der Art. 1502 zählt fünf Nichtigkeitsgründe auf, einen weniger als Art. 1484 Abs. 2 für die internen französischen Schiedssprüche. Das ist die Folge der in Art. 1495 angeordneten Befreiung von jedem Formzwang für alle in internationalen Sachen ergangenen Schiedssprüche[31]. Sie wirkt sich auch auf die Schiedssprüche aus, die nach einem ausländischen Recht in einer rein internen (aber ausländischen) Sache ergehen, also etwa in dem bereits gegebenen Beispielsfall eines deutschen schiedsgerichtlichen Verfahrens zwischen Deutschen, das nur durch den späteren Erwerb von Vermögen in Frankreich durch die verurteilte Partei eine Verbindung zu Frankreich erhält. Das sieht sehr einfach aus, ist es aber nicht, wie nachfolgende Überlegungen zeigen.

30 Die Terminologie ist gleichgültig. Man kann auch von Nichtanerkennungsgründen oder Anfechtungsgründen sprechen.

31 Seinem Wortlaut nach erfaßt Art. 1495 nur Schiedssprüche auf dem Gebiet der internationalen Schiedsgerichtsbarkeit, die aufgrund eines Verfahrens ergehen, das französischem Recht unterliegt. Aber u. E. ergibt sich aus seinem Zusammenhang mit dem Katalog der Aufhebungsgründe in Art. 1502, daß für alle unter Titel VI fallende Schiedssprüche keine Form und kein Mindestinhalt zwingend vorgeschrieben ist.

Die liberalere Regelung des internationalen Schiedsgerichtswesens zeigt die Notwendigkeit einer Begrenzung der beiden Arten der Schiedsgerichtsbarkeit auf. Dieselbe Feststellung betrifft auch die sehr liberale Rechtsprechung der Gerichte, die sich jedoch vor der Reform nur auf die internationale Schiedsgerichtsbarkeit bezog.

III. Allgemeines

Vor der Reform traf man auf ein feindliches Klima: Bis in die jüngste Zeit (wahrscheinlich im Zusammenhang mit der sehr bedeutsamen internationalen Wirtschaftsentwicklung der sechziger und siebziger Jahre) waren die französischen Juristen in ihrer Gesamtheit feindlich gegenüber der Schiedsgerichtsbarkeit eingestellt, mit sehr speziellen Ausnahmen, nämlich in Sachen der

- Handelsbörse,
- im Baumwollhandel,
- im Kaffeehandel,
- im Gewürzhandel.

Herr *Paclot*, Staatsrat und ehemaliger Präsident des Handelsgerichtes von Paris, hat statistisch nachgewiesen, daß die Zahl der Schiedsverfahren (2000 für ganz Frankreich) im Vergleich zu den Rechtsstreitigkeiten allein des Handelsgerichts von Paris (40 000) sehr klein ist[5].

Die Richter, Professoren[6] und selbst die Rechtsanwälte stehen der Schiedsgerichtsbarkeit ablehnend gegenüber. Man wirft ihr vor,

- gefährlich für die Parteien zu sein, die den Schutz eines unabhängigen Berufsrichters verlieren,
- kostspielig zu sein; man muß Honorare an die Schiedsrichter bezahlen, während es sonst in Frankreich keine Gerichtskosten gibt und das Handelsgericht Laienrichter bereithält, die die technische Ausbildung haben, die man von den Schiedsrichtern erwartet;

weiter wirft man ihr vor,

- komplizierte Rechtsmittel zu eröffnen, die Schiedsverfahren lang und kostspielig machen.

Schließlich gehört zweifellos der Prozeß zum Leben der romanischen Völker wie guter Rotwein.

Der geheime Charakter der Schiedsgerichtsbarkeit gefällt den französischen Parteien nicht, die die öffentlichen Scharmützel der Anwälte schätzen wie die langen Plädoyers.

All dies muß man festhalten, wenn man die Texte vor und nach der Reform betrachtet.

5 Vgl. Rev.arb. 1980, 598 ff.
6 Vgl. *Mezger*, ZZP 1981, 120.

IV. Kurzer Überblick über die Gesetzgebung vor der Reform von 1980

Die Schiedsgerichtsbarkeit unterlag dem Regime der Artikel 1005 bis 1028 der Zivilprozeßordnung, den Artikeln 2059, 2060, 2061 des Code Civil sowie einer umfangreichen Rechtsprechung um so umfangreicher, als die Gesetzestexte ungenügend waren.

1. Regel: Ein Schiedsvertrag (in einer bereits entstandenen Streitigkeit) ist möglich mit Ausnahme auf den Gebieten des Familienrechts und der öffentlich-rechtlichen Personenzusammenschlüsse; er ist nicht möglich aufgrund speziellen Dekrets oder in den Materien, die den »ordre public« berühren. Man weiß, wie weit dieser französische Begriff des »ordre public« ist.

2. Regel: Die Schiedsklauseln sind nichtig, wenn keine spezialgesetzliche Ermächtigung existiert (Art. 2061 CC), so etwa Artikel 631 des Handelsgesetzbuchs, der Kaufleuten die Unterzeichnung einer Schiedsklausel (clause compromissoire) erlaubt.

3. Regel: Die Vielfalt der Rechtsmittel

a) Zwei Arten der Berufung gegen den Schiedsspruch:
   - die »klassische« Berufung in der Sache selbst (gesetzlich vorgesehen) (Reformationsberufung),
   - die von der Rechtsprechung herausgebildete »Nichtigkeitsberufung«, mit der Verstöße gegen elementare Verfahrensgrundsätze oder den »ordre public« gerügt werden können;

b) Restitutionsklage (recours en révision) im Fall falscher Beweisstücke, falscher Zeugenaussagen usw. ... in Anwendung des Art. 1026 der Prozeßordnung;

c) Berufung gegen die Entscheidung des Großen Instanzgerichts (tribunal de grande instance), die die Vollstreckbarerklärung des Schiedsspruches verweigert (refus d'exequatur);

d) Widerspruch gegen die Vollstreckbarerklärung (opposition à ordonnance d'exequatur) in Anwendung des Art. 1028 der Prozeßordnung in bestimmten Fällen wie:
   - nichtigem oder hinfälligem Schiedsvertrag,
   - Unzuständigkeit der Schiedsrichter,
   - Entscheidungen, die den durch Klage und Widerklage abgegrenzten Prozeßstoff überschreiten;

e) Kassationsbeschwerde gegen die Urteile des Appellationsgerichtshofs (cour d'appel) infolge einer Berufung oder Restitutionsklage.

4. Regel: Die »ungeliebte« Schiedsklausel

Man muß die Schiedsklausel als ein Versprechen würdigen, im Fall eines Rechtsstreits einen Schiedsvertrag zu unterzeichnen. Die Schiedsklausel (la clause compromissoire) ist also nicht als ein Vertrag anerkannt, der seinerseits bereits ausreicht, um vollstreckt zu werden. Und jeder versucht hartnäckig, diesen Halbvertrag restriktiv auszulegen; z. B. wird langwierig darüber diskutiert, ob ein Kaufmann, der eine Schiedsklausel mit einem Nichtkaufmann unterzeichnet hat, sich auf die Nichtigkeit berufen kann[7].

V. Entstehungsgeschichte der Reform

Die lebhafte Entwicklung des Binnen- und Außenhandels Frankreichs in den Jahren 1960–1970 hat einer so trügerischen Reglementierung Kritik eingetragen.

Der Gesetzgeber hat diesen Protest vernommen und die Arbeiten in der Rechtslehre gewürdigt. Einige Namen wie *Henry Motulsky, Jean Robert, Philippe Fouchard* und *Ernst Mezger* müssen genannt werden.

Der Gesetzgeber hat auch die Ansichten bekannter Richter angehört, die der Schiedsgerichtsbarkeit gegenüber sehr positiv waren, z. B. von M. *Bellet*, dem ehemaligen und Ehrenpräsidenten der »Cour de Cassation«.

Zur selben Zeit machte sich der Gesetzgeber an die Redaktion des »Nouveau Code de Procédure Civile«, der den Code de Procédure von 1806 ersetzen sollte, dessen Einheit und Zusammenhang nachfolgende Gesetze aufgehoben haben.

Dieser neue Code wurde in seiner Allgemeinheit gebilligt: Er hat die Tradition von Klarheit und Logik wiederaufgenommen und ist außerdem kurz und bündig.

Die Fortschritte der Reform der Schiedsgerichtsbarkeit sind für einen Ausländer sicherlich weniger evident als für einen Franzosen, der eine altertümliche und komplexe Regelung kennengelernt hat.

VI. Die neue französische Gesetzgebung zur Schiedsgerichtsbarkeit

Sie befindet sich nunmehr:

a) im Nouveau Code de Procédure Civile
   Art. 1442 bis einschließlich 1459: die Schiedsvereinbarungen,
   Art. 1460 bis 1468: das anhängige Schiedsverfahren,
   Art. 1469 bis 1480: der Schiedsspruch,
   Art. 1481 bis 1491: die Rechtsmittel,
   Art. 1492 bis 1497: die internationale Schiedsgerichtsbarkeit,
   Art. 1498 bis 1507: die Anerkennung, die Zwangsvollstreckung und die Rechtsmittel hinsichtlich der im Ausland oder im internationalen Schiedsverfahren erlassenen Schiedssprüche;
b) im Code Civil
   Art. 2059, 2060, 2061 zum Schiedsvertrag, die die Schiedsklausel untersagen, soweit das Gesetz dies nicht zuläßt;
c) im Code de Commerce (Handelsgesetzbuch)
   Art. 631, der die Schiedsklausel unter Kaufleuten zuläßt.

7 Vgl. *Robert*, Nr. 107.

Man wird gemeinsam mit Me. *Jean Robert* das unveränderte Überleben der Artikel des Code Civil bemerken[8] sowie folgenden Widerspruch:

Nach dem Code Civil ist eine Schiedsklausel grundsätzlich untersagt, aber der neue Code de Procédure enthält Regelungen einer solchen Schiedsklausel – eine kriminelle im Sinne des Code Civil! Sie wird zu einem Mädchen aus gutem Hause im Code de Procédure!

VII. Die aktuelle Funktionsweise

a) Die Schiedsvereinbarungen

Das Gesetz bestätigt die Entwicklung. Zwei Vereinbarungen sind möglich:

1. Die schriftliche Schiedsklausel (clause compromissoire) von vornherein unterzeichnet für einen eventuellen und zukünftigen Rechtsstreit.
2. Der Schiedsvertrag (compromis), der unterzeichnet werden kann, selbst wenn ein Prozeß im Gange ist gemäß den Bestimmungen des Art. 1450 des Nouveau Code de Procédure Civile.

Diese beiden Vereinbarungen führen zur Konstituierung eines Tribunal Arbitral (Schiedsgericht). Der Ausdruck ist neu, und man kann wegen dieses Ausdrucks zufrieden sein. Er ist Zeichen des Respektes des Gesetzgebers.

Die Anzahl der Schiedrichter ist ungerade (Art. 1453), und wenn die Parteien eine gerade Anzahl von Schiedsrichtern benennen, wird man beim zuständigen Gericht beantragen, einen Ergänzungsrichter zu ernennen, sofern man sich über seine Wahl nicht einigen kann (Art. 1454); bei dieser Gelegenheit sehen wir, wie sich eine Zusammenarbeit zwischen dem Schiedsrichter und dem staatlichen Richter herausbildet.

Das Gesetz respektiert und regelt auch (in Art. 1455) die gängige Praxis, die einer natürlichen oder juristischen Person die Aufgabe der Organisation eines Schiedsverfahrens anvertraut. Das ist sehr glücklich. Solche Klauseln, die nicht immer genügend sorgfältig bedacht sind, tauchen häufig auf.

Hier sind vor allem die Schwierigkeiten hervorzuheben:

- ein Schiedsgericht zu konstituieren,
- einen dritten oder fünften Schiedsrichter zu benennen,
- die Amtsdauer der Schiedsrichter zu verlängern,
- einen Schiedsrichter abzulehnen (z. B. ist der Schiedsrichter der Bruder einer Partei, ihr Angestellter etc.).

Man wird sich an den »juge des référés« des Großen Instanzgerichts wenden, d. h. an den Richter, der für einstweilige Verfügungen zuständig ist.

Während der Schiedsgerichtstage in Stockholm vom 6. bis 9. 10. 1981 war Präsident *Bellet* ein engagierter Anwalt des »juge des référés«. Es handelt sich dabei um ein sehr französisches Konzept: Jede Partei kann im Dringlichkeitsfall bei diesem juge des référés (das ist im allgemeinen der Präsident des

8 Vgl. D./S. 1980. Ch., S. 189 ff.

Großen Instanzgerichts), die Anordnung der zweckdienlichen Maßnahmen beantragen wie etwa:
- die Benennung eines Sachverständigen nach einem Brand,
- Arrestierung einer Geldsumme,
- Zusprechung eines Vorschusses für eine unbestreitbare Forderung usw.

In 15 Tagen kann man eine Entscheidung erhalten, und gewisse Praktiker sind große Verfechter dieses Verfahrens, das gewisse Risiken mit sich bringt (Art. 893, 894, 895 des Code de Procédure). Ich persönlich denke, daß es einen großen Fortschritt bedeutet, dies auf die Schiedsgerichtsbarkeit zu übertragen, selbst wenn dies diejenigen schockiert, die glauben, die Schiedsgerichtsbarkeit sei dazu da, nicht vor einem Berufsrichter erscheinen zu müssen. Es handelt sich nicht um eine Einmischung in der Sache selbst.

b) das anhängige Schiedsverfahren

Die Freiheitsliebe des Gesetzgebers überrascht angenehm:
- Die Schiedsrichter gestalten das Verfahren selbst, mit Ausnahme der Grundprinzipien, die sie beachten müssen (Art. 1460).
- Die Schiedsrichter arbeiten als Kollegium, es sei denn, die Parteien kommen anders überein (Art. 1461).
- Sie müssen ihr Amt ausüben bis zum Ende (Art. 1462).
- Die Parteien können einstimmig einen Schiedsrichter abberufen (Art. 1462).
- Die Gründe für eine Richterablehnung dürfen erst nach seiner Ernennung als Schiedsrichter bekannt werden oder entstanden sein (Art. 1463).
- Wird die Entscheidungsbefugnis des Schiedsrichters bestritten, entscheidet dieser selbst über die Gültigkeit oder die Grenzen seiner Einsetzung. Wir haben es hier mit einer Stellung zu tun, die der Festigkeit und Funktionsfähigkeit des Schiedsverfahrens sehr förderlich ist.
- Der Schiedsrichter kann wie ein Berufsrichter über die Probleme einer Urkundenfälschung entscheiden (Art. 1467).

c) Der Schiedsspruch

- Er wird gefaßt mit Stimmenmehrheit dank der ungeraden Zahl der Schiedsrichter (Art. 1470).
- Er muß bestimmte Formen beachten und im Namen der Mehrheit der Schiedsrichter unterzeichnet sein (Art. 1472, 1473).
- Er muß mit Rechtsgründen versehen sein, es sei denn, die Parteien seien zu einer »amiable composition« übereingekommen. Man vermutet ein wenig, daß das Recht nicht immer *Ehrlichkeit und Billigkeit* entspricht. Dieser Zweifel kommt in der Gesetzesfassung zum Ausdruck, und man wird froh darüber sein (Art. 1474) (summa jus summa injuria).
- Das Amt des Schiedsrichters endet mit der Unterschrift des Schiedsspruches. Er kann jedoch diesen auslegen oder Fehler berichtigen (Art. 1475); andernfalls tut dies das ordentliche Gericht.

– Der Schiedsspruch hat vom Moment seiner Unterschrift an materielle Rechtskraft (autorité de la chose jugée).
– Die Vollstreckung ist nur mit Vollstreckbarerklärung des örtlichen Großen Instanzgerichts nach Maßgabe des Schiedsspruches möglich (Art. 1477, 1478).
– Wenn das Gericht die Vollstreckbarerklärung ablehnt, muß es seine Entscheidung begründen, um dem Berufungsgericht die Ausübung seiner Kontrolle zu ermöglichen.
– Die »exécution provisoire« (vorläufige Zwangsvollstreckung) trotz eingelegter Berufung ist unter denselben Bedingungen möglich wie bei einem normalen Urteil (Art. 1479). Dies bedeutet einen sehr großen Fortschritt im Hinblick auf die Wirksamkeit. Der Präsident des Appellationsgerichtshofs kann die »exécution provisoire« anordnen.

Man sieht hier ein weiteres Mal eine sehr positive und wirkungsvolle Angleichung des Schiedsspruches an ein Urteil von Berufsrichtern.

d) Die Rechtsmittel

Wir haben eingangs dazu einiges gesagt. Auf diesem Gebiet war die Situation besonders unerträglich.

Heute gibt es:

– Keine Kassationsbeschwerde und keinen Widerspruch eines säumigen Beklagten mehr (opposition).
  Demgegenüber können Dritte, deren Interessen verletzt sind, Widerspruch vor dem normalerweise zuständigen Großen Instanzgericht erheben (Art. 1481, tierce-opposition).
– Die Berufung ist möglich; Ausnahme: Es liegt ein vorheriger Verzicht oder eine amiable composition vor. In letzterem Fall können sich die Parteien – als eine Ausnahme zur Ausnahme – die Berufung vorbehalten. Dies halten wir für eine sehr gute Lösung (Art. 1482).
– Es gibt nur noch eine einzige Berufung, und die Unterscheidung zwischen Nichtigkeitsberufung und gewöhnlicher Reformationsberufung ist verschwunden (Art. 1483).
– Haben die Parteien auf die Berufung verzichtet, ist eine Nichtigkeitsbeschwerde (recours en annulation, dieser recours en annulation wird wie eine Berufung beim OLG eingelegt) in beschränkten und darüber hinaus evidenten Fällen möglich (Art. 1484). Hier sind folgende Fälle zu nennen:
  a) Der Schiedsrichter entscheidet ohne Schiedsvertrag oder Schiedsklausel oder wohl unter Zugrundelegung eines Schiedsvertrages oder einer Schiedsklausel, die aber nichtig sind (z. B. wollten die Parteien den Eiffelturm stehlen!).
  b) Die Schiedsrichter wurden nicht ordnungsgemäß benannt.
  c) Die Schiedsrichter überschreiten ihr Amt.
  d) Es gab kein kontradiktorisches Verfahren.
  e) Es fehlt eine Begründung, ein Name von Schiedsrichtern, Ort und Datum des Schiedsspruches, der Name einer Partei, der Anwälte usw.

- Spricht das Gericht die Nichtigkeit aus, muß es selbst in der Sache in den Grenzen des Amtes (mission) der Schiedsrichter entscheiden (Art. 1485). Man kann hier von einer kleinen Revolution sprechen.
- Berufung und Nichtigkeitsbeschwerde werden beim Appellationsgerichtshof, der »Cour d'Appel«, eingelegt. Die Einlegungsfrist beträgt einen Monat (Art. 1489).
- Schließlich ist eine Berufung gegen die Verfügung des Großen Instanzgerichts möglich, das die Vollstreckbarerklärung verweigert. Die Verwerfung der Berufung oder der Nichtigkeitsklage machen den Schiedsspruch vollstreckbar (Art. 1490).
- Die »révision« (Restitutionsklage) wegen gefälschter Prozeßunterlagen, falscher Zeugenaussagen etc. ist unter den Voraussetzungen eines normalen Urteils möglich und muß beim Appellationsgerichtshof (Cour d'Appel) angebracht werden (Art. 1491).

Man sieht also einen sehr großen Fortschritt. »Le Maquis« der Rechtswege, wie man in Analogie zum dichten Gestrüpp der Wälder Korsikas sagt, in deren Unwegsamkeit man sich verliert, ist beseitigt:

1. Nichtigkeitsberufung und normale Reformationsberufung sind zusammengefaßt;
2. Nichtigkeitsbeschwerde nur noch in begrenzten und wenig gewöhnlichen Fällen;
3. Berufung gegen den refus d'exequatur (Vollstreckbarerklärung);
4. Revision in Fällen gefälschter Unterlagen usw.

Der Appellationsgerichtshof (Cour d'Appel) ist zuständig. Das bedeutet eine Rechtsprechung auf hohem Niveau.

In ganz allgemeiner Weise können wir daher feststellen, daß der französische Gesetzgeber den Schiedsverfahren zur Gewährleistung ihres ewigen Heils zwei Schutzengel geschickt hat, nämlich

1. den Präsidenten des Großen Instanzgerichts,
   a) um über Lücken der Schiedsvereinbarung hinwegzuhelfen,
   b) zur Vollstreckung der Schiedssprüche;
2. den Appellationsgerichtshof (Cour d'Appel).

VIII. Übergangsbestimmungen

Artikel 52 des Dekrets vom 14. 5. 1980 (Reform der internen Schiedsgerichtsbarkeit) legt das Datum fest, an welchem die Reform in Kraft tritt, nämlich am 1. 10. 1980.

Artikel 53 des Dekrets vom 14. 5. 1980 präzisiert, daß die Bestimmungen über die Schiedsklausel (Schriftform, Ernennung der Schiedsrichter oder Ernennungsart), darüber daß der Schiedsrichter eine natürliche Person sein muß, über das Prinzip der ungeraden Anzahl von Schiedsrichtern (Artikel 1443, 1451 und 1453 des Nouveau Code de Procédure Civile), nur Schiedsvereinbarungen betreffen, die nach dem 1. 10. 1980 geschlossen worden sind.

Das zwischen den Parteien im Vertrag vereinbarte Datum ist zwischen ihnen gültig. Es kann Schwierigkeiten geben, wenn dieses Datum gegenüber Dritten geltend gemacht wird.

Die Bestimmungen, die die Vervollständigung der Anzahl der Schiedsrichter auf eine ungerade Zahl (Art. 1454 NCPC) sowie die Intervention einer dritten Person für die Gestaltung des Schiedsverfahrens (Art. 1455 NCPC) vorsehen, sind nur auf Schiedsverfahren anwendbar, die nach dem 1. 10. 1980 eingeleitet worden sind.

Nach *Jean Robert*[9] wird das Verfahren mit der Bestätigung des Amtes entweder des Einzelschiedsrichters oder des letzten der ernannten Schiedsrichter als eingeleitet angesehen.

Die Bestimmungen über die Rechtsmittel sind nur auf die Schiedssprüche anwendbar, die nach dem 1. 10. 1980 erlassen worden sind.

Gemäß Artikel 55 des Dekrets vom 12. 5. 1981 sind die Bestimmungen betreffend das internationale Schiedsverfahren auf Schiedsvereinbarungen anwendbar, die seit dem Datum seiner Veröffentlichung im »Journal Officiel« (14. 5. 1981) abgeschlossen worden sind. Die Bestimmungen über die Anerkennung, Vollstreckung und Rechtsmittel betreffend im Ausland oder im internationalen Schiedsverfahren erlassene Schiedssprüche sind nach Artikel 56 des genannten Dekrets nur auf solche Schiedssprüche anzuwenden, die »nach dem Datum der Veröffentlichung«, das heißt ab dem 15. 5. 1981, ergangen sind.

Da das Dekret vom 12. 5. 1981 das Dekret vom 14. 5. 1980 mit Ausnahme seiner Übergangsbestimmungen und dieses die früheren Bestimmungen der alten Zivilprozeßordnung (Artikel 1005 bis 1028) aufgehoben hat, ergeben sich einige Probleme hinsichtlich des anwendbaren Rechts während der Übergangszeit und insbesondere für internationale Schiedsverfahren zwischen dem 1. 10. 1980 und dem 14. 5. 1981.

9 D./S. 1980. Ch., S. 198.

II. Die internationale Arbitrage im französischen Recht

Von Rechtsanwalt Dr. Detlev von Breitenstein, Paris

1. Einleitung

1.1. Spätestens seit der Mitte dieses Jahrhunderts ist die Schiedsgerichtsbarkeit als Möglichkeit der Streiterledigung im internationalen Handelsverkehr zu einem bedeutsamen Gegenstand juristischer Erörterung geworden[1]. Ihre rechtliche Erfassung, Definition und Einordnung hat sich als außerordentlich schwierig erwiesen, wie die große Zahl von Stellungnahmen im Schrifttum zeigt[2]. An der Existenz, Bedeutung und Eigentümlichkeit der »internationalen Arbitrage« dürfte jedoch kein Zweifel mehr bestehen[3].

1 Vgl. die umfassenden Abhandlungen von *Ph. Fouchard*, L'arbitrage commercial international, 1965 (Dissertation Dijon 1963) – zitiert: *Fouchard*, ... –, und *P. Schlosser*, Das Recht der internationalen privaten Schiedsgerichtsbarkeit, 1975 – zitiert: *Schlosser*, ... –, mit weiteren Nachweisen.

2 Aus dem deutschen Schrifttum vgl. insbesondere: Die Schiedsgerichtsbarkeit in Zivil- und Handelssachen in Europa, 3 Bde., 1944, 1948 und 1956, herausgegeben von *A. Schönke* und *G. Kielwein* (Bd. 3); *F. Eisemann, E. Mezger, D. J. Schottelius*, Internationale Schiedsgerichtsbarkeit in Handelssachen, 1958 (Referate zur Tagung der Gesellschaft für Rechtsvergleichung 1956 in Hamburg); *B. von Hoffmann*, Internationale Handelsschiedsgerichtsbarkeit, 1970, S. 21 ff.; *H.-V. von Hülsen*, Die Gültigkeit von internationalen Schiedsvereinbarungen, 1973, S. 1 ff.; *Schlosser*, Rdnrn. 1 ff.; O. *Glossner*, Das Schiedsgericht in der Praxis, 2. Aufl. 1978, S. 131 ff.; *R. Bruns*, Zivilprozeßrecht, 2. Aufl. 1979, S. 498 ff.; *H. J. Maier*, Handbuch der Schiedsgerichtsbarkeit, 1979, S. 451 ff.; *K. H. Schwab*, Schiedsgerichtsbarkeit, 3. Aufl. 1979, S. 307 ff.; *L. Rosenberg, K. H. Schwab*, Zivilprozeßrecht, 13. Aufl. 1981, S. 1143 ff.

3 So im deutschen Schrifttum insbesondere: *A. Blomeyer*, Zivilprozeßrecht, 1963, S. 707; *Stein/Jonas*, Kommentar zur Zivilprozeßordnung, 20. Aufl. 1981, §§ 1025–1043 (*P. Schlosser*), Vorbem. vor § 1025 I Rdnr. 1; *Schlosser*, Rdnrn. 1, 152; *K. H. Schwab*, a.a.O., S. 307; *E. Mezger*, Die jüngsten Bemühungen um ein internationales Statut der Handelsschiedsgerichtsbarkeit und der Anerkennung ausländischer Schiedssprüche, in: Internationale Schiedsgerichtsbarkeit in Handelssachen, a.a.O., S. 18 ff., (20); *R. Bruns*, Zur Reform der Vollstreckung internationaler Schiedssprüche, ZZP 1957, 7 ff. (18); *A. Bülow*, Die neuere Entwicklung der privaten internationalen Schiedsgerichtsbarkeit, Juristenjahrbuch, Bd. 2, 1961/62, S. 62 ff. (62); *H.-V. von Hülsen*, a.a.O., S. 11.

Die Entwicklung einer den nationalen Rechtskreis übergreifenden Schiedsgerichtsbarkeit muß im Zusammenhang gesehen werden mit der während der letzten fünfzig Jahre zu beobachtenden Loslösung von den Besonderheiten, Einschränkungen und Zwängen nationaler Gesetzgebung und der Ausbildung von Gebräuchen, Rechtsgrundsätzen und Regeln des internationalen Handels, die sich nach vielfach vertretener Auffassung zu einem »transnationalen Recht«[4] oder zu einer neuen »lex mercatoria« nach römischem Vorbild[5] ausgeprägt haben. Dabei mag dahingestellt bleiben, ob die internationale Arbitrage Quelle oder Instrument dieser Rechtsordnung des Welthandels ist. Jedenfalls ist die enge Verbindung von beiden nicht zu verkennen, wie die Darstellung des französischen Rechts noch deutlich machen wird[6]. Festzuhalten ist die überragende Bedeutung des Grundsatzes der Privatautonomie und der daraus sich ergebenden Regel »pacta sunt servanda«, die die Grundlage des französischen Rechts der internationalen Arbitrage bilden.

1.2. Wo sind die Rechtsgrundlagen der internationalen Arbitrage zu finden? Zunächst und vor allem in den die Schiedsgerichtsbarkeit betreffenden internationalen Übereinkommen (Genfer Protokoll vom 24. 9. 1923, Genfer Abkommen vom 26. 9. 1927, New Yorker Übereinkommen vom 10. 6. 1958, Europäisches Übereinkommen vom 21. 4. 1961, etc.). Dabei ist hervorzuheben, daß das Europäische Übereinkommen wohl zum ersten Mal eine Legaldefinition der internationalen Arbitrage versucht hat[7]. Als Rechtsquellen kommen weiter in Betracht die Tätigkeit ständiger Schiedsinstitutionen, wie insbeson-

4 So etwa *C. M. Schmitthoff*, The law of international trade, its growth, formulation and operation: Sources of the Law of International Trade, 1964; *G. Erler*, Grundprobleme des Internationalen Wirtschaftsrechts, 1956, insbes. S. 19; *E. Langen*, Transnationales Recht, 1981; *Fouchard*, insbes. Rdnrn. 576 ff.

5 So etwa *Ph. Kahn*, La vente commerciale internationale, 1961, S. 19 ff.; *B. Goldman*, Frontières du droit et »lex mercatoria«, Archives de philosophie du droit 1964, S. 177 ff.

6 Während im französischen Schrifttum die Theorien von *Kahn*, *Goldman* und *Fouchard* kaum Kritiker gefunden haben (vgl. dazu unten 2.2.3.), ist außerhalb Frankreichs die Vorstellung einer Loslösung der internationalen Arbitrage von jeder staatlichen Rechtsordnung auf zum Teil heftigen Widerstand gestoßen. Vgl. insbesondere: *F. A. Mann*, Schiedsrichter und Recht, in: Festschrift für Werner Flume, 1978, Bd. 1, S. 594 ff.; *W. J. Habscheid*, Nationale oder Supranationale Schiedssprüche, ZZP 1957, 25 ff. (32); vgl. auch *F. E. Klein*, De l'autorité de la loi dans les rapports commerciaux internationaux, in: Internationale Rechts- und Wirtschaftsordnung, Festschrift für F. A. Mann, 1977, S. 618 ff.; *Schlosser*,

7 Europäisches Übereinkommen über die Handelsschiedsgerichtsbarkeit vom 21. 4. 1961, BGBl. 1964 II 426, Artikel I (1) a: »...Regelung von bereits entstandenen oder künftig entstehenden Streitigkeiten aus internationalen Handelsgeschäften zwischen natürlichen oder juristischen Personen ..., sofern diese bei Abschluß der Vereinbarung ihren gewöhnlichen Aufenthalt oder ihren Sitz in verschiedenen Vertragsstaaten haben«.

Rdnrn. 159 ff.

dere des Schiedsgerichtshofes der Internationalen Handelskammer, die Spruchpraxis internationaler Schiedsrichter und die Rechtsprechung staatlicher Gerichte, soweit diese über internationale Schiedssprüche zu befinden haben, das materielle und prozessuale Kollisionsrecht der nationalen Rechtsordnungen und schließlich die Vereinbarungen der Parteien, wobei der eher rechtsphilosophischen Frage nach dem Geltungsgrund solcher Individualverträge hier nicht nachgegangen werden kann[8].

Dagegen hat sich der nationale Gesetzgeber bisher damit begnügt, das interne Schiedsverfahren zu regeln und zu bestimmen, unter welchen Voraussetzungen ausländische Schiedssprüche anzuerkennen, zu vollstrecken oder mit Rechtsmitteln anfechtbar sind (so zum Beispiel in § 1044 ZPO, der die einzige Bestimmung des deutschen Verfahrensrechts betreffend ausländische oder internationale Schiedssprüche und das ihnen voraufgehende Verfahren ist). Dabei sind – was bisweilen übersehen wird – ausländische Schiedssprüche nicht zugleich und immer auch »international«[9].

Es erscheint daher die in dem Dekret No. 81–500 vom 12. 5. 1981[10] unternommene Reform des französischen Rechts, mit der in die französische Zivilprozeßordnung ein Kapitel über »l'arbitrage international« eingefügt worden ist, als reichlich kühn, und die Frage drängt sich auf, ob der nationale Gesetzgeber überhaupt berufen sei, die internationale Schiedsgerichtsbarkeit zu regeln.

1.3. Im nachfolgenden soll zunächst die internationale Arbitrage im bisherigen französischen Recht dargestellt werden. Es wird sich dabei zeigen, daß deren Kodifizierung durch das Dekret vom 12. 5. 1981 durchaus nicht revolutionär ist, sondern weitgehend die Rechtsprechung der französischen Gerichte der letzten fünfzig Jahre und einige dazu entwickelte Theorien der Rechtslehre konkretisiert und festschreibt. Die Kenntnis der bisherigen Rechtslage ist auch insofern nützlich, als einige Regeln und Grundsätze nicht ausdrücklich in das Reformwerk aufgenommen worden sind, gleichwohl aber – wie noch zu zeigen sein wird[11] – unverändert weitergelten sollen.

Es sind alsdann die Bestimmungen des der internationalen Arbitrage gewidmeten Titels V des vierten Buches der neuen französischen Zivilprozeßordnung, das heißt die Artikel 1492 bis 1497, zu erläutern.

8 Vgl. zu den Rechtsquellen der internationalen Arbitrage die umfassende Darstellung von *Schlosser*, Rdnrn. 44 ff.

9 Dies und damit auch das Problem der gesetzlichen Erfassung der internationalen Arbitrage waren Gegenstand der Tagung der Gesellschaft für Rechtsvergleichung 1956 in Hamburg mit dem vielleicht enttäuschenden Ergebnis, daß es »internationale Schiedsgerichtsbarkeit als Rechtsinstitution« zur Zeit nicht gebe (so *D. J. Schottelius* in seinem Referat über die Notwendigkeit und Möglichkeit der Bildung eines internationalen privaten Schiedsgerichtssystems, Internationale Schiedsgerichtsbarkeit in Handelssachen, a.a.O., S. 68 ff. [78]).

10 Siehe Anhang Nr. 1.

11 Vgl. dazu unten 3.3.

Abschließend soll eine vorläufige Gesamtwürdigung des Reformwerkes und seiner Auswirkungen auf die weitere Entwicklung der internationalen Schiedsgerichtsbarkeit versucht werden.

2. Die internationale Arbitrage im bisherigen französischen Recht

Es sei angemerkt, daß im nachfolgenden nicht auf den verwickelten Theorienstreit über die vertragliche oder juridiktionelle Rechtsnatur der Schiedsgerichtsbarkeit[12] eingegangen werden soll sowie auf die mit der Gesetzesreform von 1981 glücklicherweise überholte Problematik der Rechtsmittel gegen internationale Schiedssprüche beziehungsweise gegen deren Vollstreckbarkeit in Frankreich[13]. Diese Themen werden gleichwohl bei der Erörterung der französischen Rechtsprechung anklingen.

2.1. Rechtsprechung

Die Bedeutung der französischen Rechtsprechung zur internationalen Arbitrage kann nur verstanden werden, wenn man die grundsätzliche Schiedsfeindlichkeit der bisherigen französischen Gesetzgebung berücksichtigt[14]. Diese Schiedsfeindlichkeit kommt insbesondere in der Regel zum Ausdruck, wonach die Schiedsklausel – also die gerade im internationalen Wirtschaftsverkehr wichtige Vereinbarung, eventuelle zukünftige Streitigkeiten vor ein Schiedsgericht zu bringen – nichtig ist[15], was von den betroffenen Kreisen als unerträglich empfunden werden mußte. Vielfach wurden daher internationale Verträge außerhalb Frankreichs abgeschlossen und einem ausländischen Recht unterstellt, um so ein wirksames und rechtsgültiges schiedsgerichtliches Verfahren zu gewährleisten.

2.1.1. Die Gültigkeit der in diesen Verträgen enthaltenen Schiedsklauseln war Gegenstand der ersten höchstrichterlichen Entscheidungen zur internationalen

12 Vgl. dazu *J. Robert,* Arbitrage civil et commercial, 4. Aufl. 1967 – zitiert: *Robert,* ... –, Rdnr. 210, sowie als neuere Stellungnahme: *B. Oppetit,* Arbitrage juridictionnel et arbitrage contractuel: à propos d'une jurisprudence récente, Rev.arb. 1977, 315 ff.

13 Vgl. dazu *J.-D. Bredin,* La paralysie des sentences arbitrales étrangères par l'abus des voies de recours, Clunet 1962, 638 ff.; zu der damit zusammenhängenden Frage nach der »Nationalität« eines internationalen Schiedsspruches vgl. Anmerkung *D. Alexandre* zu Paris 25. 11. 1977, Rev. arb. 1978, 494 ff.

14 Vgl. *E. Mezger,* Überblick über das französische Recht der Schiedsgerichtsbarkeit nach dem Reformdekret vom 14. 5. 1980, ZZP 1981, 117 ff. (117 f.); *ders.,* Kernpunkte der Reform des Rechts der internationalen Handelsschiedsgerichtsbarkeit in Frankreich, RIW 1981, 511 ff. (511).

15 Jetzt Artikel 2061 Code civil. Diese Regel ist erst im Jahre 1925 für Handelsgeschäfte durch einen Zusatz zu Artikel 631 Code de commerce aufgelockert worden. Siehe Anhang Nrn. 2 und 3.

Arbitrage. Der französische Kassationsgerichtshof hat die so gestellte Frage bejaht und die nicht-französische Schiedsklausel und den auf ihr beruhenden Schiedsspruch auch gegenüber französischen Gerichten für verbindlich erklärt[16].

Dabei und in gleicher Weise bei den meisten nachfolgenden Entscheidungen ging es um die Frage der Vereinbarkeit mit denjenigen zwingenden Vorschriften des französischen Rechts, die nach internationalem Privatrecht als zum »ordre public« gehörend anzusehen sind[17]. Um die Gültigkeit von nicht der französischen Rechtsordnung unterliegenden Schiedsklauseln und Schiedssprüchen und ihre Durchsetzbarkeit in Frankreich und vor französischen Gerichten trotz entgegenstehender und an sich zwingender Rechtsvorschriften zu gewährleisten, hat die Rechtsprechung den weniger strengen Begriff des »ordre public international« entwickelt[18].

Der Weg wurde damit frei für eine die Härten, Zwänge und Unzuträglichkeiten des internen französischen Schiedsverfahrensrechts vermeidende und der internationalen Arbitrage ausgesprochen wohlgesonnene Spruchpraxis der französischen Gerichte. In diesem Zusammenhang sei auch erwähnt, daß der Kassationsgerichtshof, in dem offenbaren Bestreben, die Anerkennung und Vollstreckung in Frankreich zu erleichtern, und unter Bezugnahme auf die vertragliche Grundlage der Schiedsgerichtsbarkeit, nicht-französische Schiedssprüche den internen Schiedssprüchen gleichgestellt hat, mit der Folge, daß die Vollstreckungserklärung nicht nach den für ausländische Urteile vorgesehenen

16 Req. 17. 7. 1899, *Ospina,* S.1900.I.339, D.1904.I.225; Req. 21. 6. 1904, *General Mercantile Company,* D.1906.I.395; Civ. 8. 1. 1913, *Legembre,* S.1913.I.243, D.1920.I.53, Anm. *J. Escarra,* Req. 8. 12. 1914, *Salles,* D.1916.I.194; Req. 9. 7. 1928, *Cremades,* D.1928.I.173, S.1930.I.17, Anm. *J. P. Niboyet.*

17 Vgl. dazu *H. Batiffol, P. Lagarde,* Droit international privé, Bd. I, 7. Aufl. 1981 – zitiert: *Batiffol,* ... –, Rdnrn. 354 ff.

18 Wohl zum ersten Mal ausdrücklich in einem Urteil des Appellationsgerichtshofes Paris vom 10. 4. 1957, *Myrtoon Steamship* (JCP 1957.II.10078, Anm. *H. Motulsky,* Rev.crit.dr.int.pr. 1958, 120, Anm. *Y. Loussouarn,* Rev.arb. 1957, 16, Clunet 1958, 1002), der ausgehend von der vertraglichen Grundlage der Schiedsgerichtsbarkeit auf die internationale Natur des streitigen Vertrages abstellt. Mit einem Urteil vom 14. 6. 1960, *Elmassian* (Rev.crit.dr.int.pr. 1960, 393, Anm. *Ph. Francescakis,* JCP 1961.II.12273, Anm. *H. Motulsky,* Rev.arb. 1960, 97; siehe Anhang Nr. 9) ist der Begriff des »ordre public international« in die Rechtsprechung des Kassationsgerichtshofes übernommen worden.
Zur späteren Rechtsprechung vgl. insbesondere: Cass. 14. 4. 1964, *O.N.I.C.,* D. 1964.J.637, Anm. *J. Robert,* JCP 1965.II.14406, Anm. *P. Level,* Clunet 1965, 646, Anm. *B. Goldman,* Rev.crit.dr.int.pr. 1966, 68, Anm. *H. Batiffol,* Cass. 22. 11. 1966, *Gerstle,* Rev.arb. 1967, 9; Cass. 30. 6. 1976, *Bruynzeel,* Gaz.Pal. 1977.J.70, Anm. *J. Viatte,* Clunet 1977, 114, Anm. *B. Oppetit,* Rev.arb. 1977, 137, Anm. *J. Rubellin-Devichi;* vgl. dazu auch *E. Mezger,* A propos de l'article 16 du décret du 14 mai 1980, Rev.arb. 1980, 710 ff.; Cass. 18. 3. 1980, *Cotunav,* Clunet 1980, 874, Anm. *E. Loquin,* Rev.arb. 1980, 496, Anm. *E. Mezger.* Zum Begriff und zur Rolle des »ordre public international« in der internationalen Arbitrage vgl. insbesondere *Robert,* Rdnrn. 471 ff., *Fouchard,* Rdnrn. 729 ff.

Regeln mit (begrenzter) inhaltlicher Nachprüfung durch das Exequaturgericht, sondern in dem vereinfachten Verfahren vor dem Präsidenten des zuständigen Großen Instanzgerichtes erfolgt[19].

2.1.2. Mit einer Entscheidung aus dem Jahre 1930 gab der Kassationsgerichtshof – zumindest indirekt – eine erste Definition dessen, was als »arbitrage international« zu verstehen sei:

« Attendu que, dès l'instant que ces conventions mettent ainsi en jeu des intérêts de commerce international, et la nullité de la clause compromissoire édictée par l'article 1006 c. pr. civ., n'étant pas d'ordre public en France, les parties, même françaises l'une et l'autre, ont pu valablement, dans un contrat, conclu soit à l' étranger, soit en France, déroger aux dispositions de ce texte et se référer pour régir leurs accords à une loi étrangère, telle que la loi anglaise, admettant la validité d'une pareille clause; . . . »[20]

Abgestellt wird also nicht auf die Nationalität oder den Wohn- beziehungsweise Geschäftssitz der Parteien, den Ort des Vertragsschlusses, den Sitz des Schiedsgerichts oder das auf das Schiedsverfahren anzuwendende Recht, sondern allein auf »Interessen des internationalen Handels«.

In der sehr wichtigen und in anderem Zusammenhang noch zu berücksichtigenden Entscheidung des Kassationsgerichtshofes vom 7. 5. 1963 (*Gosset*)[21] erscheint zum ersten Mal der Begriff »arbitrage international«, und das später von diesem Gericht (teilweise) bestätigte Urteil des Pariser Appellationsgerichtshofes vom 20. 6. 1969 (IMPEX) enthält die wohl vollständige Definition, die in dieser oder ähnlicher Form in zahlreichen Urteilen zu finden ist:

« Qu'en l'espèce, il s'agissait bien de clauses d'arbitrage international, le caractère international ne dépendant ni du lieu de l'arbitrage, ni de la nationalité des arbitres, mais du seul fait que la matière soumise aux arbitres est international; c'est-à-dire que le marché, objet du litige, met en jeu des intérêts du commerce international,

19 So grundlegend Req. 27. 7. 1937, *Roses*, JCP 1937.II.449, D.1938.I.25 mit Bericht des Berichterstatters *Castets*, S. 1938.I.25.

20 »Unter Berücksichtigung, daß – sobald die Verträge so die Interessen des internationalen Handels zum Zuge kommen lassen und da die in Artikel 1006 der Zivilprozeßordnung ausgesprochene Nichtigkeit der Schiedsklausel in Frankreich nicht zum ›ordre public‹ gehört – die Parteien, sogar wenn die eine und andere französisch sind, wirksam in einem entweder im Ausland oder in Frankreich geschlossenen Vertrag von den Bestimmungen dieses Textes abweichen und ihre Vereinbarungen einem ausländischen Recht unterwerfen konnten, das – wie das englische Recht – die Gültigkeit einer solchen Klausel zuläßt; . . .« (Cass. 19. 2. 1930, *Mardele*, Rev.crit.dr.int.pr. 1930, 282, D. H. 1930, 228, Clunet 1931, 90, S. 1933.I.41, Anm. *J.-P. Niboyet*). Fast gleichlautend Cass. 27. 1. 1931, *Dambricourt*, Rev.crit. dr.int.pr. 1931, 514, Clunet 1932, 93, S. 1933.I.41, Anm. *J.-P. Niboyet;* siehe An-

21 Cass. 7. 5. 1963, *Gosset*, Rev.crit.dr.int.pr. 1963, 615, Anm. *H. Motulsky*, D.1963. I.545, Anm. *J. Robert*, JCP 1963.II.13405, Anm. *B. Goldman*, Rev.arb. 1963, 60, Gaz.Pal. 1963.2.39, Clunet 1964, 82, Anm. *J.-D. Bredin;* siehe Anhang Nr. 10.
hang Nr. 8.

tels que l'exportation par une société française domiciliée en France de céréales à destination d'acheteurs italiens; ... »[22]

Statt auf den materiellen Gesichtspunkt der »intérêts du commerce international« wird vereinzelt auf formale Abgrenzungskriterien Bezug genommen, wie zum Beispiel darauf, daß mehrere staatliche Rechtsordnungen zur Anwendung kommen[23]. Erwähnt seien auch zwei Entscheidungen, in denen die Internationalität und damit die Anwendbarkeit der für die internationale Arbitrage entwickelten besonderen Grundsätze verneint wurde: In dem einen Fall handelte es sich um eine stille Gesellschaft (association en participation), die zwischen vier französischen Unternehmen zum Zweck der Durchführung eines Bauvorhabens in Algerien vereinbart und ausdrücklich dem algerischen Recht unterstellt war[24]. Die andere Entscheidung betraf einen Vertrag eines französischen Herstellers mit seinem ebenfalls französischen jedoch in Bogotá wohnenden Handelsvertreter über den Vertrieb der Vertragsprodukte in Kolumbien[25]. Beide Entscheidungen zeigen, daß die »Interessen des internationalen Handels« zumindest recht auslegungsfähig sind; dies um so mehr, als der der zweiten Entscheidung zugrundeliegende Sachverhalt dem des Urteils des Appellationsgerichtshofes Paris vom 13. 12. 1975[26], in dem genau entgegengesetzt entschieden worden war, sehr ähnlich ist.

22 »Daß es sich im vorliegenden Fall in der Tat um Bestimmungen internationaler Arbitrage handelte, wobei der internationale Charakter weder von dem Schiedsort noch von der Staatsangehörigkeit der Schiedsrichter abhängt, sondern allein davon, daß die den Schiedsrichtern unterbreitete Sache international ist, das heißt, daß der den Gegenstand der Streitigkeit bildende Vertrag die Interessen des internationalen Handels zum Zuge kommen läßt, wie etwa die Ausfuhr durch eine in Frankreich ansässige französische Gesellschaft von Getreide an italienische Käufer; ...« (Paris, 20. 6. 1969, *IMPEX*, Rev.crit.dr.int.pr. 1969, 738, Anm. *E. Mezger*, Gaz.Pal. 1969.2.330, Rev.arb. 1969, 95, Clunet 1971, 127, Anm. *B. Oppetit;* vgl. auch: Cass. 18. 5. 1971, *IMPEX* (3 Entscheidungen), Gaz.Pal. 1971.2.584, Rev.arb. 1972, 2, Anm. *Ph. Kahn*, Clunet 1972, 62, Anm. *B. Oppetit*, D.1972.J.37, Anm. *D. Alexandre*, Rev.crit.dr.int.pr. 1972, 124, Anm. *E. Mezger;* Paris 13. 12. 1975, *Mahieux*, Rev.crit.dr.int.pr. 1976, 507, Anm. *B. Oppetit*, Clunet 1977, 106, Anm. *E. Loquin*, Rev.arb. 1977, 147, Anm. *Ph. Fouchard;* Paris 22. 12. 1978, *Lynx*, Rev.arb. 1979, 266, Anm. *J. Viatte;* Paris 28. 2. 1980, *MOCUPIA*, Rev.arb. 1980, 538, Anm. *E. Loquin;* Paris 9. 12. 1980, *Aksa*, Rev.arb. 1981, 306, Anm. *F. Ch. Jeantet.*

23 Paris 19. 6. 1970, *Hecht*, JCP 1971.II.16927, Anm. *B. Goldman*, Clunet 1971, 833, Anm. *B. Oppetit*, Rev.crit.dr.int.pr. 1971, 692, Anm. *P. Level*, Rev.trim.dr.com. 1971, 69, Anm. *M. Boitard*, Rev.trim.dr.civ. 1971, 136, Anm. *Y. Loussouarn*, Rev. arb. 1972, 67, Anm. *Ph. Fouchard* (dieses Urteil ist im Ergebnis vom Kassationsgerichtshof bestätigt worden: Cass. 4. 7. 1972, zitiert in Fn. 28).

24 Paris 30. 11. 1972, *SOCEA*, Clunet 1973, 393, Anm. *B. Oppetit*, Rev.arb. 1973, 91, Anm. *E. Mezger.*

25 Cass. 7. 10. 1980, *Tardieu*, JCP 1980.II.19480, mit der Stellungnahme des Generalstaatsanwaltes *Gulphe*, Rev.crit.dr.int.pr. 1981, 313, Anm. *J. Mestre.*

26 Zitiert in Fn. 22.

2.1.3. Die von den französischen Gerichten in ständiger Rechtsprechung entwickelten Grundsätze und spezifischen Regeln der internationalen Arbitrage seien nachfolgend zusammenfassend dargestellt:

2.1.3.1. Mit seinem Urteil vom 7. 5. 1963 (*Gosset*) hat der französische Kassationsgerichtshof den Grundstein gelegt für die Entfaltung eines eigenständigen Rechts der internationalen Arbitrage. Es ging um einen Vertrag über die Lieferung von Saatgut einer italienischen an eine französische Gesellschaft, der wegen einer fehlenden Importbewilligung nicht zur Durchführung gekommen war. Gemäß der in dem Vertrag enthaltenen Schiedsklausel rief der italienische Lieferant ein italienisches Schiedsgericht an, das den französischen Importeur zu Schadenersatz verurteilte. Dieser focht die von einem französischen Gericht erteilte Vollstreckbarerklärung an und machte geltend, der Vertrag und damit auch die in ihm enthaltene Schiedsklausel seien nichtig. Die Cour de Cassation verwarf diesen Einwand mit der Begründung, in internationalen Schiedsverfahren sei die Schiedsklausel gegenüber dem Hauptvertrag rechtlich völlig selbständig und werde von einer eventuellen Unwirksamkeit des letzteren nicht berührt:

«... en matière d'arbitrage international, l'accord compromissoire, qu'il soit conclu séparément ou inclus dans l'acte juridique auquel il a trait, présente toujours, sauf circonstances exceptionelles qui ne sont pas alléguées en la cause, une complète autonomie juridique, excluant qu'il puisse être affecté par une éventuelle invalidité de cet acte.»[27]

Diese Formulierung ist in nachfolgenden Urteilen – häufig wortwörtlich – wiederholt worden[28]. Handelte es sich zunächst nur darum, die Schiedsklausel vor eventuellen Mängeln des Hauptvertrages abzuschirmen, so wurde der Grundsatz der Autonomie später dahin ausgeweitet, daß Hauptvertrag und Schiedsklausel (einschließlich des sich darauf gründenden schiedsgerichtlichen

27 »... in Sachen der internationalen Arbitrage stellt die Schiedsvereinbarung, gleichgültig ob sie gesondert abgeschlossen oder in dem Rechtsgeschäft, auf das sie sich bezieht, enthalten ist, stets, vorbehaltlich besonderer, im vorliegenden Fall nicht behaupteter Umstände, eine völlige juristische Autonomie dar, die ausschließt, daß sie von einer möglichen Ungültigkeit dieses Rechtsgeschäfts betroffen werden könnte« (Cass. 7. 5. 1963, *Gosset*, zitiert in Fn. 21).

28 Paris 21. 2. 1964, *Meulemans*, Rev.arb. 1964, 55, Clunet 1965, 113, Anm. *B. Goldman*, Rev.crit.dr.int.pr. 1964, 543, Anm. *E. Mezger;* Orléans 15. 2. 1966, *Tardits*, D.1966.J.340, Anm. *J. Robert*, Rev.arb. 1966, 109; Cass. 12 11. 1968, *Minoteries Lochoises*, Rev.arb. 1969, 59; Colmar 29. 11. 1968, *IMPEX*, Rev.arb. 1968, 149, Anm. *P. Level*, JCP 1970.II.16246, Anm. *B. Oppetit;* Paris 19. 6. 1970, *Hecht*, JCP 1971.II.16927, Anm. *B. Goldman*, Clunet 1971, 833, Anm. *B. Oppetit*, Rev. crit.dr.int.pr. 1971, 692, Anm. *P. Level*, Rev.trim.dr.com. 1971, 69, Anm. *M. Boitard*, Rev.trim.dr.civ. 1971, 136, Anm. *Y. Loussouarn*, Rev.arb. 1972, 67, Anm. *Ph. Fouchard;* Paris 25. 1. 1972, *Laporte*, Rev.arb. 1973, 158, Anm. *Ph. Fouchard;* Cass. 4. 7. 1972, *Hecht*, Clunet 1972, 843, Anm. *B. Oppetit*, Rev.crit.dr.int.pr. 1974, 82, Anm. *P. Level*, Rev.arb. 1974, 89 mit Aufsatz *Ph. Francescakis*, S. 67 ff.; Paris 13. 12. 1975, *Mahieux*, Rev.crit.dr.int.pr. 1976, 507, Anm. *B. Oppetit*, Clu-

a) Nehmen wir den erwähnten Fall eines deutschen Schiedsspruchs und unterstellen wir, daß der Schiedsspruch entgegen § 1041 Abs. 1 Nr. 5 nicht mit Gründen versehen und also nach dieser Bestimmung der Aufhebung verfallen ist. Soll das in Frankreich unbeachtet bleiben? Wenn es sich um eine internationale Sache handeln würde, wäre deutsches Recht nur aufgrund Parteiwillens anwendbar, und dann könnte man den Mangel der Begründung unter den Nichtigkeitsgrund von Art. 1502 Nr. 3 bringen, nämlich die Nichteinhaltung des im Schiedsvertrag enthaltenen Auftrags. Aber gerade weil bei einer rein internen deutschen Sache keine Parteiautonomie besteht und das deutsche Gesetz von »Rechts wegen« gilt, bereitet der Fall Schwierigkeiten, die um so größer sind, als auch eine formelle Aufhebung in Deutschland durch richterliches Urteil in Frankreich unbeachtet bliebe, weil, worauf noch zurückzukommen ist, das Schicksal des Schiedsspruchs im sog. Ursprungsland nach Art. 1502 ohne Belang ist. Mit Vorbehalt kann deshalb der Meinung Ausdruck gegeben werden, daß in dem beschriebenen Fall Art. 1502 Nr. 3 zur Anwendung kommt, d. h. der Schiedsspruch aus diesem Grunde nicht anerkannt bzw. eine erfolgte Anerkennung angefochten werden kann.

b) Eine andere Frage, die sich in diesem Rahmen stellt, ist die, woran der französische Richter überhaupt erkennen kann, ob eine ihm vorgelegte Urkunde ein Schiedsspruch ist. Aus dem bereits erwähnten Art. 1499 wird man herauslesen müssen, daß ein Schriftstück vorgelegt werden muß, das mindestens die Unterschrift des Schiedsrichters oder der Mehrheit des Kollegiums trägt und aus dem sich die Identität der Parteien und so etwas wie der Tenor einer Entscheidung ergibt.

c) Wie steht es mit Formalitäten, die nicht eigentlich den Schiedsspruch betreffen, sondern notwendig sind, um diesem in seinem Ursprungsland rechtliche Bedeutung zu verleihen, wie etwa nach § 1039 ZPO die Zustellung des Schiedsspruchs und dessen Niederlegung bei Gericht? Es ist nicht ausgeschlossen, daß die französischen Gerichte die im französischen Gesetz allerdings gar nicht ausgesprochene, aber sich aus dem Zusammenhang der Art. 1473, 1475, 1476 und 1477 ergebende Regel für einen Bestandteil des französischen »ordre public international« erklären, wonach der Schiedsspruch mit der Unterschrift der Schiedsrichter ohne weiteres perfekt wird[31a].

2. Die Nr. 1 der Liste des Art. 1502 entspricht der Nr. 1 von Art. 1484 Abs. 2. Die Beurteilung der Existenz der Wirksamkeit und der Auslegung der Schiedsvereinbarungen wirft aber für den Bereich des Art. 1502 andere Probleme auf als nach Art. 1484 Abs. 2 Nr. 1. Hier taucht die vom Gesetzgeber ausgeklam-

31a Das ist nicht ohne Beispiel. Eine sehr beachtliche Entscheidung der 2. öffentlichrechtlichen Abteilung des schweizerischen Bundesgerichts vom 26. 2. 1982 (Praxis des BG 71 [1982] Nr. 121, S. 295) hat einen Schiedsspruch aus New York für verbindlich (im Sinne der Konvention von 1958) erklärt, obwohl er nicht binnen der dortigen Ausschlußfrist dem Gericht zur Bestätigung vorgelegt worden war.

merte Frage nach dem anwendbaren Recht zwangsläufig auf. Auch hier muß wieder zwischen Schiedssprüchen, die den internationalen Handel, und solchen, die im Ausland ergangen sind, aber rein interne (ausländische) Streitfälle betreffen, unterschieden werden.

a) Im ersten Fall wird aus Art. 1493 und seiner Entstehungsgeschichte zu entnehmen sein, daß der Wirksamkeit der Schiedsvereinbarung nur solche Gründe entgegengesetzt werden können, die nach dem auf sie anwendbaren Recht Verträge im allgemeinen in ihrer Wirksamkeit beeinträchtigen (Willensmängel, Konsensmängel, aber nicht die Unwirksamkeit des Hauptvertrages als solche), oder Mängel, die nach dem Heimatrecht einer Partei deren Geschäftsfähigkeit mindern oder die nach dem auf sie anwendbaren Recht die Vertretungsmacht der Person berühren, die in fremdem Namen die Schiedsvereinbarung abgeschlossen hat u. ä. Vielleicht wird der französische Richter auch sowohl der französischen als auch einer etwa anwendbaren ausländischen Regelung Rechnung tragen, die eine bestimmte Materie für nicht schiedsfähig erklärt, aber nur soweit solche Verbote nicht nach der in diesem Buch bereits anderswo erwähnten Rechtsprechung für den internationalen Bereich ausgeschlossen sind. In Frage kommen hier Streitigkeiten über Patente und über Arbeitsverhältnisse. Soweit es danach auf das anwendbare Recht ankommt, wird der französische Richter immer das eigene internationale Privatrecht anwenden. Das nach § 1044 ZPO und nach Art. 5 des New Yorker Übereinkommens von 1958 so wichtige Recht des Ursprungslandes des Schiedsspruchs wird im französischen Gesetz nicht erwähnt, auch nicht für die Schiedssprüche, die im Ausland ergangen sind. Das entspricht der in der französischen Doktrin, wie bereits erwähnt, verbreiteten Qualifizierung des Schiedsspruchs als Teil eines Vertrages. Sowenig wir uns darum kümmern, ob ein Vertrag in dem Lande, in dem er geschlossen (und dessen Recht, wie wir unterstellen wollen, er unterworfen) worden ist, von den dortigen Gerichten für unwirksam oder auch für wirksam erklärt worden ist (außer daß das ausländische Urteil für uns als Informationsquelle über das ausländische Recht nützlich sein kann), genausowenig kümmert uns das Schicksal des Schiedsspruchs in seinem sog. Ursprungsland.

b) Betraf der Schiedsvertrag eine rein interne Sache in dem ausländischen Staat X, so wird in der Regel das Recht dieses Staates anwendbar sein. Es mag aber vorkommen, daß der Schiedsspruch trotzdem im Land Y gefällt worden ist. Dann wird es auf die kollisionsrechtliche Frage ankommen, ob das Recht des Hauptvertrages den Vorzug vor dem Recht des Schiedsverfahrens bei Beurteilung des Zustandekommens und der Auslegung der Schiedsvereinbarung verdient. (Dabei nehmen wir an, daß das Recht des Landes Y auch auf das Verfahren anwendbar war, was sich nicht von selbst versteht, da die Parteien auch die Anwendung des Verfahrensrechts von X oder eines dritten Landes vorgesehen haben können; insofern kann auch eine reine interne Sache des Landes X einen international-prozeßrechtlichen Einschlag haben.) Trotz der entgegenstehenden Regel des New Yorker Übereinkommens von 1958, Art. 5 (1) (a), wird diese Frage nach französischem Recht wohl zu bejahen sein, d. h., der französische Richter wird das Zustandekommen und die Auslegung nach dem Statut des Hauptvertrages beurteilen[32], unbeschadet der Möglichkeit, daß dieses Statut sich selbst aus der Wahl des Landes ergibt, wo nach der Schiedsvereinbarung das Schiedsverfahren stattfinden soll.

3. Eine ähnliche Unterscheidung zwischen Schiedssprüchen in internationalen Sachen und im Ausland ergangenen Schiedssprüchen in nationalen (d. h. intern-ausländischen) Sachen muß bei Anwendung der Nummern 2 und 3 des Katalogs gemacht werden.

a) Bei internationalen Sachen darf nur nach der Übereinstimmung mit dem Willen der Parteien, hilfsweise der Entscheidung der Schiedsrichter gemäß Art. 1494, gefragt werden. Eine staatliche Rechtsordnung kommt nur zum Zuge, soweit sie in die Schiedsvereinbarung inkorporiert worden ist. Nur in diesem Rahmen werden die Grundsätze anwendbar sein, die bei rein intern-französischen Schiedssprüchen die Auslegung der entsprechenden Nummern 2 und 3 von Art. 1484 Abs. 2 bestimmen.

b) Bei im Ausland entschiedenen ausländischen nationalen Sachen werden dagegen die Regeln des französischen internationalen Privatrechts zum Zuge kommen, d. h. die staatliche Rechtsordnung, die nach dem ausgedrückten oder mutmaßlichen Parteiwillen das Verfahren regeln soll[33]. Die Frage stellt sich allerdings nur, wenn ausnahmsweise die Sache einen internationalen Einschlag dadurch bekommt, daß der Ort des Schiedsverfahrens nicht in dem Lande liegt, in dem allein der Streit eine sachliche Verknüpfung hat. In aller Regel wird zum Beispiel bei einem rein deutschen Fall deutsches Recht auch für das Verfahren maßgebend und nach ihm zu beurteilen sein, ob das Schiedsgericht ordnungsgemäß besetzt war und ob es sich an den ihm erteilten Auftrag gehalten hat.

4. Die Wahrung des Grundsatzes der streitigen Verhandlung entspricht ziemlich dem, was der deutsche Gesetzgeber die Gewährung des rechtlichen Gehörs nennt. Sie umfaßt aber auch die Hypothese, daß eine Partei nicht ordnungsmäßig vertreten war. Der diesbezügliche Art. 1502 Nr. 4 wird sowohl bei internationalen Sachen als auch bei im Ausland gefällten Schiedssprüchen im Lichte der bisherigen Rechtsprechung ausgelegt werden. Es wird ein milderer

32 Der Kassationshof hatte noch nicht Gelegenheit, sich klar über diesen Punkt auszusprechen. Immerhin hat Civ. 19. 3. 1980, *Compagnie d'armement maritime,* Clunet 1980, 874, Anm. *Loquin,* Rev. arb. 1980, 496, Anm. *Mezger,* in einem Fall, wo das Vertragsstatut französisch, das Verfahrensstatut englisch war, die Auslegung der Schiedsklausel nach französischem Recht nicht beanstandet.

33 Das wurde bisher nur für Fälle der internationalen Schiedsgerichtsbarkeit entschieden, z. B. in dem in Fn. 32 zitierten Fall. Für die internationale Schiedsgerichtsbarkeit wird es aber künftig auf das anwendbare Recht nur noch im Rahmen der Art. 1494 und 1495 ankommen.

Maßstab angelegt werden als im nationalen französischen Prozeßrecht. So hat schon ein Urteil aus dem Jahre 1914 in England einen nach englischem Recht von einem Einzelschiedsrichter erlassenen Schiedsspruch für vollstreckbar erklärt, obwohl dieser Schiedsrichter vom Kläger benannt war und dann wegen Säumnis des Beklagten bei der Benennung des zweiten Schiedsrichters als einziger Schiedsrichter fungiert hatte[34].

5. Die Formulierung der Nr. 5 von Art. 1502 betreffend den »ordre public« unterscheidet sich von der entsprechenden Nr. 6 des Art. 1484 in zweifacher Hinsicht.

a) Das Wort »ordre public« ist durch den Ausdruck »ordre public international« ersetzt, wie das auch schon in Art. 1498 geschehen ist. Wie bereits gesagt, paßt eine solche Abschwächung des »ordre public« auf Fälle internationalen Charakters, aber nicht auf alle Fälle, in denen der Schiedsspruch im Ausland ergangen ist. Es ist kaum anzunehmen, daß der französische Richter sich wegen des Wortlautes von Art. 1502 Nr. 5 davon abhalten lassen wird, einem Schiedsspruch die Anerkennung zu versagen, der etwa in Deutschland oder in der Schweiz zwischen in Frankreich wohnhaften Franzosen über einen nur das französische Wirtschaftsleben betreffenden Vertrag ergangen ist, wenn zwingende Regeln des französischen Rechts, auch wenn sie nicht zum »ordre public international« im üblichen Sinne gerechnet werden, durch diesen Schiedsspruch verletzt werden.

b) Außerdem unterscheidet sich die Formulierung des Art. 1502 Nr. 5 von der des Art. 1484 Abs. 2 Nr. 6 dadurch, daß nach letzterem die Aufhebung des Spruchs möglich und geboten ist, »wenn der Schiedsrichter eine Regel des ›ordre public‹ verletzt hat«, während nach Art. 1502 Nr. 5 er sich damit nicht begnügt, sondern nur Schiedssprüche, »deren Anerkennung und Vollstreckung den ›ordre public (international)‹ verletzen würden«, für deren unwürdig erklärt. Die letztere Formulierung ist sicher besser als die des Art. 1484[35]. Auch bei internen französischen Schiedssprüchen dürfte es nicht genügen, daß der

34 Req. 8. 12. 1914, *Salles,* D. 1916.I.194, Clunet 1916, 1218.

35 Die bessere Formulierung des Art. 1502 Nr. 5 ist dem UN-Übereinkommen von 1958, Art. V (2) (b), entnommen, der aber schlechthin von »ordre public« ohne den Zusatz »international« spricht, ebenso wie der ähnlich gefaßte Art. 27 Nr. 1 des EuGVÜ. Das hat aber nie zu ernsten Schwierigkeiten geführt (vgl. *A. J. van den Berg* in dem in Fn. 19 zitierten Werk unter III–5.1, S. 359–368). Schon das Genfer Übereinkommen von 1927, Art. 1 (2) (e), verlangte, »daß die Anerkennung oder Vollstreckung des Schiedsspruchs nicht der öffentlichen Ordnung oder den Grundsätzen des öffentlichen Rechts des Landes, in dem er geltend gemacht wird, widerspricht«. Die Worte »den Grundsätzen des öffentlichen Rechts« waren ein unnötiger und deshalb in späteren Übereinkommen weggelassener Zusatz. Es gibt übrigens auch Fälle, in denen die Anerkennung oder Vollstreckung dem »ordre public« widerspricht, obwohl der Schiedsrichter denselben nicht verletzt hat; so etwa, wenn nach dem Erlaß des Schiedsspruchs (wenn auch zu unrecht) eine Entscheidung des staatlichen Gerichts über denselben Fall ergangen ist.

Schiedsrichter eine Regel des »ordre public« verletzt hat, wenn diese Gesetzesverletzung durch eine andere Begründung ersetzt werden kann, vorausgesetzt, daß die Rechtsfrage oder die Tatsachenfeststellung auf die zur Rettung des Schiedsspruchs zurückgegangen wird, Gegenstand der Verhandlung vor dem Schiedsrichter waren.

6. Wie bereits gesagt, unterscheidet sich der Katalog der Aufhebungsgründe des Art. 1502 grundsätzlich von dem der Nichtanerkennungsgründe in Art. V des New Yorker Übereinkommens von 1958 und noch mehr von dem in § 1044 ZPO. Jede Erwähnung des »für den Schiedsspruch maßgebenden Rechts« ist vermieden, ebenso wie in Titel V nirgends von dem auf den Schiedsvertrag oder auf das Schiedsverfahren anwendbaren Recht gesprochen wird, es sei denn als in die Parteivereinbarung oder die Entscheidung des Schiedsrichters aufgenommener und durch solche Vereinbarung oder Entscheidung abwandelbarer Text. Das Dekret von 1981 sucht vom klassischen internationalen Privatrecht und Prozeßrecht nicht völlig, aber möglichst unabhängige Lösungen. Im Bereich des Titels VI entspricht das weitgehend der erwähnten Tradition, den im Ausland ergangenen Schiedsspruch nicht dem im Ausland ergangenen Urteil an die Seite zu stellen. Diese Methode hat ihre Vorteile und ist sicher besser als die Konvention von New York, die zwischen der französischen »kontraktualistischen« und der deutschen »jurisdiktionalistischen« Auffassung zu vermitteln sucht und deshalb die Hindernisse für eine Anerkennung vermehrt, insbesondere zu einer unnötigen Doppelführung, nämlich zu einer im sogenannten Ursprungsstaat und zu einer zweiten im Anerkennungsstaat, der Wirksamkeit des Schiedsvertrages und der Ordnungsmäßigkeit des Schiedsverfahrens führt. Außerdem zwingt die konsequente Durchführung der jurisdiktionalistischen These den Richter des Anerkennungsstaates, sich darum zu kümmern, ob der Schiedsspruch im Ursprungsstaat verbindlich geworden und geblieben ist. Schon Art. IX der Genfer Konvention von 1961 hat dieses System aufgelockert und die Aufhebung, die im Ursprungsstaat wegen einer Verletzung des »ordre public« oder überhaupt anderer als der vier dort aufgeführten Gründe ausgesprochen wurde, für im Anerkennungsstaat unbeachtlich erklärt. Die Anerkennung eines im Ausland oder aufgrund eines ausländischem Recht unterstellten Verfahrens ergangenen Schiedsspruchs, der in seinem wie immer definierten Ursprungsstaat gar nicht mehr besteht, ja von Anfang an dort der Aufhebung verfallen war, ist also nichts Neues.

Es hätte im Zuge dieser Entwicklung gelegen, nicht nur die Nichtigkeits- oder Aufhebungs- oder Nichtanerkennungsgründe für die im Inland in internationalen Sachen und für die im Ausland ergangenen Schiedssprüche einheitlich zu regeln, sondern auch die Rechtsmittel, um sie geltend zu machen. Das ist aber nicht geschehen, wie jetzt unter III. zu zeigen sein wird.

III. Die prozessualen Rechtsbehelfe

1. Wie schon gesagt, beginnt der Titel VI mit der Regelung eines Ausnahmetatbestandes, nämlich der Abweisung eines Antrages auf Anerkennung oder

Vollstreckung. Eine solche Entscheidung muß nach Art. 1478 Abs. 2 in Verbindung mit der Verweisung in Art. 1500 begründet werden. Sie ist nach Art. 1501 mit der Berufung anfechtbar. Das ist eine Übernahme des für interne Schiedssprüche geltenden Art. 1489 Satz 1. Leider ist bereits diese Bestimmung verunglückt[36], und in Titel VI ist das Übel noch dadurch vermehrt, daß Satz 2 von Art. 1489 nicht übernommen oder durch eine ähnliche Vorschrift ersetzt worden ist. Dagegen ist die Regelung der Berufungsfrist aus Satz 1 von Art. 1489 in den Art. 1503 aufgenommen worden, was die Verwirrung noch steigert.

a) Es liegt nicht lediglich eine redaktionelle Ungeschicklichkeit, sondern eine sachliche Schwierigkeit vor, die daraus erwächst, daß das Anerkennungs- oder Exequaturverfahren für internationale oder im Ausland ergangene Schiedssprüche genau wie für interne französische Schiedssprüche einseitig ist (außer wenn es als Zwischenverfahren in einem kontradiktorischen Prozeß statthat). Der Antragsteller steht also keinem Gegner gegenüber. Dieser bekommt von dem Antrag keine Kenntnis. Wird der Antrag abgewiesen, so wird der erfolglose Antragsteller das seinem Gegner nicht mitteilen. Eine solche Mitteilung, ja sogar durch Zustellung, wird aber in Art. 1489 Satz 1 und in Art. 1503 als Anfang der Berufungsfrist von einem Monat vorausgesetzt. Wenn der Text nicht geändert oder von der Rechtsprechung sehr frei ausgelegt wird, führt er dazu, daß für die Berufung überhaupt keine Frist gilt. Das wäre durchaus tragbar, entspricht aber sicher nicht dem vom Gesetzgeber Gewollten.

b) Die andere Frage, die der Art. 1501 nicht beantwortet, bezieht sich darauf, ob die Berufung nach den Regeln über das streitige oder nach denen über das Verfahren der freiwilligen Gerichtsbarkeit einzulegen und zu verhandeln ist und was in dieser Berufungsinstanz vorgebracht werden darf. Der Art. 1489 gibt zwar auch nicht ganz klare Auskunft über diesen Punkt, läßt aber in seinem zweiten Satz erkennen, daß die Berufung nach den Regeln des streitigen Verfahrens eingelegt und verhandelt werden soll und daß in dem auf diese Weise kontradiktorisch gewordenen Verfahren der Antraggegner alle Gründe vorbringen kann (und wegen der Gefahr der Präklusion vorbringen muß), die er mit Rechtsmitteln gegen den Schiedsspruch vorbringen könnte. Aber dieser zweite Satz ist weder im Art. 1501 wiederholt, noch ist an anderer Stelle auf ihn verwiesen. Es ist richtig, daß der zweite Satz von Art. 1489, so wie er im Titel IV steht, nicht auf die im Titel VI geregelten Schiedssprüche paßt, weil es gegen diese nicht das Rechtsmittel der Berufung gibt, sondern, wie wir gleich sehen werden, nur Nichtigkeitsbeschwerden, wenn der Spruch in Frankreich gefällt worden ist, oder Berufung gegen die richterliche Entscheidung auf Anerkennung oder Vollstreckbarkeit. Darauf ist vielleicht die Lücke im Titel VI zurückzuführen. Jedenfalls besteht u. E. kaum ein Zweifel, daß die Gerichte den Satz 2 des Art. 1489 sinngemäß anwenden, d. h. in dem aufgrund der Berufung stattfindenden kontradiktorischen Verfahren alle

36 Siehe oben den Beitrag von *Mauro*, S. 5 ff.

vorgebrachten Nichtigkeitsgründe nach dem Katalog des Art. 1502 prüfen werden und das sogar von Amts wegen, auch wenn sie nicht offensichtlich sind, in bezug auf Verstöße gegen den »ordre public international«, auf denen die Entscheidung des Schiedsrichters in der oben unter II 5 b charakterisierten Weise beruht.

2. Die außerhalb Frankreichs ergangenen Schiedssprüche können, wie schon gesagt, nicht unmittelbar angefochten werden, sondern nur im Wege der auf einen der Nichtigkeitsgründe des Art. 1502 gestützten Berufung gegen die Entscheidung des Gerichts auf Anerkennung oder Vollstreckbarkeit des im Ausland ergangenen Spruchs. Diese Regelung steht mit der Anerkennung der Rechtskraft des im Ausland ergangenen Spruchs ohne vorheriges Anerkennungs- oder Exequaturverfahren schlecht in Einklang. Sie kann nur aus der Furcht vor einer Überlastung französischer Gerichte mit Nichtigkeitsbeschwerden gegen ausländische Schiedssprüche gefunden werden. Tatsächlich bestände eine Versuchung, für die unterlegene Partei eine Nichtigkeitsbeschwerde in Frankreich anzubringen, wenn sie hoffen könnte, damit die Vollstreckung im Ursprungsstaat oder, wahrscheinlicher, in einem dritten Lande zu hemmen. Eine solche Befürchtung ist ziemlich unbegründet. Die jetzige Regelung hat jedenfalls den umgekehrten Nachteil, der viel ernster zu nehmen ist. Er versagt der unterlegenen Partei jede Waffe, um der immerhin mit Rechtskraft ausgestatteten Entscheidung des Schiedsrichters zu begegnen. Diese Partei ist gezwungen, auf das vom obsiegenden Gegner eingeleitete Verfahren auf Anerkennung oder Vollstreckung zu warten. Der deutsche Leser wird vielleicht daran nichts Außerordentliches finden, weil auch im deutschen Recht keine Aufhebungsklage gegen ausländische Schiedssprüche vorgesehen ist, sondern nur die Verteidigung gegen den Antrag auf Vollstreckbarerklärung. Aber ganz abgesehen davon, daß auch vom Standpunkt des deutschen Rechts diese Rechtslage bedenklich ist, stehen zwei grundsätzliche Verschiedenheiten zwischen dem deutschen und dem französischen System einem derartigen Vergleich im Wege. Einmal besitzt in Deutschland anders als nunmehr in Frankreich der ausländische Schiedsspruch nicht von selbst Rechtskraft, zum anderen geht der deutsche Gesetzgeber davon aus, daß sich die durch einen ausländischen Schiedsspruch beschwert fühlende Partei in dessen Ursprungsland gegen ihn wehren soll. Das Aufhebungsurteil im Ursprungsland, ja schon der Nachweis, daß der Spruch im Ursprungsland aufgehoben werden kann und muß, blockieren dann Anerkennung und Vollstreckung in Deutschland. Dagegen vernichtet die Aufhebung des Schiedsspruchs im Ursprungsland nicht dessen Wirkung in Frankreich. Es ist anzunehmen, daß die Gerichte hier helfen und wie schon gegenüber ausländischen Entscheidungen[37] der Partei, die ein berechtigtes Interesse nachweist, wie es für jede Klage nach Art. 31 verlangt wird, eine vorbeugende Klage auf Feststellung der Unwirksamkeit der Entscheidung in

37 Civ. 22. 1. 1951, *Weiller*, Rev. 1951, 167, Anm. *Francescakis*, JCP 1951.II.6151, Anm. *Sarraute* u. *Tager*, Civ. 10. 2. 1971, *Bielski*, Rev. 1972, 123.

Frankreich (action préventive en inopposabilité) zulassen werden. Eine solche Klage würde sich von der Nichtigkeitsbeschwerde außer durch das Erfordernis des Nachweises eines besonderen Interesses dadurch unterscheiden, daß sie vor das Gericht erster Instanz und nicht vor den Appellationsgerichtshof zu bringen und nicht an eine Frist gebunden wäre.

3. Die in Frankreich ergangenen Schiedssprüche unterliegen der Nichtigkeitsbeschwerde aus den im Art. 1502 aufgeführten Gründen. Die prozessuale Ausgestaltung dieser Nichtigkeitsbeschwerde unterscheidet sich von der im Titel IV für interne Schiedssprüche vorgesehenen nur dadurch, daß die Vorschrift des Art. 1485 Abs. 1 ausgeschlossen ist. Das bedeutet, daß in Sachen der internationalen Schiedsgerichtsbarkeit nicht vermutet wird, die Parteien seien damit einverstanden, im Falle der Aufhebung des Schiedsspruchs das staatliche Appellationsgericht in der Sache selbst entscheiden zu lassen. Eine solche Vermutung paßt nicht auf die Fälle der internationalen Schiedsgerichtsbarkeit. Deshalb soll es da bei der bisher herrschenden Lehre bleiben, insbesondere bei dem sogenannten Überleben der Schiedsklausel. Nach dieser in Frankreich herrschenden Lehre wird nämlich die Schiedsklausel grundsätzlich nicht von der Aufhebung des auf ihrer Grundlage ergangenen Schiedsspruchs berührt[38]. Das gilt nicht nur, wie sich von selbst versteht, für andere Streitigkeiten, die unter die Schiedsklausel fallen, sondern gerade auch für die durch den aufgehobenen Schiedsspruch entschiedene. Es muß dann eben ein neues Schiedsgericht aufgrund der Schiedsklausel gebildet und mit derselben Sache befaßt werden. Eine Ausnahme wird nur dann gemacht, wenn die Aufhebung gerade wegen Mangels oder Unwirksamkeit oder Hinfälligkeit der Schiedsklausel oder Unanwendbarkeit derselben auf den Streitfall erfolgt ist.

4. Alle anderen Rechtsmittel, die für interne Schiedssprüche im Titel IV zugelassen sind, fallen nach Art. 1507 für die im Titel VI angesprochenen Schiedssprüche fort. Für die Berufung, die das Urteil des Schiedsrichters zwecks Prüfung in der Sache selbst und ggf. Änderung oder Aufhebung der Sachentscheidung vor den staatlichen Richter bringt, und für den Dritteinspruch, der ebenfalls den Rechtsstreit vor den staatlichen Richter zieht, ist das nicht zu beanstanden. Anders steht es dagegen mit dem ersatzlosen Wegfall des Rechtsmittels des »recours en révision« (entspricht der deutschen Restitutionsklage nach § 1580 ZPO). Diese Auslassung beruht auf einem bemerkenswerten Irrtum des Gesetzgebers. Gerade im schiedsgerichtlichen Verfahren und auch im Bereich der internationalen Schiedsgerichtsbarkeit kommen falsche Zeugnisse, falsche Urkunden, fraudulöses Verhalten einer Partei vor. Wenn derartige schwerwiegende Verfahrensfehler nachgewiesen oder entscheidende Urkunden nach Ablauf der gewöhnlichen Rechtsmittelfrist von einem Monat seit Zustellung der

38 2e Civ. 23.12.1958, *Sté Astra,* Rev.arb. 1959, 85. Hier liegt ein Gegensatz zur deutschen herrschenden Lehre vor, vgl. z. B. *Schwab,* Schiedsgerichtsbarkeit, 1979, S. 50; *H. J. Maier,* Handbuch der Schiedsgerichtsbarkeit, 1979, § 26 Nr. 120, S. 928.

Exequaturentscheidung (bzw. drei Monate, wenn die betroffene Partei außerhalb Frankreichs wohnt) aufgefunden werden, so ist schwer verständlich, daß die beschwerte Partei nicht gegen den Schiedsspruch vorgehen können soll. Das gilt auch, wenn es sich um einen rein ausländischen Spruch ohne internationalen Einschlag handelt. Zwar wird dieser Tatbestand auch in der Konvention von New York vernachlässigt. Aber immerhin besteht in deren Rahmen die Möglichkeit, den Spruch in seinem Ursprungsland zu Fall zu bringen. Dann wird, obwohl es in keinem Text der Konvention ausdrücklich steht, aus deren Art. V (1) (e) und VI zu entnehmen sein, daß der Richter des Anerkennungsstaates dieser Entscheidung aus dem Ursprungsland Rechnung tragen kann. Dagegen ist nach dem neuen französischen Recht die Lage in solch einem Fall völlig blockiert. Eine Aufhebung des Schiedsspruchs in seinem Ursprungsland ist nach Art. 1502 unbeachtlich, eine solche durch den französischen Richter nach Art. 1507 ausgeschlossen. Auch hier werden vielleicht die Gerichte der bedrängten Partei durch Zulassung einer besonderen Klage auf Nichtbenutzung des für vollstreckbar erklärten Schiedsspruchs helfen.

C. Ausblick

Der Titel VI wird im deutsch-französischen Rechtsverkehr keine Umwälzung hervorrufen, jedenfalls nicht für die Vollstreckung deutscher Schiedssprüche in Frankreich. Das New Yorker Übereinkommen von 1958 hat schon bisher da überhaupt keine Rolle gespielt. Das französische Recht war immer liberaler als die Konvention, und diese läßt ja in ihrem Art. VII dem der Anerkennung günstigeren nationalen Recht den Vorrang. Allerdings entsprach es wohl auch französischem gemeinem Recht vor der Reform von 1981, einem im Ursprungsland aufgehobenen Schiedsspruch die Anerkennung zu versagen vorbehaltlich der abweichenden Regelung in Art. IX der Genfer Konvention von 1961, die ja zwischen Deutschland und Frankreich in Kraft ist. Es gibt aber keine veröffentlichte Entscheidung zu dieser Frage. Von etwas größerer praktischer Bedeutung als die Neufassung des Katalogs der Nichtigkeitsgründe wird die neue Regelung der Rechtsmittel sein. Bisher standen der durch einen deutschen Schiedsspruch verurteilten Partei, die in Frankreich eine Vollstreckung zu besorgen hatte, einerseits mehrere Rechtsmittel zur Verfügung, deren Geltungsbereich abzugrenzen ihr aber oft schwerfiel; andererseits waren diese Rechtsmittel nicht an eine Frist gebunden. Nunmehr läuft ab Zustellung des durch den französischen Richter für anerkannt oder vollstreckbar erklärten deutschen Schiedsspruchs eine Frist, was gewissen Verzögerungsmanövern einen Riegel vorschiebt. Ungleich größer kann die Auswirkung der französischen Reform auf die Anerkennung französischer Schiedssprüche in Deutschland werden; aber das ist nicht Folge der Vorschriften des Titels VI, sondern der Neuerungen des Titels V.

Bringt also die neue französische Regelung des Titels VI im Verhältnis zu Deutschland keine wesentliche Erleichterung, so muß andererseits auch schon laut gewordenen Befürchtungen entgegengetreten werden. Diese gehen dahin, daß Nr. 3 von Art. 1502 mit seiner freilich nicht sehr klaren Formel »wenn der Schiedsrichter entschieden hat, ohne sich an das ihm übertragene Amt zu halten« eine Erweiterung der Nachprüfungsbefugnisse des staatlichen Richters bringt und damit die Anerkennung deutscher Schiedssprüche gefährdet. Ganz abgesehen von dem Umstand, daß praktisch wohl fast alle (nicht die rein intern deutschen) Schiedssprüche aus Deutschland, deren Anerkennung oder Vollstreckung in Frankreich nachgesucht wird, unter die Genfer Konvention von 1961 fallen, ist eine solche Entwicklung nicht zu befürchten. Dagegen mag es zu Konflikten kommen, wenn die französische Rechtsprechung sich der Ansicht anschließen sollte, die oben skizziert ist und wonach es auf Zustellung und Niederlegung bei Gericht für den französischen Richter nicht ankommt, oder wenn ein in Deutschland aufgehobener deutscher Schiedsspruch, insbesondere ein in Deutschland zwischen Deutschen in einer innerdeutschen Sache erlassener Schiedsspruch, in Deutschland aufgehoben, aber trotzdem in Frankreich anerkannt wird.

IV. Praktische Probleme der Schiedsgerichtsbarkeit

Von Rechtsanwalt Richard Neuer, Paris

Wenn es so etwas wie einen französischen Nationalcharakter gibt, so zeichnet er sich durch ein starkes gallisches Selbstbewußtsein und ein anspruchsvolles Verhalten gegenüber dem Staat, der insbesondere für Gleichheit und Gerechtigkeit verantwortlich gemacht wird, aus.

Diese Tendenzen finden unter anderem in einer gewissen Abgeschlossenheit gegenüber dem Ausland und einem zögernden Vertrauen zu Organen der Rechtsprechung, die nicht vom eigenen Staat bemannt und verwaltet werden, ihren Ausdruck.

Wenn sich die Schiedsgerichtsbarkeit in Frankreich dennoch gut entwickelt hat und eine immer größere Anzahl von französischen Firmen Bereitschaft zeigen, schwerwiegende Entscheidungen über ihr Vermögen und ihre Interessen in die Hände privater Richter zu legen, so ist das sowohl auf negative als auch auf positive Gründe zurückzuführen.

Zu den negativen Gründen gehört vor allem die Länge der Verfahren, die vor den überbürdeten Handelsgerichten oft eineinhalb bis zwei Jahre anhängig sind, ehe sie zur Verhandlung kommen. Bei internationalen Streitfällen kommt dazu natürlich auch die altbekannte Tatsache, daß sich niemand gerne einem ausländischen Gericht anvertraut, dessen Gesetze, Gepflogenheiten und Verfahrensregeln man nicht kennt. Die Alternative ist nun eben ein Schiedsgericht, an dem man zumindest einen der drei Schiedsrichter selber benennen kann.

Positiv wird in Frankreich, zumindest im gleichen Maße wie in anderen Ländern, gewertet, daß die private Rechtsprechung der Schiedsgerichte eine Diskretion gewährleistet, die vor staatlichen Gerichten einfach nicht gegeben ist. Dieser Faktor fällt insbesondere dann ins Gewicht, wenn die Gefahr besteht, in einem öffentlichen Prozeß der Konkurrenz wichtige Einzelheiten über vertrauliche Aspekte der eigenen Geschäfts-, Lizenz- oder Preispolitik zu vermitteln. Weitere positive Beweggründe sind der Umstand, daß ein Schiedsverfahren naturgemäß weniger formell ist als ein Verfahren vor staatlichen Gerichten und es den Parteien gestattet, einen direkten und daher weitaus besseren Zugang zu ihren Richtern zu gewinnen. Dies verbürgt den Parteien, daß sie ihren Standpunkt nachdrücklicher und ausführlicher darlegen können, als es im Rahmen einer zeitlich und förmlich enger beschränkten Gerichtsverhandlung der Fall wäre. Schließlich hat die Geschmeidigkeit des Schiedsverfahrens zur Folge, daß der Rechtsstreit zwischen den Parteien sich nicht so sehr verhärtet und verknöchert wie in einem Prozeß, dessen Formalismus die Parteien einerseits voneinander und andererseits von ihren Richtern weiter entfernt. Dies wirkt sich besonders dadurch sehr konstruktiv aus, daß der Streitfall zwischen den Parteien viel seltener in eine akute Feindseligkeit ausartet und sich die Gegner die Möglichkeit offenhalten, nach Beilegung ihrer gegenwärtigen Differenzen miteinander neue Geschäfte abzuschließen.

Die Aufzählung dieser sowohl negativen als auch positiven Beweggründe zum Schiedsverfahren steckt auch schon gleich den Rahmen ab, in den sich das Schiedsgericht einfügen muß, um den Erwartungen der Parteien zu entsprechen. Dabei ist es wohl der heikelste Teil der sich den Schiedsrichtern stellenden Aufgabe, den Anspruch auf Zügigkeit des Verfahrens mit demjenigen auf Gründlichkeit zu vereinbaren. Die einzige Art und Weise, dies zu bewerkstelligen, ist, von Anfang an auf eine kristallklare Organisation des Verfahrens zu achten und die grundsätzlichen Voraussetzungen zu schaffen, innerhalb welcher das Schiedsverfahren reibungslos abrollen kann. Ehe im Schiedsverfahren das Recht zum Zuge kommt, muß also zunächst dem Erfordernis der Ordnung und Systematik Rechnung getragen werden.

Das Schiedsverfahren soll ein harmonisches Ganzes verkörpern, dessen Phasen ineinander übergehen. Im Interesse einer schematischen Darstellung kann man jedoch vier verschiedene Abschnitte unterscheiden, aus denen sich das Verfahren zusammensetzt, nämlich:

- die Benennung der Schiedsrichter,
- die Abgrenzung des Schiedsauftrages,
- die Schiedsverhandlungen,
- die Erstellung des Schiedsspruches.

In den nachstehenden Ausführungen wollen wir von einem rein praxisbezogenen Standpunkt die Probleme skizzieren, die sich in diesen vier Phasen des Verfahrens stellen, und die Lösungen erwähnen, die sich erfahrungsgemäß anbieten, um allfällige Schwierigkeiten zu überbrücken.

Die Benennung der Schiedsrichter

Die Erörterung und Entscheidung über einen Streitfall erfolgt nicht im luftleeren Raum, sondern wird von Menschen durchgeführt, die sowohl das Gewicht ihrer Erfahrung als den Ballast ihrer persönlichen Einstellungen mitbringen. Dies ist eine allgemeine Wahrheit, die nicht nur im Schiedsverfahren zutrifft, sondern ebenso in jedem Prozeß vor allen Gerichten der Welt. Das abstrakte Recht kleidet sich immer in das konkrete Gewand der Richter, die es auslegen. Der Vorteil des Schiedsverfahrens ist es, daß man wenigstens einen der Richter selber aussuchen kann.

Ursprünglich bestand das Schiedsverfahren darin, daß beide Parteien gemeinsam ihren Streit einer neutralen Persönlichkeit unterbreiteten, die sie beide kannten und der sie beide vertrauten. Auch heute noch lebt dieses »Patensystem« in manchen Bereichen weiter, allerdings nur in engen Kreisen, in denen die persönlichen Beziehungen noch stark genug sind, um Einstimmigkeit bei der Auswahl des Schiedsrichters zu ermöglichen. Auf dem Gebiet der internationalen kommerziellen Schiedsgerichtsbarkeit ist in fast allen Fällen ein sophistizierteres System erforderlich. Daher die Bedeutung einer allgemein anerkannten institutionalisierten Schiedsstelle, an welche sich die Parteien wenden können, um ihr die Benennung des für die Entscheidung maßgeblichen Schiedsrichters zu überlassen.

Bei kleineren Schiedsverfahren ziehen es die Parteien aus Gründen der Ersparnis oft vor, einen einzigen Schiedsrichter einsetzen zu lassen. Sobald der Streitwert jedoch eine gewisse Größenordnung erreicht, fühlen sich die Parteien sicherer, mehrere – in der Regel drei – Schiedsrichter einzuschalten, wobei jede von ihnen die gleiche Anzahl von Schiedsrichtern – also in der Regel einen – selbst benennt. Die neutrale Schiedsstelle bestimmt sodann den Obmann des Schiedsgerichtes.

Naturgemäß kann eine Entscheidung über den Rechtsstreit nur dann erfolgen, wenn sie von einer Mehrheit der Schiedsrichter getroffen wird. Somit muß das Schiedsgericht aus einer ungeraden Anzahl von Schiedsrichtern bestehen. Der heikle Punkt bei der Zusammensetzung des Schiedsgerichtes ist folglich immer die Bestellung jenes einen Schiedsrichters, von dem die Entscheidung letztendlich abhängt.

Wohlgemerkt kommt es zwar vor, daß sich die von den Parteien selbst benannten Schiedsrichter über den Obmann, dessen Entscheidung ausschlaggebend ist, einig werden. In der Praxis jedoch bleibt es meistens der von den Parteien ausgewählten neutralen Schiedsstelle überlassen, den Vorsitzenden des Schiedsgerichtes zu bestimmen. Welche Kriterien kommen dabei zum Zuge?

Wenn wir das Verfahren der Internationalen Handelskammer betrachten, die auf dem Gebiet des internationalen kommerziellen Schiedswesens eine der wichtigsten Schiedsstellen darstellt, so sehen wir, daß das Hauptgewicht darauf gelegt wird, die materiellen Voraussetzungen für die größtmögliche Neutralitätes des Obmannes zu schaffen.

Das internationale Sekretariat, welches die Schiedsklagen erhält, prüft in jedem Fall die Einzelheiten des Rechtsstreites, die Staatsangehörigkeit der Schiedsparteien, die Sprache, in der die Klage und Klagebeantwortung abgefaßt sind, und wendet sich sodann an eines der Nationalkomitees, die der Handelskammer angegliedert sind, mit dem Ersuchen, dem Schiedsgerichtshof einen Vorschlag über die Benennung des Obmannes zu machen.

Die erste Entscheidung liegt somit bei der Wahl des Nationalkomitees, an welches das internationale Sekretariat herantritt. Dabei fällt die Wahl naturgemäß auf jenes Komitee, welches in Anbetracht der Staatsangehörigkeit der Schiedsparteien »neutral« ist.

Die zweite, und wahrscheinlich noch wichtigere, Entscheidung betrifft sodann die durch das entsprechende Nationalkomitee vorzunehmende Auswahl einer Persönlichkeit, die mit dem Vorsitz des für den Streitfall einzusetzenden Schiedsgerichtes betraut werden soll.

Hier gibt es keine festen Regeln. Es bleibt dem jeweiligen Generalsekretär des betreffenden Nationalkomitees überlassen, unter den ihm bekannten Persönlichkeiten diejenige auszusuchen, die er dem Schiedsgerichtshof vorschlagen will.

Selbstverständlich kann eine solche Entscheidung nicht willkürlich getroffen werden. Die technischen und sprachlichen Voraussetzungen auf dem Gebiet der internationalen kommerziellen Schiedsgerichtsbarkeit sind so groß, daß in jedem Lande nur eine beschränkte Anzahl von Anwärtern ernsthaft in Frage kommen. Man bedenke, daß das Nationalkomitee ja gerade nur deshalb angesprochen wird, weil die Schiedsparteien einem anderen Staat angehören und in den meisten Fällen eine andere Sprache sprechen. Es kann folglich nur eine Persönlichkeit vorgeschlagen werden, die gleichzeitig eine volljuristische Ausbildung hat und der Sprache der Schiedsparteien – also meistens einer Fremdsprache – so gut mächtig ist, daß sie mühelos das Schiedsverfahren in dieser Fremdsprache führen und den Schiedsspruch in dieser Fremdsprache abfassen kann.

Man sieht, daß nicht jeder Jurist im Lande dergleichen Voraussetzungen erfüllt und daß es auch nicht genügt, Dolmetscher oder Übersetzer zu sein, um ein Verfahren zu leiten, das eine sorgfältige Ausbildung als Jurist erfordert.

Und es ist klar, daß es sich eine renommierte internationale Schiedsstelle nicht leisten kann, den Vorsitz ihrer Schiedsgerichte und die Erstellung ihrer Schiedssprüche Amateuren anzuvertrauen.

Der freien Wahl der Benennung sind infolgedessen von Anfang an gewisse Grenzen geboten, die nicht ohne weiteres übertreten werden können.

Zwangsläufig bildet sich über die Jahre somit eine Gruppe von internationalen Schiedsrichtern heraus, die zwar durchaus nicht nach außen geschlossen ist, zu welcher jedoch der Zugang durch besondere und verhältnismäßig seltene Kompetenzen bedingt ist. Diese Schiedsrichter kennen sich untereinander und sind auch den internationalen Schiedsstellen bekannt. Sie setzen in jedem einzelnen Schiedsverfahren, an dem sie in leitender oder beigeordneter Stellung mitwirken, ihr persönliches Prestige und ihre Reputation aufs Spiel, was verständlicherweise zur Qualität ihrer Leistung beiträgt und vor allem den Parteien gegenüber die Gewähr für größtmögliche Objektivität bietet.

Dies ist auf menschlichem Gebiet, das kein Absolut kennt, eine beträchtliche Sicherung vor schlechten Überraschungen.

Die Abgrenzung des Schiedsauftrages

Jedes Schiedsverfahren beruht auf einer privaten vertraglichen Vereinbarung. Der erste Teil dieser Vereinbarung wird von den Parteien allein geschlossen und hat die Verpflichtung zum Gegenstand, allfällige Streitigkeiten der Zuständigkeit der staatlichen Gerichte zu entziehen, um sie der Gerichtsbarkeit eines Schiedsgerichtes zu unterstellen.

Der zweite Teil der Vereinbarung betrifft nicht allein die Parteien, sondern auch die Schiedsrichter, die aufgrund der erwähnten Verpflichtung der Parteien mit der Prüfung und Lösung des Rechtsstreites beauftragt wurden.

Zwischen den Schiedsparteien und den Schiedsrichtern besteht somit ein Rechtsverhältnis, dessen Einzelheiten im Interesse einer klaren und unzweideutigen Erfüllung der den Schiedsrichtern gesetzten Aufgaben schriftlich festgehalten werden müssen.

Das Instrument, das dieses Rechtsverhältnis definiert und begrenzt, heißt auf englisch »Terms of Reference« und auf französisch »Acte de Mission«. Wir wollen es auf deutsch den »Schiedsauftrag« nennen.

Die Erstellung des Schiedsauftrages ist für gewisse Parteien und Schiedsrichter alles eher als ein Ding der Selbstverständlichkeit. Besonders in angelsächsischen Ländern begegnet man des öftern der Theorie, laut welcher eine Eingrenzung des Auftrages der Schiedsrichter im vorhinein eine unwillkommene Behinderung des Schiedsverfahrens bedeute, wogegen es den Parteien freistehen solle, den Schiedsrichtern alle Aspekte ihrer Meinungsverschiedenheiten vorzulegen, auch solche, die sie am Anfang des Verfahrens noch nicht absehen können.

Diese Anschauung ist durchaus nicht aus den Wolken gegriffen und verdient ernste Überlegung. Wir sind jedoch der Auffassung, daß die berechtigten Anliegen, die in der erwähnten Theorie ihren Niederschlag finden, ohne weiteres im Rahmen eines schriftlichen, genau definierten Schiedsauftrages volle Berücksichtigung finden können, wenn der Schiedsauftrag sorgfältig und gedanklich richtig aufgesetzt ist. Andererseits erscheint uns die Erstellung des schriftlichen Schiedsauftrages von so ausschlaggebender Bedeutung für eine klare und einwandfreie Abwicklung des Schiedsverfahrens, daß die Vorteile dieses Schriftstückes unserer Meinung nach die theoretischen Einwände dagegen weit übertreffen.

Vielleicht darf hier darauf hingewiesen werden, daß Rechtsstreitigkeiten im allgemeinen und Schiedsfälle im besonderen im Grunde genommen immer auf einen rechtlich mangelhaften und unvollkommenen Vertrag zwischen zwei Parteien zurückzuführen sind. Klare, scharf abgegrenzte Verträge mögen manchmal zu Erfüllungspannen führen, geben jedoch keinen Anlaß zu rechtlichen Auslegungsproblemen.

Wenn also schon ein zweideutiger Vertrag eine Situation geschaffen hat, die in ein Schiedsverfahren mündet, so muß unseres Erachtens dafür Sorge getragen werden, daß nicht auch das Schiedsverfahren selbst Unklarheiten bestehen läßt, die weitere Schwierigkeiten ins Leben rufen.

Daß den Parteien am Anfang des Verfahrens genügend Spielraum zugestanden werden muß, um noch unbekannte oder schlecht absehbare Aspekte ihres Rechtsstreites späterhin vortragen zu können, untersteht keinem Zweifel. Es genügt, gerade dies im förmlichen Schiedsauftrag festzuhalten, soweit ein derartiger Anspruch der Parteien nicht bereits in der Schiedsordnung der Institution, der sich die Parteien anvertraut haben, wie es z. B. in der Verfahrensordnung des Internationalen Schiedsgerichtshofes der Fall ist, seine Verankerung findet. Allerdings muß sich der zusätzliche Vortrag auf einen Aspekt des gleichen Rechtsstreites beziehen und darf nicht über den Rahmen dessen hinausgehen, was die Basis des anhängigen Verfahrens darstellt.

Wie soll nun der schriftliche Schiedsauftrag aussehen und abgefaßt werden?

Was die äußeren und inhaltlichen Einzelheiten betrifft, so steht es jedem Schiedsgericht frei, seine eigenen Formeln zu finden. Wesentlich sind jedoch folgende Angaben, die in der einen oder anderen Form in allen Schiedsaufträgen enthalten sein müssen:

- Namen und Anschriften der Schiedsparteien,
- eine Zusammenfassung des Streitfalles,
- die Rechtsansprüche der Schiedsparteien,
- die strittigen, vom Schiedsgericht zu entscheidenden Punkte,
- Namen und Anschriften der Schiedsrichter,
- Ort und Sprache des Schiedsverfahrens.

Besonderes Augenmerk dürfen wir an dieser Stelle auf die zwei Abschnitte lenken, die sich mit der Zusammenfassung des Streitfalles bzw. mit den Rechtsansprüchen der Schiedsparteien befassen.

Zwischen diesen zwei Abschnitten besteht ein grundlegender Unterschied, der nicht nachdrücklich genug hervorgehoben werden kann.

Die Zusammenfassung des Streitfalles darf nur solche Tatbestände enthalten, die von beiden Parteien als objektive Fakten anerkannt werden. Dazu gehören z. B. das Datum, an dem ein Vertrag zwischen den Parteien geschlossen wurde, der unstrittige Inhalt dieses Vertrages, die Daten und Orte, an denen sich die Parteien zu Besprechungen trafen, die Daten und der unstrittige Inhalt eines Briefwechsels usw. Keinesfalls dürfen in diesem Teil Aussagen der einen Partei aufgenommen werden, welche die andere Partei bestreitet, es sei denn, sie werden als einseitige Aussagen gekennzeichnet, damit jegliche Verwechslung mit unstrittigen Fakten ausgeschlossen wird.

Es ist oft erstaunlich, wie sehr sich auch die umfangreichsten und anscheinend kompliziertesten Akten klären und vereinfachen, wenn man sich die Mühe gibt, sie von Anfang bis zum Ende durchzustudieren und dann die darin enthaltenen Hauptpunkte zu Papier zu bringen. Selbst die verstricktesten Probleme hellen sich meistens bei dieser Übung auf.

Gerade deshalb sieht es ab und zu eine Partei nicht sehr gerne, wenn auf einen Tatbestand, den sie vielleicht mit erheblichem emotionellen Aufwand erlebt und schildert, das weiße Licht kalter Sachlichkeit geworfen wird. Wohl jeder erprobte Schiedsrichter hat das ein oder andere Mal die Erfahrung gemacht, daß es einer der Schiedsparteien besonders schwerfällt, ihre Unterschrift auf einen Schiedsauftrag zu setzen, der einen unbestreitbaren Sachverhalt in klare Worte kleidet. Um so wichtiger ist es jedoch, wie ein Chirurg das Operationsfeld abzugrenzen und alles das, aber nicht mehr, zur Grundlage des Schiedsverfahrens zu machen, was dazugehört.

Der zweite oben erwähnte Abschnitt des Schiedsauftrages enthält die Rechtsansprüche der Parteien. Im Gegensatz zum ersten kann und soll hier jede der beiden Parteien ihre einseitigen Vorwürfe gegen die andere sowie ihre Forderungen formulieren, damit klar feststeht, wie hoch der Streitwert ist und woraus er sich zusammensetzt. Selbstverständlich ist es geboten, in diesem Abschnitt eine auch schon optisch sofort erkennbare Trennung zwischen den Aussagen und Ansprüchen des Klägers und denjenigen des Beklagten einzubauen, um jede Verwechslung zu vermeiden.

Schließlich muß in einem weiteren Abschnitt die formelle Formulierung der Fragen erscheinen, die das Schiedsgericht zu beantworten beauftragt ist. In diesem Zusammenhang ist es ratsam, die Streitpunkte nicht so eng zu formulieren, daß man sich im Falle einer noch unvorhersehbaren Ausdehnung des Verfahrens auf zusätzliche Aspekte des Rechtsstreites selber den Weg versperrt. Erfahrene Schiedsrichter pflegen vielmehr die Liste der Streitfragen so weit offen zu formulieren, daß sie bei der Beurteilung des Streitfalles in keiner Weise durch den Wortlaut der ihnen gestellten Aufgabe behindert sind. Die Erstellung eines schriftlichen Schiedsauftrages ist somit ohne weiteres mit dem Spielraum vereinbar, den sich die Parteien und die Schiedsrichter vorbehalten wollen, um einer noch unbekannten späteren Entwicklung des Verfahrens Rechnung zu tragen.

Der Schiedsauftrag ist, wie bereits erwähnt, die bindende vertragliche Vereinbarung, die im Schiedsverfahren die Grundlage des Rechtsverhältnisses zwischen den Parteien einerseits sowie zwischen den Schiedsrichtern und den Parteien andererseits verkörpert. Er muß daher sowohl von den Parteien als auch von den Schiedsrichtern unterzeichnet werden. Dies ist nicht immer so einfach, wie man es annehmen sollte.

Zunächst müssen sich die Schiedsrichter selber über den Wortlaut des Schiedsauftrages, den sie den Parteien vorschlagen wollen, einig sein. Wenn mehr als ein einziger Schiedsrichter eingeschaltet ist, was, wie gesagt, die Regel der Fälle darstellt, so findet oft ein reger Pendelverkehr zwischen den Schiedsrichtern statt, ehe der Wortlaut bis auf das letzte Komma von allen drei (oder noch mehr) Schiedsrichtern akzeptiert wird.

Erst dann kann der Schiedsauftrag den Parteien bzw. ihren Rechtsanwälten vorgelegt werden. Im Idealfall erkennen diese an, daß der Wortlaut sorgfältig ausgewogen wurde, weder die eine noch die andere Partei in irgendeiner Weise bevorzugt und allen angemeldeten Ansprüchen voll Rechnung trägt. Des öfteren jedoch gehen die Dinge nicht so glatt. Die eine oder die andere Partei möchte eine Abänderung anbringen, einen Satz streichen oder zwei neue hinzufügen, wobei natürlich jeder Abänderungsvorschlag der anderen Partei mitgeteilt und ihre Zustimmung eingeholt werden muß. Es ist daher kein Wunder, daß die Erstellung des Schiedsauftrages hin und wieder viel Zeit in Anspruch nimmt.

Um einem endlosen Post- oder Telexverkehr vorzubeugen, ist es ratsam, eine erste mündliche Verhandlung zwischen den Schiedsrichtern und den Parteien zu organisieren, sobald die Parteien nicht mit dem Wortlaut des Schiedsauftrages einverstanden sind. Der erste Gegenstand dieses ersten Treffens muß es sein, den endgültigen Schiedsauftrag auf die Beine zu stellen und von den

Partien sowie selbstverständlich auch von den Schiedsrichtern unterschreiben zu lassen.

Schließlich darf in diesem Zusammenhang noch ein Wort über den Fall gesagt werden, wo eine der beiden Parteien sich weigert, den Schiedsauftrag zu unterzeichnen. Ein solcher Fall ist eine von verschiedenen Varianten der Blokkierung des Schiedsverfahrens durch eine der beiden Parteien – naturgemäß derjenigen, die mit Bezug auf den Rechtsstreit ein schlechtes Gewissen hat. Die Parade gegen solche Manöver ist normalerweise in der Verfahrensordnung der Schiedsstelle verankert, die für den Schiedsfall zuständig ist. So z. B. sind in der Verfahrensordnung der Internationalen Handelskammer eine Reihe von Bestimmungen vorgesehen, die eine Obstruktion nach kurzer Zeit unmöglich machen und die Gewähr bieten, das Schiedsverfahren selbst bei Ausfall oder bei Hemmungsversuchen einer der beiden Parteien bis ans Ende zu führen.

Da Problem stellt sich jedoch dann, wenn die Parteien nicht ursprünglich die Vorkehrung trafen, eine bestimmte Schiedsstelle zu wählen, um sich ihr und ihrer Verfahrensordnung im Falle eines künftigen Rechtsstreites zu unterwerfen. Kommt sodann der Rechtsstreit, so sind die Schiedsrichter auf sich selbst angewiesen, um den Riegel zu sprengen, mit dem die widerspenstige Partei das Verfahren zu sperren sucht. Die einzige Möglichkeit, das Verfahren dennoch weiterzuführen, ohne die Rechte einer der beiden Parteien zu übergehen und sich dadurch einer Nichtigkeitsklage auszusetzen, besteht dann darin, ein staatliches Gericht bzw. dessen Vorsitzenden einzuschalten, um die legalen Voraussetzungen für die Weiterführung zu schaffen.

Die Schiedsverhandlungen

Der schwierigste Teil der Schiedsverhandlung ist, sie zu organisieren.

Es ist oft unwahrscheinlich schwer, einen Termin zu bestimmen, der allen Schiedsrichtern und Parteien paßt. Obgleich die Parteien das Schiedsverfahren unter anderem gerade deshalb wählen mochten, weil es im Prinzip zügiger ist als das Verfahren vor staatlichen Gerichten, sind es oft die Parteien selber, die, ohne jede böse Absicht, den Vorgang verzögern, sei es auch nur deshalb, weil ihre Rechtsanwälte manchmal geraume Zeit in Anspruch nehmen, um ihre Akten auszuarbeiten und verhandlungsreif zu machen.

Hier, wie überhaupt das ganze Schiedsverfahren hindurch, ist es erforderlich, daß die Schiedsrichter, und insbesondere der Obmann des Schiedsgerichtes, sowohl Autorität als auch Psychologie an den Tag legen.

Zunächst Autorität. Gewiß beruht das Schiedsverfahren auf einer vertraglichen Vereinbarung der Parteien, die nach ihrem freien Willen ihren Rechtsstreit einem privaten Gericht unterbreitet haben. Dies bewegt manche Schiedsrichter, sich allen Wünschen der Parteien zu fügen und diese gewissermaßen als souveräne Beherrscher des Verfahrens zu betrachten.

Unseres Erachtens liegt diese Fügigkeit nicht im besten Interesse der Parteien und des von ihnen erwünschten Verfahrens.

Die bloße Tatsache, daß die Parteien ein Schiedsgericht einsetzen, beweist, daß sie allein ihren Rechtsstreit nicht schlichten können und sich infolgedessen veranlaßt sehen, ihn einer übergeordneten Instanz vorzulegen. Vom Augenblick an, wo diese Instanz ihren Auftrag annimmt, gehört es zu ihrer Rolle, sich den Parteien mit Bezug auf deren Rechtsstreit überzuordnen – und nicht unterzuordnen.

Selbstverständlich darf ein Schiedsrichter nicht wie ein Despot handeln. Sollte er einer solchen Versuchung unterliegen, so würde er sich nicht lange in seinem Amt behaupten können. Andererseits jedoch muß er seiner Aufgabe gerecht werden, im Verfahren das Steuer zu führen und ohne Komplexe die Verantwortung auszuüben, die ihm erteilt wurde.

Dies bedeutet in der Praxis, daß die Schiedsrichter, und insbesondere der Vorsitzende des Schiedsgerichtes, es nicht passiv hinnehmen dürfen, wenn die Parteien oder deren Vertreter die Etappen des Verfahrens ohne triftigen Grund verzögern und hinausschieben wollen, wenn sie Termine verstreichen lassen oder ihnen gemachte Auflagen nicht erfüllen. Es gehört zu der bedingungslosen Unparteilichkeit eines Schiedsrichters, beide Parteien streng an ihre Verpflichtungen zu halten. Jede Nachsicht einer Partei gegenüber schädigt die Interessen der anderen.

Sodann Psychologie. Besonders im internationalen Bereich bringt das Schiedsverfahren zwei oder mehrere Mentalitäten in Verbindung, die oft von grundverschiedenen Denkprozessen bestimmt und geprägt sind. Zwischen diesen Mentalitäten mag ein Abgrund klaffen, den der Schiedsrichter zu überbrücken die Aufgabe hat.

Die Voraussetzung zur Erfüllung dieser Aufgabe ist, daß der Schiedsrichter beide bzw. alle vertretenen Mentalitäten mühelos versteht und über ihre Verschiedenheiten hinweg, miteinander in Einklang zu bringen vermag. Daß dies leichter gesagt als getan ist, bedarf wohl keiner langen Ausführungen. Es gehört so manches dazu, sich in verschiedenen kulturellen Welten zur Genüge zurechtzufinden, um jeder der Parteien in einem internationalen Verfahren das Gefühl zu geben, voll und ganz verstanden zu sein.

Dieses Gefühl ist jedoch für die Schiedsparteien von wesentlicher Bedeutung. Wenn die Parteien den Schiedsspruch, der ihren Rechtsstreit abschließt, freiwillig vollstrecken sollen, so dürfen sie nicht aus dem Verfahren den Eindruck davontragen, daß ihre Anliegen von den Schiedsrichtern im Grunde genommen nicht richtig begriffen und ermessen wurden.

Es handelt sich hier nicht darum, daß jede der beiden Parteien volles gerichtliches Gehör finden muß: Diese Voraussetzung ist eine Selbstverständlichkeit, so daß ein Schiedsverfahren, welches diese Grundbedingung verletzt, null und nichtig wäre. Worum es hier geht, ist, über das gerichtliche Gehör hinaus, die Überzeugung jeder der beiden Parteien, daß ihrem Standpunkt, einschließlich dessen emotioneller Färbung, gebührend Rechnung getragen wurde. Dies ist um so wichtiger, als die rein rechtliche Darstellung des Streitfalles, wie wir es oben erwähnten, kalt und nüchtern sein und von allem Unerheblichen Abstand nehmen muß. Wenn dies einmal feststeht, so ist es sodann die Sache der Schiedsrichter, im Laufe der mündlichen Verhandlungen für die menschlichen Aspekte des Rechtsstreites das erforderliche Verständnis aufzubringen und den Parteien zu zeigen.

Daß die Psychologie auf allen Gebieten und in allen Tätigkeitsbereichen von ausschlaggebender Bedeutung ist, ist eine Banalität. Daß sie jedoch den Erfolg oder den Mißerfolg des Schiedsverfahrens und dessen darauffolgende Vollstreckung bestimmt, kann nicht genug hervorgehoben werden. Was die Parteien beim Schiedsgericht suchen, ist nicht allein die Lösung eines Streitfalls: Es ist die Bestätigung ihrer Rechtsposition. Sofern diese Bestätigung nicht erteilt werden kann, weil eben die Rechtsposition nicht unter einer objektiven Analyse standhält, muß die betreffende Partei mit dem nötigen Takt dazu gebracht werden, dies selbst zu verstehen. Nur so kann die Rechtssicherheit geschaffen werden, die das Schiedsgericht die Aufgabe hat, den Parteien zu vermitteln.

Die Erstellung des Schiedsspruches

Nachdem die Parteien alle ihre Schriftsätze eingereicht und, im Laufe einer oder mehrerer mündlichen Verhandlungen, ihren Standpunkt dem Schiedsgericht ausführlich klargemacht haben, nachdem, wenn erforderlich, alle Zeugen einvernommen und alle Sachverständigen zu Rate gezogen wurden, tritt das Schiedsgericht zur Beratung zusammen, sofern es aus mehr als einem einzigen Schiedsrichter besteht.

Die Beratung kann in komplizierten Fällen zwei oder noch mehr Sitzungen in Anspruch nehmen. Sie muß alle vorgebrachten Anträge und Beweismittel berücksichtigen und einer sorgfältigen Prüfung unterziehen.

Der Schiedsspruch ist gültig, wenn er mit Stimmenmehrheit abgegeben wird. Der Vorsitzende jedes Schiedsgerichtes legt jedoch Wert darauf, wenn irgend möglich Einstimmigkeit zu erlangen. Dies bringt das Problem jener Schiedsrichter in den Vordergrund, die von den Parteien ernannt sind.

Ein Rechtsanwalt kann ein Schiedsrichter sein, aber Schiedsrichter sind keine Rechtsanwälte. Rechtsanwälte haben die Funktion, für ihre Partei zu plädieren und deren Ansprüche durchzusetzen. Dabei entfalten sie, wenn sie gut sind, eine ganz besondere Mischung von Objektivität und Subjektivität. Objektivität beim Vortrag von Tatsachen, Subjektivität bei der Beleuchtung dieser Tatsachen: rosarot für den Klienten, grünlich für den Gegner.

Schiedsrichter hingegen dürfen bei der Beleuchtung nur neutrales weißes Licht gebrauchen. Ihre Rolle ist die eines Richters und muß jede Spur von Parteilichkeit ausschließen. Dies gilt natürlich ebenso, wenn der Schiedsrichter nicht von einer außenstehenden Schiedsstelle, sondern von einer der beiden Parteien eingesetzt wurde.

Jeder erfahrene Schiedsrichter weiß, daß hin und wieder einer seiner Kollegen diese Binsenwahrheit nicht kennt oder nicht kennen will und sich auf dem Richterstuhl so gebärdet, als wäre er der Anwalt der Partei, über die er zu urteilen hat. Glücklicherweise sind solche Fälle seltene Ausnahmen. Für den Vorsitzenden des Schiedsgerichtes und selbstverständlich auch für den anderen

Schiedsrichter, der seine Funktion ordnungsgemäß ausübt, stellt eine derartige Situation ein Problem dar. Um es zu lösen, bedarf es – auch und gerade hier – der Autorität und der Psychologie des Vorsitzenden sowie seines Sinnes für Diplomatie. Es muß dem Schiedsrichter, der seine Rolle mit derjenigen eines Anwaltes verwechselt, sehr schnell klargemacht werden, daß er seinen »Auftraggeber« schon deshalb nicht begünstigen kann, weil seine Stimme bei der Erstellung des Schiedsspruches nicht unentbehrlich ist, und daß ein einseitiges, parteiisches Auftreten keine andere Wirkung hat, als innerhalb des Schiedsgremiums eine gespannte und unerfreuliche Atmosphäre hervorzurufen. Meistens genügt es, diese einfachen Feststellungen zum Ausdruck zu bringen, um Abhilfe zu schaffen. Im übrigen dient die Regel der Stimmenmehrheit tatsächlich dazu, einseitige Beurteilungen auszuschalten.

Allerdings darf man nicht in den Irrtum verfallen, jede Beurteilung als einseitig zu betrachten. Juristen wissen, daß es Rechtssituationen gibt, die mit der peinlichsten Ehrenhaftigkeit und Unparteilichkeit nach zwei völlig entgegengesetzten Richtungen ausgelegt werden können. Es kann niemand dem Schiedsgericht einen Vorwurf machen, wenn es nach bestem Wissen und Gewissen eine dieser beiden gleichbürtigen Auslegungen der anderen vorzieht. Darin liegt ja oft gerade seine Aufgabe. Die Entscheidung, die getroffen wird, muß jedoch auf objektiver Basis sauber und einwandfrei motiviert sein.

Dies bringt uns zum letzten Punkt, der unseres Erachtens in diesem Zusammenhang noch erwähnt werden muß: die Urteilsbegründung.

Ebenso, wie es eine Theorie gibt, laut welcher von einem schriftlichen Schiedsauftrag Abstand genommen werden sollte, um das Schiedsverfahren nicht einzuengen, besteht eine Tendenz, Schiedssprüche nicht zu motivieren.

Wir sind diesbezüglich völlig anderer Meinung. Nach unserer Auffassung kommt der Begründung des Schiedsspruches die gleiche Bedeutung zu wie dem Schiedsspruch selber. Abgesehen davon, daß ein Mangel an Begründung jede Vermutung und jedes Rätselraten über die Beweggründe des Urteils zuläßt, ist es unseres Erachtens für die Parteien ebenso wichtig, die Logik und Gedankengänge zu kennen, die zur Entscheidung geführt haben, wie die Entscheidung selbst. Nur so können die Parteien die Rechtssicherheit erlangen, die wir bereits als eine der Hauptrollen des Schiedsgerichtes gekennzeichnet haben. Und nur so kann das Schiedsgericht im Interesse der Parteien pädagogisch und, für die Zukunft, vorbeugend wirken und den Parteien ersparen, zu einem späteren Zeitpunkt die gleichen Fehler oder Irrtümer zu begehen, die ihren Rechtsstreit hervorgerufen haben.

Wir haben in dieser Abhandlung versucht, einige der häufigsten praktischen Fragen zu behandeln, die sich im Zusammenhang mit der internationalen kommerziellen Schiedsgerichtsbarkeit stellen. Offensichtlich sind diese Fragen nicht spezifisch für Frankreich, sondern tauchen überall auf, wo pragmatisch gesinnte Kaufleute sich an kaufmännisch orientierte Juristen wenden, um eine blockierte Rechtssituation ihrer Lösung zuzuführen. Die Verhältnisse in Frankreich sind diebezüglich mit denjenigen der anderen Marktwirtschaftsländer vergleichbar.

V. Das internationale Schiedsverfahrensrecht in Frankreich aus der Sicht der Internationalen Handelskammer

*Von Alexander Schill, Sekretär des Schiedsgerichtshofs der Internationalen Handelskammer (ICC), Paris**

I. Vorbemerkung

Im internationalen Wirtschaftsverkehr hat sich die Schiedsgerichtsbarkeit zum fast ausschließlichen Instrument der Streitbeilegung entwickelt. Privatunternehmen und auch Staaten, die sich am internationalen Wirtschaftsverkehr beteiligen, versprechen sich von einem international zusammengesetzten Schiedsgericht eine Reihe von Vorteilen im Vergleich zur staatlichen Gerichtsbarkeit. In dem üblichen Verfahren, daß jede Partei einen Schiedsrichter und beide gemeinsam oder eine neutrale Institution den Schiedsgerichtsvorsitzenden ernennen, sehen die Parteien eine Möglichkeit, Schiedsrichter mit einer besonderen Qualifikation für den zu entscheidenden Wirtschaftsrechtsstreit zu bestimmen und die größtmögliche Neutralität zu gewährleisten. Da die Schiedsverfahren normalerweise den Streit endgültig beilegen, ergeben sich hinsichtlich der Verfahrensdauer bedeutende Vorteile gegenüber einem über drei Instanzen laufenden gerichtlichen Verfahren. Allein schon daraus ergeben sich für die Parteien entscheidende Kostenvorteile. Die bei Schiedsverfahren gewährleistete Vertraulichkeit und Nichtöffentlichkeit gehören zu seinen Wesensmerkmalen und machen es einer Partei, besonders staatlichen Stellen, oft erst möglich, sich sachlich in das Verfahren einzulassen. Schließlich ergeben sich hinsichtlich der Vollstreckbarkeit Vorteile, wenn der Wirtschaftsrechtsstreit durch Schiedsspruch entschieden wurde, da hier dann auf eines der multilateralen Vollstreckungsabkommen zurückgegriffen werden kann (insbesondere auf das UN-Übereinkommen über die Anerkennung und Vollstreckung ausländischer Schiedssprüche vom 10. 6. 1958, das auf einen Vorschlag der Internationalen Handelskammer zur Reform der Genfer Verträge von 1923 und 1927 zurückgeht)[1].

* Die folgenden Ausführungen sind die persönliche Meinung des Verfassers und nicht notwendigerweise die der Institution, der er angehört.

1 Die komplette Liste der Staaten, die das UN-Abkommen vom 10. 6. 1958 ratifiziert haben, kann beim Sekretariat des ICC-Schiedsgerichtshofs (Adresse: 38, Cours Albert 1er, F – 75008 Paris) auf Anfrage mitgeteilt werden.

In welchem Ausmaß gibt das neue französische Schiedsverfahrensrecht den Parteien die Möglichkeit, ihr Verfahren selbst zu gestalten? Nach einer Auffassung, die von manchen Autoren[2] als die herrschende angesehen wird, ist die Schiedsgerichtsbarkeit selbst bei einem Sachverhalt mit internationalem Anknüpfungspunkt stets im nationalen Recht einschließlich der völkerrechtlichen Verträge verankert. Eine völlige Loslösung von den Normen des staatlichen Rechts wäre – nach dieser Meinung – nur dann möglich, wenn eine supranationale Rechtsordnung (materiell- und verfahrensrechtlich) bestehen würde (was entschieden in Abrede gestellt wird) oder aber wenn eine von allen Schranken des nationalen Rechts gelöste Parteiautonomie anerkannt werden könnte, kraft derer die Parteien das auf die Schiedsgerichtsbarkeit anwendbare Recht selbst bestimmen können. In der Parteiautonomie werde aber keine den Parteien originär zustehende Rechtsmacht anerkannt, sondern die Gestattung der Parteifreiheit durch die Rechtsordnung. Man macht geltend, daß in jedem Schiedsverfahren damit gerechnet werden müsse, daß die Hilfe staatlicher Gerichte in Anspruch genommen werden muß, sei es für Aushilfsmaßnahmen oder für Aufhebungsklagen oder für die Vollstreckung des erlassenen Schiedsspruchs. Deshalb müßte jedes Schiedsverfahren mit einer nationalen Rechtsordnung »geerdet« sein *(Bülow)*. Wenn man im Bereich des materiellen Rechts nicht von einer »lex mercatoria« und im Bereich des Verfahrensrechts nicht von einer supranationalen Rechtsordnung ausgeht, sondern diese »Erdung« mit einer nationalen Rechtsordnung für wesentlich erachtet, stellt sich die Frage, welchen – von der nationalen Rechtsordnung überwachten – Freiraum eben diese Rechtsordnung (die ihrem Wesen nach auf nationale Sachverhalte zugeschnitten ist) den Parteien zur Verfügung stellt, um einen Sachverhalt mit internationalem Einschlag befriedigend lösen zu können. Stellt diese Rechtsordnung dann auch die Sicherungen bereit, um das den Parteien vorschwebende Lösungskonzept auch durchzusetzen (etwa bei der Zusammensetzung des Schiedsgerichts oder bei der Vollstreckung), dann zeigt sie sich im Dienste der internationalen Schiedsgerichtsbarkeit und nicht als ihr Konkurrent.

Nach Belgien, der Schweiz und Großbritannien hat nun Frankreich seine Schiedsgerichtsbarkeit reformiert: Das Dekret vom 14. 5. 1980 (Journal Officiel vom 30. 5. 1980) regelt die Lösung von Streitigkeiten im Binnenwirtschaftsverkehr; das Dekret vom 12. 5. 1981 (Journal Officiel vom 14. 5. 1981) behandelt die internationale Handelsschiedsgerichtsbarkeit.

Noch ist es verfrüht, die verschiedenen Systeme auf ihre Schiedsgerichtsfreundlichkeit zu überprüfen und sie miteinander zu vergleichen. Wenn es auch an einer Rechtsprechung zu den französischen Dekreten noch mangelt, soll im folgenden versucht werden, die praktischen Auswirkungen des Dekrets vom 12. 5. 1981 auf die Schiedsverfahrensordnung der Internationalen Handelskammer in der Fassung von 1975 aufzuzeigen.

2 Vgl. z. B. *K. H. Schwab*, Schiedsgerichtsbarkeit, Kommentar, 3., völlig neu bearbeitete Auflage, S. 317 f. mit weiteren Hinweisen.

II. Der Schiedsgerichtshof der Internationalen Handelskammer

Besondere Verdienste um die internationale Schiedsgerichtsbarkeit hat sich die Internationale Handelskammer[3] erworben. Sie wurde nach dem Ersten Weltkrieg im Jahre 1919 gegründet und setzte schon im Jahre 1922 den Schiedsgerichtshof ein. Dieser Schiedsgerichtshof hat die Aufgabe, die Vorsorge für die schiedsgerichtliche Beilegung internationaler Wirtschaftsstreitigkeiten zu treffen. Er unterhält in den Räumen der Internationalen Handelskammer in Paris ein Sekretariat. Sein Verfahren richtet sich nach einer Verfahrensordnung, die im Jahre 1975 neu gefaßt wurde. Seit März 1980 besteht eine Interne Verfahrensordnung, durch die im wesentlichen die Praxis des Schiedsgerichtshofs zu bestimmten Punkten publik gemacht wird. In den letzten Jahren wurden etwa 250 bis 300 Fälle pro Jahr vor den Schiedsgerichtshof gebracht.

Der wohl wichtigste Unterschied zu anderen Schiedsgerichtssystemen liegt in der Existenz des Schiedsgerichtshofes der Internationalen Handelskammer und in seiner Funktion im Rahmen eines ICC-Schiedsverfahrens. Der Schiedsgerichtshof, der trotz seiner Bezeichnung selbst keine Streitfälle entscheidet, hat bestimmte administrative, dann aber auch gewisse – wenn auch beschränkte – Überwachungsaufgaben wahrzunehmen. Die Internationalität des Schiedsgerichtshofes wird dadurch gewährleistet, daß jede Landesgruppe der ICC das Recht hat, ein Mitglied in den Schiedsgerichtshof zu entsenden (Art. 1 der Statuten). Mehr als 35 Länder haben von diesem Recht Gebrauch gemacht[4]. Seit 1922 gehört diese internationale Zusammensetzung des Schiedsgerichtshofes zu den Wesensmerkmalen der ICC-Schiedsgerichtsbarkeit und wird seit jeher von der internationalen Wirtschaft sehr geschätzt. Um angesichts der zunehmenden Anzahl der Fälle einer Überbelastung des Schiedsgerichtshofes vorzubeugen, hat dieser sich im März 1980 eine Geschäftsordnung gegeben, so daß Routineentscheidungen an einen aus seinen Mitgliedern gebildeten Ausschuß delegiert werden können. Kann dieser aus drei Mitgliedern zusammengesetzte Ausschuß, der im Rotationsverfahren gebildet wird, keine einstimmige Entscheidung treffen, wird die Sache automatisch an die nächste Vollversammlung des Schiedsgerichtshofes verwiesen, die einmal monatlich stattfindet.

Die ICC-Schiedsordnung versucht die Vorteile eines Ad hoc-Verfahrens (Flexibilität der Parteien in der Bestimmung der Anzahl der Schiedsrichter, Bestimmung des Schiedsortes und der Verfahrensregeln) mit denen eines institutionalisierten Schiedsverfahrens zu verbinden (Lösungsmechanismus durch eine Verfahrensordnung und dadurch gewährleistete Voraussehbarkeit des Schiedsverfahrens für die Parteien). Das ICC-Schiedsverfahren läßt sich somit als ein »überwachtes« Verfahren bezeichnen, als »arbitrage surveillé«

3 Vgl. u. a.: *F. Eisemann*, Yearbook Commercial Arbitration I (1976), S. 167 ff., sowie in: Droit et Pratique du Commerce International (DPCI) I (1975), 355 ff.; *Böckstiegel*, NJW 1977, 463 ff.; *Glossner*, in: Festschr. für Luther I, 1976, S. 1–22.

4 Die Liste der Mitglieder des Schiedsgerichtshofes und die der Landesgruppen der ICC sind beim Sekretariat des Schiedsgerichtshofes erhältlich.

(F. Eisemann), als »supervised arbitration«, wenn auch durch diese Bezeichnung nicht der unzutreffende Eindruck einer Verlagerung der sachlichen Entscheidungskompetenzen auf den Schiedsgerichtshof erweckt werden soll. Das Schiedsverfahren nach der ICC-Verfahrensordnung ist von diesem Verständnis als einem »arbitrage ad hoc surveillé« geprägt: Der Schiedsgerichtshof ist grundsätzlich an eine Entscheidung der Parteien hinsichtlich des Verfahrens gebunden; er springt immer dann als »Nothelfer« ein, wenn die Parteien sich nicht – besonders in der Anfangsphase – auf einen für das Verfahren wesentlichen Punkt einigen können (Anzahl der Schiedsrichter, Bestimmung des Schiedsortes usw.). Es wird darauf noch im einzelnen einzugehen sein.

Hauptaufgabe der ICC-Schiedsgerichtsbarkeit ist die Beilegung *»internationaler Wirtschafts*streitigkeiten« (Art. 1 Abs. 1 der Verfahrensordnung). Dieses Kriterium deckt sich im wesentlichen mit der Definition des Art. 1492 der neuen französischen Zivilprozeßordnung (NCPC), der darauf abstellt, ob die »Interessen des internationalen Handels« berührt werden. Art. 1492 hat die Abgrenzung der bisherigen französischen Rechtsprechung übernommen, welche den Sitz, die Niederlassung und die Nationalität der Parteien, das anwendbare materielle Recht und das Verfahrensrecht, den Schiedsort nicht berücksichtigt, sondern allein auf dieses materielle tatsächliche Kriterium abstellt, um die Internationalität zu bejahen.

Die Internationalität der dem Schiedsgerichtshof vorgelegten Streitigkeit ist allerdings kein eigentliches Zuständigkeitskriterium; dies ist nun in Art. 1 der Internen Verfahrensordnung klargestellt. Es bleibt dem Schiedsgerichtshof überlassen, ob er – den Willen der Parteien respektierend – Streitigkeiten, die keinen internationalen Anknüpfungspunkt aufweisen, an ein Schiedsgericht überweist.

Streitigkeiten aus allen Bereichen des Wirtschaftsverkehrs wurden der Internationalen Handelskammer unterbreitet: außer den klassischen Fällen des Außenhandels Bauverträge für den Straßenbau, Bau von Raffinerien, Flugplätzen, Kraftwerkanlagen, Lizenz- und Vertriebsverträge usw.[5].

Während nach dem Zweiten Weltkrieg im Jahre 1946 lediglich vier Schiedsfälle registriert wurden, hatte sich diese Zahl bis zum Jahr 1950 mehr als verzehnfacht. 1970 waren es 150, 1977 205 Fälle[6]. Danach schwankt die Anzahl der Fälle zwischen 250 und 300 pro Jahr. Der Durchschnittsstreitwert stieg von etwa 200 000 US-$ im Jahr 1977 auf etwa 1 000 000 US-$ im Jahre 1980; selbst Streitwerte von über einer Milliarde US-$ sind heute nicht mehr unbekannt[7].

Im Zuge der zunehmenden Akzeptierung der internationalen Handelsschiedsgerichtsbarkeit in den letzten Jahren selbst in Staaten mit verschiedenen Wirtschaftssystemen und unterschiedlichen Entwicklungsstufen hat sich auch

5 *Derains*, in: Northwestern Journal of International Law & Business, Vol. 3 Nr. 1: Anlagenbau (28 %), Außenhandel (30 %), Vertriebsverträge (18 %), gewerblicher Rechtsschutz (12 %), Gesellschaftsverträge (8 %), andere Streitigkeiten (4 %).

6 *Derains*, a.a.O.

7 *Derains*, a.a.O.

die geographische Verteilung der Schiedsparteien in ICC-Verfahren zugunsten der Ost- und Entwicklungsländer verschoben, während der proportionale Anteil der europäischen Industrieländer abnimmt. Für den Berichtszeitraum von 1979 wird mitgeteilt: Westeuropa 58 %; Entwicklungsländer 22 % (davon 13 % arabische Staaten); 9,5 % sozialistische Staaten; 10,5 % Nordamerika[8].

Etwa ein Drittel der dem Schiedsgerichtshof vorgelegten Schiedsfälle haben entweder einen Staat oder ein Staatsunternehmen zur Partei.

III. Die verfahrenseinleitenden Maßnahmen durch den Schiedsgerichtshof der Internationalen Handelskammer

Nachdem die Schiedsklage der beklagten Partei durch das Sekretariat des Schiedsgerichtshofs zugestellt wurde, verfügt diese über eine Frist von 30 Tagen, um ihre Klagebeantwortung einzureichen (Art. 4 der Verfahrensordnung). Dies ist keine Ausschluß-, sondern lediglich eine Ordnungsfrist, nach deren Ablauf das Sekretariat den Schiedsfall dem Schiedsgerichtshof vorlegt, um die verfahrenseinleitenden Maßnahmen zu treffen. Aus diesem Grunde ist die Beklagte gehalten, auf alle Fälle Angaben hinsichtlich der Anzahl der Schiedsrichter und ihrer Auswahl zu machen. Das Sekretariat stellt jede Schiedsklage an die beklagte Partei zu, selbst wenn der der Klage zugrundeliegende Vertrag gar keine oder keine eindeutige ICC-Schiedsklausel vorsieht. Läßt sich die Beklagte auf das Verfahren ein, wird das Schiedsverfahren ohne weiteres fortgeführt. Antwortet sie nicht oder bestreitet sie die Zuständigkeit der Internationalen Handelskammer, so entscheidet entweder das Sekretariat (Art. 7 der Verfahrensordnung i. V. mit Art. 12 der Internen Verfahrensordnung) und/oder der Schiedsgerichtshof (Art. 8 III der Verfahrensordnung).

Liegt eindeutig keine Schiedsvereinbarung vor (weder vor noch nach Streitentstehung), welche die ICC-Schiedsgerichtsbarkeit vorsieht, wird der Klägerin mitgeteilt, daß das Verfahren nicht fortgeführt werden kann. Diese Entscheidung hat lediglich Verwaltungscharakter. Liegt dem ersten Anschein nach eine ICC-Schiedsvereinbarung vor, so entscheidet der Schiedsgerichtshof nach Art. 8 III der Verfahrensordnung, daß die Sache dem Schiedsgericht überwiesen wird. Der Schiedsgerichtshof und sein Sekretariat üben hier eine Art Filterfunktion aus und treffen keine das Schiedsgericht bindende Entscheidung; wird die Unzuständigkeitseinrede von der Beklagten weiterhin im Verfahren aufrechterhalten, so hat das Schiedsgericht hierüber zu entscheiden. Hierauf wird im einzelnen noch einzugehen sein.

Art. 2 der ICC-Verfahrensordnung regelt die *Bestellung des Schiedsgerichts*, wobei hier – Element der Ad hoc-Schiedsgerichtsbarkeit – dem Parteiwillen ausschlaggebende Bedeutung zukommt. Die Parteien entscheiden sowohl über die Anzahl der Schiedsrichter als auch über ihre Auswahl. Man kann den Parteien nur empfehlen, von dieser Möglichkeit Gebrauch zu machen und sich nach

8 *Derains*, a.a.O.

Streitentstehung im Lichte der Besonderheiten des Falles über die Zusammensetzung des Schiedsgerichts in Verbindung zu setzen. Alle Schiedsrichter sind vom Schiedsgerichtshof zu bestätigen (Art. 2 i. V. mit Art. 14/15 der Internen Verfahrensordnung), wobei alle Schiedsrichter »unabhängig« von den Parteien sein müssen[9]. Abgesehen von dieser allgemeinen Aufsichtsfunktion springt der Schiedsgerichtshof immer dann ein, wenn sich bei der Bildung des Schiedsgerichts wegen fehlender Parteivereinbarung Schwierigkeiten ergeben. Die ICC-Verfahrensordnung will dabei eine für die Parteien verbindliche, abschließende Lösung zur Verfügung stellen.

Nach Art. 1493 Abs. 1 der neuen französischen Zivilprozeßordnung bestimmt sich die Benennung des Schiedsgerichts uneingeschränkt nach der Schiedsvereinbarung. Die Bezugnahme auf eine Schiedsordnung wird ausdrücklich vorgesehen. Die darin liegende Anerkennung der institutionalisierten Schiedsgerichtsbarkeit liegt somit auf einer Linie mit dem Europäischen Übereinkommen über die Handelsschiedsgerichtsbarkeit vom 21. 4. 1961. Dies ist nun ausdrücklich klargestellt, so daß die für die interne Arbitrage geltenden Vorschriften der Artikel 1451 bis 1455 für den Schiedsgerichtshof als Schiedsinstitution keine besonderen Probleme mehr stellen[10].

Art. 1493 Abs. 2 sieht für internationale Schiedsverfahren mit einem Mindestbezug zu Frankreich vor, daß bei Schwierigkeiten bei der Zusammensetzung des Schiedsgerichts der Präsident des Großen Instanzgerichts von Paris (président du tribunal de grande instance de Paris) als Ernennungsbehörde angerufen werden kann. Da die Parteien so gut wie nie ein bestimmtes Verfahrensrecht vereinbaren (wenigstens nicht in diesem Verfahrensstadium), kommt dies immer dann in Betracht, wenn der Schiedsort in Frankreich liegt. Der Schiedsort wird in einem ICC-Schiedsverfahren entweder von den Parteien selbst oder aber vom Schiedsgerichtshof bestimmt (Art. 12 der ICC-Verfahrensordnung)[11]. Kann in einem ICC-Schiedsverfahren der Präsident des Großen Instanzgerichts von Paris angerufen werden, wenn sich bei der Zusammensetzung des Schiedsgerichts Schwierigkeiten ergeben, um so die Schiedsvereinbarung durch den französischen Richter durchsetzen zu lassen? Wir meinen, daß hier Art. 2 der ICC-Verfahrensordnung als Ausdruck der kollisionsrechtlichen Parteiautonomie Vorrang haben muß und daher der Zugang zum

9 Vgl. dazu *E. Bucher*, Zur Unabhängigkeit des parteibenannten Schiedsrichters, in: Sonderdruck aus »Recht und Wirtschaft heute«, Festgabe für Prof. Dr. Max Kummer (1980).

10 Soweit auch auf *internationale* Schiedsverfahren (i. S. der bisherigen Rechtsprechung) nach Art. 55 des Dekrets vom 12. 5. 1981 für eine Übergangszeit die interne Regelung Anwendung findet, wird die Rechtsprechung die im internen Bereich als zwingend angesehenen Bestimmungen für einen Sachverhalt mit internationalem Anknüpfungspunkt aufzulockern und sich am Dekret vom 12. 5. 1981 zu orientieren haben (ordre public international français).

11 Neben der Schweiz gehört Frankreich zu den wichtigsten Schiedsorten in der Statistik der ICC-Schiedsgerichtsbarkeit. Vgl. dazu auch *Howard M. Holtzmann*, The importance of choosing the right place to arbitrate an international case (1977).

staatlichen Richter (wenigstens während des eigentlichen Schiedsverfahrens) gesperrt sein muß. Die ICC-Verfahrensordnung will eine für die Parteien – und damit auch für den staatlichen Richter – verbindliche Zusammensetzung des Schiedsgerichts durch ein in sich abgeschlossenes Ernennungssystem. Allenfalls wäre daran zu denken, daß die ernannten Schiedsrichter selbst ihre »investiture«, ihre ordnungsgemäße Einsetzung durch den Schiedsgerichtshof überprüfen, da der Schiedsgerichtshof nicht in einem kontradiktorischen Verfahren entscheidet. Für diese »Kooperation« zwischen Schiedsgerichtshof und von ihm eingesetzten Schiedsrichtern gibt es auch sonst in der ICC-Verfahrensordnung mehrere Beispiele.

Durch die Wahl der ICC-Verfahrensordnung haben die Parteien für eine *schiedsgerichtliche* Lösung optiert, solange dies innerhalb einer Rechtsordnung möglich ist. Der gesamten Liberalisierungstendenz des Dekrets vom 12. 5. 1981 läßt sich entnehmen, daß der Parteiwille möglichst weitgehend geschützt und auch durchgesetzt werden soll, so daß die in Art. 1493 Abs. 2 angesprochene »Schwierigkeit« bei der Zusammensetzung des Schiedsgerichts restriktiv auszulegen ist, d. h. der staatliche Richter nur dann in Anspruch genommen werden soll, wenn alle anderen – privatrechtlichen – Mittel erschöpft sind, um eine Parallelität der Instanzen zu vermeiden[12], solange das eigentliche Schiedsverfahren noch nicht abgeschlossen ist[13]. Eine Kontrolle der getroffenen Entscheidung durch den staatlichen Richter ist durch die Art. 1502/1504 *nach* Erlaß des Schiedsspruches vorgesehen.

IV. Das Verfahren vor dem eingesetzten Schiedsgericht

Es kann nun vorkommen, daß eine Partei sich gegen die Durchführung des Schiedsverfahrens zur Wehr setzt, indem sie vorträgt, daß der der Schiedsvereinbarung zugrundeliegende Vertrag oder aber die Schiedsvereinbarung selbst ungültig (geworden) seien. Angriffspunkte können dabei sowohl die ordnungsgemäße *Bestellung des Schiedsgerichts* (investiture) als auch seine *sachliche Zuständigkeit* sein. Dabei stellen sich die Fragen: Wer entscheidet über diese Einreden? Nach welchen Kriterien werden diese Einreden entschieden?

Das Dekret vom 12. 5. 1981 gibt keine direkte Auskunft darüber, unter welchen Bedingungen eine Schiedsvereinbarung gültig ist. Wie *Bellet/Mezger*[14] ausführen, hängt dies mit gesetzgebungstechnischen Gründen in Frankreich zu-

12 Vgl. zu den vier wesentlichen Funktionen einer Schiedsklausel: *Frédéric Eisemann*, La clause d'arbitrage pathologique, in: Arbitrage Commercial, Essais in memoriam Eugenio Minoli, Associazione Italiana per l'Arbitrato, 1974.

13 Vgl. zu Art. 1493 Abs. 2 (Intervention des staatlichen Richters bei der Zusammensetzung des Schiedsgerichts): *P. Bellet* und *E. Mezger*, L'arbitrage international dans le nouveau code de procédure civile, in: Revue critique de droit international privé, Nr. 4 (1981).

14 *Bellet/Mezger*, a.a.O., S. 619 f.

sammen, so daß insoweit auf die bisherige Rechtsprechung, insbesondere des Kassationshofs, zurückgegriffen werden muß. Vor dem Hintergrund dieser Rechtsprechung ist Art. 1493 zu sehen, der die *Bestellung des Schiedsgerichts* regelt:

Die Schiedsvereinbarung in einem internationalen Vertrag ist wirksam und losgelöst von der Gültigkeit des ihr zugrundeliegenden Hauptvertrags – dies unabhängig von dem auf sie anwendbaren Recht (Entscheidung des Pariser Berufungsgerichts vom 13. 12. 1975)[15]. *Bellet/Mezger* erkennen im Dekret vom 12. 5. 1981 für die internationale Schiedsgerichtsbarkeit zwei wesentliche Grundlinien: Einmal die Lösung der Parteien von den für das interne Recht als zwingend angesehenen Vorschriften bei der Ausgestaltung ihres Schiedsverfahrens; zum anderen – dies ist in diesem Zusammenhang besonders wichtig – eine absolute Parteiautonomie lediglich unter dem Vorbehalt des »ordre public international«. Im Rahmen der ICC-Verfahrensordnung entscheidet der Schiedsgerichtshof, ob »prima facie« eine ICC-Schiedsklausel vorliegt (Art. 8 Abs. 3). Art. 8 Abs. 3 ist hier mit Art. 7 zu lesen: Wenn man von den ganz klaren Fällen absieht, wo keine Schiedsvereinbarung vorliegt und von der klagenden Partei nicht einmal behauptet wird, nimmt der Schiedsgerichtshof die Bestellung des Schiedsgerichts vor und übergibt die Sache zur eigentlichen juristischen Überprüfung an die Schiedsrichter, welche über ihre Bestellung in einem kontradiktorischen Verfahren zu entscheiden haben. Wie oben schon ausgeführt wurde, haben die Parteien durch Bezugnahme auf die ICC-Verfahrensordnung ein in sich abgeschlossenes System gewählt, innerhalb dessen die Frage der ordnungsgemäßen Bestellung des Schiedsgerichts für die Parteien (wenigstens im Rahmen des eigentlichen Schiedsverfahrens) verbindlich entschieden werden soll[16].

Auch die Frage der *sachlichen Zuständigkeit* hat der Schiedsrichter in einem kontradiktorischen Verfahren zu prüfen. Die in Art. 8 Abs. 4 der ICC-Verfahrensordnung angesprochene Autonomie der Schiedsvereinbarung deckt sich mit der seit langen Jahren in Frankreich bestehenden Rechtsprechung, welche durch das Dekret vom 12. 5. 1981 nicht eingeschränkt werden sollte. Wenn

15 *Bellet/Mezger*, a.a.O., S. 620 mit weiteren Hinweisen.

16 Es kann an dieser Stelle nicht auf Einzelheiten der Probleme eingegangen werden, die sich bei einem Schiedsverfahren (insbesondere bei der Schiedsrichterernennung) immer dann stellen können, wenn mehr als zwei Parteien am Schiedsverfahren teilnehmen. Dies war Gegenstand der vom International Council for Commercial Arbitration (ICCA) 1980 in Warschau veranstalteten Konferenz. Hier sei nur ganz kurz auf die Praxis des Schiedsgerichtshofs hingewiesen, falls mehrere Parteien (auf der Kläger- oder der Beklagtenseite) sich nicht auf einen Schiedsrichter einigen können: Da die Verfahrensordnung (abgesehen vom Fall des Einzelschiedsrichters) mangels abweichender Parteivereinbarung von einem Dreier-Schiedsgericht ausgeht, wird die Kläger- oder Beklagtenseite aufgefordert, innerhalb einer bestimmten Frist *einen* Schiedsrichter *gemeinsam* zu benennen. Gelingt ihnen dies nicht, wird dieser Schiedsrichter vom Schiedsgerichtshof in (analoger) Anwendung von Art. 2 Abs. 4 der Verfahrensordnung direkt ernannt (soweit möglich auf Vorschlag einer ICC-Landesgruppe, vgl. Art. 2 Abs. 6).

auch das Dekret ausschließlich auf die Parteivereinbarung abzustellen scheint, kann es doch in Einzelfällen notwendig sein, daß der Schiedsrichter das auf die Schiedsvereinbarung anwendbare Recht bestimmen muß[17]. Kraft Parteivereinbarung (durch Bezugnahme auf die ICC-Verfahrensordnung) verfügt der Schiedsrichter über die »Kompetenz-Kompetenz« unter dem Vorbehalt einer eventuellen Überprüfung durch den staatlichen Richter im Rahmen eines Aufhebungsverfahrens nach den Art. 1504 i. V. m. 1502 oder eines Vollstreckungsverfahrens. Sofern der Schiedsrichter die Gültigkeit der Schiedsvereinbarung für den ihm unterbreiteten Streitgegenstand feststellt, tritt er in eine (materielle) Begründetheitsprüfung des Anspruchs ein.

Was die Regelung des eigentlichen *Schiedsverfahrens* angeht, scheint Art. 1494 auch hier von einer nahezu unbeschränkten Parteiautonomie auszugehen. Hier scheint Art. 11 der ICC-Verfahrensordnung Pate gestanden zu haben, der den früheren Art. 16 der ICC-Verfahrensordnung von 1955 abgelöst hat (welcher mangels einer ausdrücklichen Parteivereinbarung die automatische Anwendung der lex fori vorsah)[18]. Es mag hier dahinstehen, ob die Parteien und die Schiedsrichter das Schiedsverfahren in einem Fall mit internationalem Anknüpfungspunkt ganz und gar von jedem staatlichen Verfahrensrecht loslösen können, wie dies die beiden von der Pariser Cour d'Appel erlassenen Entscheidungen Götaverken und Aksa andeuten[19]. Sicherlich kann das Schiedsverfahren nach seinem Abschluß auf seine Vereinbarkeit mit dem französischen »ordre public international« überprüft werden. Im Rahmen eines ICC-Schiedsverfahrens hat daher der Schiedsrichter (und die Parteien) neben Art. 11, der ihm ein weites Ermessen bei der Verfahrensgestaltung einräumt, immer auch Art. 26 im Auge zu behalten, der dem Schiedsrichter die Pflicht auferlegt, eine so weit wie möglich unangreifbare und vollstreckungsfähige Entscheidung zu erlassen. Wir meinen daher, daß das in Frankreich stattfindende Schiedsverfahren immer an die französische Rechtsordnung »geerdet« bleibt[20], diese allerdings den Parteien und Schiedsrichtern – unter dem Vorbehalt des »ordre public international« – für die Verfahrensgestaltung ein Blankett erteilt; auf ein »staatenloses« Verfahren kann daher nicht geschlossen werden.

Nach Art. 13 der ICC-Verfahrensordnung erstellen die Schiedsrichter mit den Parteien einen *»acte de mission«*, der im Deutschen etwas umständlich als »Schriftstück zur Aufgabenbestimmung des Schiedsrichters« bezeichnet wird. Neben den gängigen Formalien enthält der »acte de mission« eine zusammenfassende Darlegung der Ansprüche der Parteien und bestimmt den Streitgegenstand. Wird dieses Schriftstück von allen Parteien unterzeichnet, wird

17 Vgl. dazu *Bellet/Mezger*, a.a.O., S. 622 f.

18 Vgl. dazu *Jörg Gentinetta*, Die lex fori internationaler Handelsschiedsgerichte, Bern 1973.

19 Vgl. dazu *D. von Breitenstein*, S. 15 ff. (35).

20 Vgl. dazu besonders für eventuell auftretende Fragen im Vollstreckungsstadium: *B. von Hoffmann*, Zur Nationalität internationaler Schiedssprüche, in: IPRax 1981, 30.

man es als eine Schiedsvereinbarung nach Streitentstehung ansehen müssen, durch welche in einer Übergangszeit eventuell auftretende Fragen zur Anwendung des Dekrets vom 12. 5. 1981 in einem frühen Verfahrensstadium ausgeräumt werden. Nach Art. 55 des Dekrets sind nämlich die neuen Vorschriften nur auf Schiedsvereinbarungen anwendbar, welche nach Veröffentlichung des Dekrets abgeschlossen wurden. Eine Schiedsvereinbarung nach Streitentstehung muß aber Vorrang haben vor einer im Vertrag vorgesehenen Schiedsklausel, so daß für den folgenden Verfahrensabschnitt die neuen Bestimmungen des fünften Titels des Vierten Buches der neuen Zivilprozeßordnung Anwendung finden.

Hinsichtlich des vom Schiedsrichter anzuwendenden *materiellen Rechts* gibt Art. 1496 dem Schiedsrichter einen fast unbeschränkten Ermessensspielraum. Abgesehen vom »Tod der Konfliktsregeln«, welcher dem Schiedsrichter den Umweg über die Verweisungsmechanismen des internationalen Privatrechts erspart, ermächtigt Art. 1496 den Schiedsrichter, sich die »règles de droit«, die ihm passenden Rechtsregeln gleichsam »à la carte« zusammenzustellen. *D. von Breitenstein*[21] rät daher, bereits »in der Schiedsklausel das anzuwendende Recht genau zu bezeichnen oder zumindest Vorkehrungen zu treffen, daß das Schiedsgericht sich nicht in einer freien Rechtsfindung hingibt«.

Art. 13 Abs. 3 der ICC-Verfahrensordnung geht hier nicht so weit: Diese Vorschrift überläßt zwar dem Schiedsrichter die Auswahl der Konfliktsregeln, verpflichtet ihn aber zur Bestimmung eines bestimmten materiellen Rechts (unter Berücksichtigung besonderer vertraglicher Bestimmungen und der Handelsbräuche, Art. 13 Abs. 5). Es soll hier nicht abschließend beurteilt werden, ob die Regelung der ICC-Verfahrensordnung (als Parteivereinbarung!) Vorrang vor der allgemeinen Regelung des Art. 1496 haben muß. Die Abfassung des »acte de mission« in einem frühen Verfahrensstadium durch die Parteien und die Schiedsrichter kann hier – möglicherweise anläßlich einer mündlichen Besprechung – Klarheit schaffen, nach welchen Maßstäben die Schiedsrichter den Rechtsstreit entscheiden werden.

V. Der Erlaß des Schiedsspruchs und seine Förmlichkeiten

Die ICC-Verfahrensordnung sieht zur Fällung des Schiedsspruchs eine *Frist von sechs Monaten* ab Erstellung des »acte de mission« vor (Art. 18). Allerdings kann der Schiedsgerichtshof diese Frist auf Antrag des Schiedsgerichts oder auch von Amts wegen verlängern. Die für das interne Recht geltende Frist des Art. 1456 ist damit kraft Parteivereinbarung (durch Bezugnahme auf die Verfahrensordnung) selbst dann ausgeschlossen, wenn das Schiedsverfahren nach französischem Verfahrensrecht durchgeführt wird (Art. 1495).

Nach Art. 21 der ICC-Verfahrensordnung übermittelt der Schiedsrichter seinen Schiedsspruchentwurf dem Schiedsgerichtshof zur *Genehmigung*. In

21 A.a.O., S. 36.

Deutschland vereinzelt gebliebene Stimmen in der Literatur[22], welche darin einen Verstoß gegen die sachliche Unabhängigkeit des Schiedsrichters gesehen haben, hat es in Frankreich – soweit ersichtlich – nicht gegeben.

Der Schiedsgerichtshof kann dem Schiedsrichter Änderungen in der Form vorschreiben. Häufig kommt dies dann vor, wenn der Schiedsrichter einen Schiedsspruch auf der Grundlage eines Vergleichs zwischen den Parteien nach Art. 17 der ICC-Verfahrensordnung zu erlassen hat[23]. Da das UN-Übereinkommen aber keine Vergleichsschiedssprüche kennt, verlangt der Schiedsgerichtshof vom Schiedsgericht einen auf der Grundlage des Vergleichs abgefaßten Tenor im Schiedsspruch, um so einen vollstreckungsfähigen Titel an die Parteien zustellen zu können.

Im übrigen kann der Schiedsgerichtshof den Schiedsrichter nur auf Punkte hinweisen, die den sachlichen Inhalt des Schiedsspruchs betreffen. Dadurch wird die sachliche Unabhängigkeit des Schiedsrichters nicht beeinträchtigt. Nimmt er die (beratende) Meinung des Schiedsgerichtshofs an, wird der Schiedsspruch genehmigt. Bleibt der Schiedsrichter bei seinem Standpunkt, so hat der Schiedsgerichtshof, der hier als Konsultativorgan tätig ist, den Schiedsspruchsentwurf in seiner nächsten Sitzung zu genehmigen. Durch die vorläufige Nichtgenehmigung hat sich das Verfahren somit um etwa einen Monat verlängert. In diesem Zusammenhang ist es interessant zu erwähnen, daß Vollstreckungsprobleme vor allem bei Entscheidungen von Ad hoc-Schiedsgerichten aufgetreten sind, wie aus den Veröffentlichungen des »International Council for Commercial Arbitration« hervorgeht[24].

VI. Ausblick

Das Dekret vom 12. 5. 1981 hat im wesentlichen die frühere Rechtsprechung des französischen Kassationshofs zur internationalen Schiedsgerichtsbarkeit in Frankreich kodifiziert und dadurch besonders dem nichtfranzösischen Juristen zugänglicher gemacht. Die Rechtsprechung wird aber auch in Zukunft manche in der Schiedsgerichtspraxis auftretende Einzelprobleme auf der bisherigen Linie weiterzuentwickeln haben. Neben einer Vereinfachung und gleichzeitigen Beschränkung der Möglichkeiten, einen in einem internationalen Schiedsverfahren ergangenen Schiedsspruch anzugreifen, brachte das Dekret

22 *Schlosser*, Das Recht der internationalen privaten Schiedsgerichtsbarkeit, Tübingen 1975, Rdnrn. 471 ff.; dazu aber *Böckstiegel*, NJW 1977, 465 ff., sowie *Eisemann*, Festschrift für Stödter, 1979, S. 43.

23 Es mag hier darauf hingewiesen werden, daß der Schiedsrichter nur dann einen Schiedsspruch nach Art. 17 der ICC-Verfahrensordnung erläßt, falls eine Partei dies wünscht. Sonst bleibt selbstverständlich immer die Möglichkeit, daß die Parteien das Verfahren in der Hauptsache für erledigt erklären.

24 Das »Yearbook for Commercial Arbitration« des ICCA hat mehr als 100 Entscheidungen zur Anwendung des UN-Vollstreckungsübereinkommens publiziert (1976–1981).

eine gesetzliche Bestätigung der im wesentlichen schon von der Rechtsprechung weitgehend anerkannten Parteiautonomie bei der Verfahrensgestaltung. Die Liberalisierungstendenz des Dekrets deckt sich im wesentlichen mit der Anerkennung einer weiten Parteiautonomie, welche die ICC-Schiedsverfahrensordnung prägt.

Die »Nothelferfunktionen« (wie z. B. die Zusammensetzung und notfalls Ergänzung des Schiedsgerichts, die Schiedsrichterablehnung) bleiben nach dem Dekret der schiedsgerichtlichen Lösung durch den Schiedsgerichtshof auf der Grundlage der ICC-Verfahrensordnung vorbehalten. Hier wird der staatliche Einfluß bewußt zurückgehalten, um dem Parteiwillen größtmöglichen Spielraum einzuräumen. In jedem Schiedsverfahren hat der Schiedsrichter den richtigen Weg zu finden »zwischen der Skylla der Parteivereinbarungen und der Charybdis der nationalen Rechtsordnung, welche die Parteivereinbarungen nicht oder nur zum Teil anerkennt«[25].

In Frankreich, so scheint es, haben die Parteien und die Schiedsrichter genügend Manövrierraum, um ein internationales Schiedsverfahren auch spezifisch nach vom nationalen Recht für den Binnenhandel zugeschnittenen Kriterien zu lösen und sie einer »internationalen« Entscheidung zuzuführen.

25 *K. H. Schwab*, Schiedsgerichtsbarkeit, 3. Aufl. 1979, S. 383.

VI. Die »Amiable Composition«

Von Rechtsanwalt Roland Funck-Brentano, Paris

Das Dekret vom 12. 5. 1981, das Bestandteil der französischen Neuen Zivilprozeßordnung (Nouveau Code de Procédure Civile) ist und dessen viertes Buch die Schiedsgerichtsbarkeit behandelt, erwähnt die »amiable composition« (den Schiedsspruch nach Billigkeit) an mehreren Stellen.

Im zweiten Teil des Dekrets – »Das anhängige Schiedsverfahren« – bestimmt Artikel 1474: »Der Schiedsrichter entscheidet die Streitigkeit gemäß den Rechtsvorschriften, es sei denn, die Parteien haben ihm in der Schiedsvereinbarung das Amt übertragen, *als ›amiable compositeur‹ zu urteilen.«*

Im vierten Teil – »Rechtsbehelfe« – sieht Artikel 1482 vor, daß gegen den Schiedsspruch, sofern die Parteien nichts anderes vereinbart haben, keine Berufung eingelegt werden kann, wenn der Schiedsrichter berufen ist, als »amiable compositeur« zu entscheiden. Gemäß Artikel 1483 entscheidet das Berufungsgericht im Falle einer Berufung als »amiable compositeur«.

Im fünften Teil – »Internationale Schiedsgerichtsbarkeit« – bestimmt Artikel 1497: »Der Schiedsrichter entscheidet als ›amiable compositeur‹, wenn die Vereinbarung der Parteien ihm dieses Amt übertragen hat.«

So bündig die Vorschriften des Artikel 1474, der sich mit der innerstaatlichen Schiedsgerichtsbarkeit befaßt, und des Artikel 1497, der sich auf die internationale Schiedsgerichtsbarkeit bezieht, gefaßt sind, erkennen sie doch die »amiable composition« als mögliche schiedsrichterliche Verfahrensweise an. Damit stehen sie in der Tradition des Code Napoléon, der in Artikel 1019 des Code de Procédure alter Fassung bestimmte: »Die Schiedsrichter und Obmänner entscheiden nach dem Recht, wenn sie die Schiedsklausel nicht ermächtigt, ihren Spruch als ›amiables compositeurs‹ zu fällen.«

Bekanntlich bereitet im internationalen Bereich die Anerkennung der »amiable composition« nachhaltige Schwierigkeiten, die sich im Wortlaut des Genfer Übereinkommens widerspiegeln. Eine Reihe von nationalen Rechtsordnungen erkennt die Gültigkeit einer »amiable composition« nicht an[1].

1 *Eric Loquin,* L'amiable composition en droit comparé et international, Rdnrn. 35 ff.

Man unterscheidet dabei:

1. die nationalen Rechtsordnungen, die – meist durch den Code Napoléon inspiriert – ausdrücklich zwischen dem Rechtsschiedsrichter und dem »amiable compositeur« differenzieren (insbesondere Frankreich, die Niederlande, Belgien, Schweiz und Spanien);
2. die nationalen Rechte, die die beiden Arten von Schiedsverfahren im Prinzip nicht unterscheiden (insbesondere Deutschland, Skandinavien, USA und Japan);
3. die Rechtsordnungen, die nur das rein rechtliche Schiedsverfahren anerkennen und die »amiable composition« ablehnen (dazu gehören insbesondere England und die Länder des Commonwealth). Was die »amiable composition« angeht, betont *Cohn* den »absonderlichen Charakter einer Einrichtung, die glücklicherweise in England und in anderen Ländern unbekannt ist«[2].

Dabei scheint es – worauf *Marx* hinweist –, daß die »amiable composition« sich nur deshalb als Hindernis einer Vereinheitlichung im Recht der Schiedsgerichtsbarkeit darstellt, weil dieses Rechtsinstitut falsch interpretiert wird[3].

Die Verkündung des Dekrets Nr. 81-500 vom 12. 5. 1981 gibt Gelegenheit, es zu versuchen, einen Teil der schweren Mißverständnisse über das Wesen der »amiable composition« auszuräumen. Diese entspricht kaum der »es gut meinenden, aber sumpfigen« Geisteshaltung, von der ein englischer Jurist spricht[4].

Der in Frankreich kürzlich verkündete neue Verordnungstext erlaubt es, die im Ausland verbreitete Meinung zu widerlegen, den »amiables compositeurs« werde eine absolute Freiheit eingeräumt. Die Schiedsrichter bleiben an eine »rechtliche Ordnung« gebunden, die strenger ist, als man gemeinhin annimmt. Weiter wird aufzuzeigen sein, daß sich der Rechtsschiedsrichter und der »amiable compositeur« nur in Nuancen unterscheiden.

Im folgenden wird im Anschluß an eine Analyse des neuen Dekrets vom 12. 5. 1981 (I) versucht, den Zusammenhang zwischen dem Schiedsspruch nach Billigkeit (»amiable composition«) und der Anwendung rechtlicher Regeln im inländischen (II) und im internationalen Bereich (III) aufzuzeigen.

I. Die Vorschriften des Dekrets Nr. 81–500 vom 12. 5. 1981

a) Verfahrensrechtliches

Der Artikel 1009 des alten Code de Procédure Civile lautete: »Die Parteien und die Schiedsrichter folgen, was das Verfahren anbelangt, den Fristen und

2 *Eric Loquin*, a.a.O., Rdnrn. 25 ff.

3 *Marx*, Amiable composition, contribution to the problem of uniform international commercial arbitration, Arbitration Journal, 1946.

4 *Halt V. Markham*, zitiert nach *David*, Introduction à l'étude du droit comparé d'Angleterre, S. 175, Anm. 2; vgl. *Loquin*, a.a.O.

Formen, die für die Gerichte gelten, sofern die Parteien nichts anderes vereinbart haben.«

Die Rechtsschiedsrichter waren demgemäß, außer im Falle abweichender Vereinbarung, verpflichtet, den Verfahrensvorschriften der staatlichen Gerichte zu folgen, während der »amiable compositeur« nach Artikel 1019 des alten Code nicht an die Verfahrensregeln und Formalien gebunden war. Dies hatte die Cour de Cassation in einem Urteil vom 21. 2. 1966 bestätigt[5].

Wenn der neue Code de Procédure Civile, was das Verfahren betrifft, auch keine eigenen Regeln für die »amiable composition« vorsieht, hat er doch die die Schiedsgerichtsbarkeit allgemein regelnden Verfahrensvorschriften von Grund auf geändert. Ebensoweit gilt Artikel 1460: *»Die Schiedsrichter bestimmen das schiedsgerichtliche Verfahren, ohne an die Vorschriften gebunden zu sein, die für die Gerichte gelten, es sei denn, die Parteien haben in der Schiedsvereinbarung anderes entschieden.«*

Deshalb gelten zum Verfahren die gleichen Vorschriften für die Rechtsschiedsgerichtsbarkeit und die »amiable composition«. Die wesentlichen Grundsätze des Verfahrens, die im zweiten Titel des Dekrets niedergelegt sind, sind gleichermaßen einschlägig.

Wenn es dem Schiedsrichter auch grundsätzlich freisteht, das schiedsgerichtliche Verfahren festzulegen und insoweit nicht auf bestimmte Grundsätze Bezug genommen wird, hat der Schiedsrichter doch gewisse Vorschriften der neuen Verordnung zu beachten. Die wichtigsten sind:

– Mangels anderweitiger Parteivereinbarung ist der Schiedsspruch binnen sechs Monaten zu fällen.
– Falls eine der Parteien das Schiedsverfahren behindert, kann der Schiedsrichter den Präsidenten des örtlich zuständigen Tribunal de Grande Instance anrufen.
– Eine Beweisaufnahme wird unmittelbar vor dem Kollegium der Schiedsrichter durchgeführt.

Der Schiedsrichter als »amiable compositeur« kann – wie der Rechtsschiedsrichter – selbst über die Gültigkeit und die Grenzen seiner Bestellung entscheiden, wenn diese bestritten werden.

So läßt sich festhalten, daß, was das Verfahren anbelangt, die Befugnisse des Rechtsschiedsrichters und die des »amiable compositeur« die gleichen sind. Das ist eine »Revolution« im Verhältnis zum Rechtszustand unter der Geltung des alten Code.

Der Schiedsrichter genießt als »amiable compositeur« bei Anwendung französischen Rechts und bezogen auf den Verfahrensgang keine größeren Freiheiten als der Rechtsschiedsrichter. Der eine wie der andere sind, soweit ihnen von den Parteien nichts anderes aufgegeben wurde, frei, das schiedsgerichtliche Verfahren nach ihrem Gutdünken zu bestimmen. Gebunden sind sie nur an die wesentlichen Grundsätze (»principes directeurs«), die das Dekret statuiert.

5 J.C.P. 1966.II.14828, Anm. *Level.*

Hinsichtlich des Verfahrens differenziert das neue Dekret nicht zwischen dem Rechtsschiedsrichter und dem Schiedsrichter als »amiable compositeur«.

b) Der Schiedsspruch

Der alte Artikel 1019 des französischen Code de Procédure Civile lautete: »Die Schiedsrichter und Obmänner entscheiden nach den Rechtsvorschriften, wenn sie die Schiedsklausel nicht ermächtigt, ihren Spruch als ›amiables compositeurs‹ zu fällen.«

Im Grundsatz war somit davon auszugehen, daß die Regeln des Rechts anwendbar waren. Die Parteien konnten jedoch gelegentlich des Schiedsvertrages vorsehen, daß die Schiedsrichter ihre Entscheidung nach billigem Ermessen unter Außerachtlassung eines Rechtssatzes begründen dürften.

Gleichwohl war nach der Rechtsprechung die Loslösung von den Rechtsvorschriften nicht schrankenlos. Der »amiable compositeur« durfte genausowenig zwingende Rechtsnormen übergehen, wie er etwas zusprechen durfte, was nicht beantragt war (ne ultra petita); darüber hinaus war er verpflichtet, seinen Spruch mit einer Begründung zu versehen[6].

Das Dekret von 1981, das das vierte Buch des neuen Code de Procédure Civile bildet, nimmt in seinem Artikel 1474 den bislang in Artikel 1019 a. F. zum Ausdruck gekommenen Gedanken wieder auf: *»Der Schiedsrichter entscheidet den Rechtsstreit nach den Rechtsvorschriften, es sei denn, die Parteien haben ihm in der Schiedsvereinbarung das Amt übertragen, als ›amiable compositeur‹ zu entscheiden.«*

Die Schiedsklausel (oder die Schiedsvereinbarung, die als solche im alten Code de Procédure Civile nicht erwähnt war) sind in den Artikeln 1442 bis 1446 des neuen Dekret geregelt.

Das Dekret geht folglich über den dargelegten Grundsatz nicht hinaus; der Schiedsrichter entscheidet nur dann als »amiable compositeur«, wenn die Parteien es so gewollt haben.

Artikel 1482 bestimmt: »Wenn der Schiedsrichter beauftragt worden ist, als ›amiable compositeur‹ zu entscheiden, findet gegen den Schiedsspruch keine Berufung statt.«[7]

Unter der Geltung des alten Rechts war die Lehre der Ansicht, eine Berufung gegen einen Schiedsspruch nach Billigkeit (Schiedsspruch eines »amiable compositeur«) sei schwerlich mit dem Prinzip der Entscheidung nach Billigkeit (»amiable composition«) vereinbar, denn dieses ginge davon aus, daß von einem Rechtssatz abgewichen werden könne, während ein Berufungsgericht gezwungen sei, den betreffenden Rechtssatz anzuwenden[8].

6 Paris 7. 2. 1957, D. 57.251; Paris 10. 11. 1964, J.C.P. 1966.II.14625, Anm. *Boulbes*.
7 Im französischen Recht kann gegen einen Schiedsspruch grundsätzlich Berufung bei der Cour d'Appel eingelegt werden.
8 J.C.P. 1966.II.14558, mit Anm. P. L.

Noch vor der Reform von 1981 hatte die Cour de Cassation diesen Streit in ihrem Urteil vom 9. 1. 1979[9] dahin entschieden, daß eine Berufung zulässig sei, wobei das Berufungsgericht selbst nach Billigkeit zu entscheiden habe.

Die Reform vervollständigt und bestätigt diese Rechtsprechung. Nach Artikel 1483 a. F. können sich die Parteien das Recht vorbehalten, gegen die Entscheidung eines »amiable compositeur« Berufung einzulegen. Artikel 1483 präzisiert darüber hinaus: »Der Berufungsrichter entscheidet als »amiable compositeur‹, wenn der Schiedsrichter dieses Amt hatte«.

Artikel 1484 sieht vor, daß die Parteien, wenn sie ausdrücklich auf eine Berufung verzichtet haben oder dies stillschweigend dadurch getan haben, daß sie den Schiedsrichter beauftragt haben, als »amiable compositeur« zu entscheiden, gleichwohl und gegen jede anders lautende Vereinbarung in den folgenden Fällen eine Aufhebungsklage erheben können:

1. wenn dem Schiedsspruch keine Schiedsvereinbarung oder eine unwirksame oder ausgelaufene Schiedsvereinbarung zugrunde liegt,
2. wenn das Schiedsgericht vorschriftswidrig zusammengesetzt oder der Einzelschiedsrichter vorschriftswidrig benannt worden war,
3. wenn der Schiedsrichter den Spruch unter Verletzung des ihm erteilten Auftrages gefällt hat,
4. wenn der Grundsatz des rechtlichen Gehörs verletzt worden ist,
5. in allen in Artikel 1480 vorgesehenen Fällen, d. h.:
   - wenn die Entscheidung nicht mit Gründen versehen ist,
   - wenn der Name des oder der Schiedsrichter und das Datum der Entscheidung nicht angegeben worden sind,
   - wenn der Schiedsspruch von dem oder den Schiedsrichtern nicht unterschrieben worden ist,
6. wenn der Schiedsrichter gegen eine zwingende Vorschrift verstoßen hat.

Es sei darauf hingewiesen, daß die sechs gerade aufgeführten Fälle gleichermaßen für den Schiedsspruch eines Rechtsschiedsrichters wie für den eines »amiable compositeur« gelten.

Demgemäß erweisen sich die Schranken des Freiraumes, den die Schiedsrichter als »amiables compositeurs« genießen – auch im Vergleich mit dem den Rechtsvorschriften unterworfenen Schiedsverfahren – als sehr viel größer, als es auf den ersten Blick erscheinen könnte.

II. Die »amiable composition« und die Anwendung rechtlicher Regeln

Auch wenn er nach billigem Ermessen entscheidet, wird der Schiedsrichter als »amiable compositeur« doch in dem Maß an die Rechtsvorschriften gebunden, als Artikel 1484 des neuen Code de Procédure Civile selbst für die »amiable composition« die Berufung zuläßt.

Wenn er die zwingenden Erfordernisse dieser Vorschrift nicht beachtet, kann seine Entscheidung durch die von der beschwerten Partei angerufene Cour

9 Rev.arb. 1979, 468 mit Anm. *Loquin;* D. 1980, 204 mit Anm. *Robert.*

d'Appel aufgehoben werden. Dies selbst dann, wenn die Möglichkeit einer Berufung von den Parteien gar nicht vereinbart worden war.

Die Vorschrift des Artikel 1484

1. Daß der Schiedsspruch für nichtig erklärt werden kann, wenn die Parteien gar nicht vereinbart hatten, ihren Rechtsstreit durch Schiedsspruch entscheiden zu lassen, oder wenn die Schiedsvereinbarung nichtig ist, bedarf keines besonderen Kommentars. Dies um so mehr, als der Streit um die Eigenständigkeit der Schiedsvereinbarung gegenüber dem Vertrag im übrigen indirekt im Rahmen des Artikel 1466 gelöst wird.

Für die internationale Schiedsgerichtsbarkeit ist die Eigenständigkeit der Schiedsabrede im Verhältnis zum Rechtsvertrag durch das Urteil i. S. *Gosset* vom 7. 5. 1963 anerkannt worden[10].

Für das nationale Recht entscheidet die Vorschrift des Artikel 1466 den Streit, ob die Schiedsrichter selbst über ihre Zuständigkeit entscheiden dürfen, der über lange Jahre Rechtsprechung und Lehre gespalten hatte, auf liberale Weise.

Der Schiedsrichter – sei er nun Rechtsschiedsrichter oder »amiable compositeur« – entscheidet von nun ab selbst über die Gültigkeit und die Grenzen seiner Bestellung. Diese Entscheidung ist freilich, nachdem der Schiedsspruch gefällt ist, mit der Möglichkeit einer Nachprüfung durch die im Rahmen des Artikel 1484 angerufene Cour d'Appel belastet.

Wenn man bedenkt, daß der Schiedsrichter künftig unter den Voraussetzungen des Artikel 1456 eine Verlängerung seiner auf sechs Monate befristeten Bestellung durch den Präsidenten des Tribunal de Grande Instance verlangen kann, erscheint es unwahrscheinlich, daß Schiedssprüche allzu häufig wegen Ablaufs der Bestellungsfrist annulliert werden.

2. Die Verpflichtung des Schiedsrichters (des »amiable compositeur« wie des anderen), darauf zu achten, daß er ordnungsmäßig bestellt wurde, bedarf keines Kommentars.

3. Dagegen wirft die Verpflichtung des Schiedsrichters, im Rahmen und unter Beachtung des ihm erteilten Auftrages zu entscheiden, vielfältige und schwerwiegende Fragen auf.

Der Auftrag des Schiedsrichters, der von der Verpflichtung, sich an die Rechtsvorschriften zu halten, befreit ist, wird in seinem Umfang zweifellos durch die Abrede bestimmt, die ihn mit seiner schiedsrichterlichen Gewalt ausstattet und ihn von der Befolgung der Rechtsnorm freistellt.

Einige Autoren sahen schon in der bloßen Vereinbarung eines Verzichts auf die rechtlichen Regeln eine Vermutung für die »amiable composition«. Dies dürfte seit der Reform nicht mehr zutreffen, denn Artikel 1474 verlangt, daß

10 Cass. 7. 5. 1963, *Gosset*, Rev.crit.dr.int.pr. 1963, 615 mit Anm. *Motulsky;* D. 1963.I. 545 mit Anm. *Robert.*

die Parteien den Schiedsrichter beauftragt haben, nach Billigkeit zu entscheiden, wobei sie sich sogar noch die Möglichkeit einer Berufung offen halten können (Artikel 1482)[11].

Desgleichen können die Parteien die Schiedsgewalt eines Schiedsrichters als »amiable compositeur« auf solche Streitigkeiten beschränken, die die Art und Weise der Erfüllung des Vertrages betreffen.

Eine solche Bestimmung zwingt den »amiable compositeur«, sich an die Bestimmungen des Vertrages zu halten.

Wie aber ist dagegen der Auftrag des Schiedsrichters einzugrenzen, wenn solche Konkretisierungen fehlen?

Darf er beispielsweise den ihm vorliegenden Rechtsstreit entscheiden, ohne sich an den Wortlaut des Vertrages zu halten, indem er beispielsweise eine Preisberechnungsbestimmung, eine die Gewährleistung beschränkende Klausel oder den klaren und präzisen Wortlaut einer Vertragsstrafeklausel außer acht läßt?

Die Frage gewinnt vor allem im Hinblick auf die Zunahme langfristiger Verträge, die den Zufällen wirtschaftlicher und politischer Veränderung unterworfen sind, an Bedeutung.

Das Dekret von 1981 schweigt insoweit, es gibt nahezu keine Rechtsprechung dazu, und auch die Lehre gibt keine Antwort.

Im Anschluß an *Loquin* scheint es uns, daß das Ausmaß der Spruchgewalt des »amiable compositeur« im Hinblick auf den Vertrag durch die Analyse der rechtlichen Natur der »amiable composition« umgrenzt werden kann[12].

Die Vereinbarung der »amiable composition« erweist sich nämlich als ein Verzicht auf die Rechte und Sicherungen, die das Recht, aber auch der Vertrag, selbst gewähren, denn die strenge Anwendung der Vereinbarkeit bedeutet ein Abgehen vom Parteiwillen, wie er bei Vertragsschluß zum Ausdruck gekommen ist oder zu mutmaßen war.

Was internationale Verträge betrifft, »wird die dynamische Verpflichtung, sich den konkreten Anforderungen und eventuellen Veränderungen der Wirtschaft und der Technik anzupassen, der statischen Vereinbarung des sich auf erworbene Rechte Zurückziehenkönnens vorgezogen«. Daher eine Abschwächung des aus dem ursprünglichen Willensaustausch geschlossenen rechtlichen Zwangs.

Belegen läßt sich dies anhand der Vervielfachung von Härteklauseln in internationalen Verträgen, mit denen adäquate Lösungen zu einer notwendigen Neugewichtung des Vertrages, insbesondere bei Veränderungen der wirtschaftlichen Lage oder der monetären Risiken, gefunden werden sollen[13].

Wenn die Parteien in einer Vereinbarung die »amiable composition« vorsehen, läßt dies vermuten, daß sie damit den Schiedsrichter stillschweigend er-

11 Nach altem Recht war der Ausschluß einer Berufung mit der Bestellung als »amiable compositeur« gleichbedeutend.

12 *Eric Loquin,* a.a.O., Rdnrn. 463 ff.

13 Droit et Pratique du Commerce International, März 1976, Bd. II, Nr. 1.

mächtigen, den Vertrag nötigenfalls wieder anzugleichen. Für den Rechtsschiedsrichter gilt dagegen der Rechtssatz vom Wegfall der Geschäftsgrundlage (clausula rebus sic stantibus).

Diese Ermächtigung des Schiedsrichters als »amiable compositeur« ist auf die vertraglichen Rechte der Parteien beschränkt. Insoweit verfügt er aber über ein Recht des Ausgleichs, das er zur Wiederherstellung des vertraglichen Gleichgewichts einsetzen muß. Dieses Gleichgewicht werden die Parteien nur dann nicht gewollt haben, wenn der Vertrag spekulativen Charakter besitzt.

So hat der »amiable compositeur« die Befugnis, eine fällige Schuld des Beklagten neu zu bewerten, wenn »der wirkliche Wert der Leistungen der einen Partei im Hinblick auf die Abwertung des Franc nicht mehr den vom Kläger erbrachten Leistungen entspricht« (Urteil i. S. *Jugoslawische Regierung ./. Société Européenne d'Etude et d'Entreprise*)[14]. Desgleichen kann er umgekehrt den Betrag der fälligen Vertragsschuld einer Partei herabsetzen, wenn er der Auffassung ist, daß diese im Verhältnis zum Wert der Gegenleistung unverhältnismäßig ist *(Montsouris ./. Pathé)*.

Die Cour de Paris erinnert im zuletzt zitierten Urteil daran, »daß es dem ›amiable compositeur‹ erlaubt ist, den Rechtsstreit zu entscheiden, indem er sich an der Billigkeit orientiert, so wie sie sich ihm darstellt«[15].

Auch wenn der »amiable compositeur« mit einem Recht des »Ausgleichs« der Rechte, über die die Parteien aus dem Vertrag verfügen, ausgestattet ist, scheint es dagegen nicht so, daß er die Möglichkeit besäße, den Vertrag für die Zukunft abzuändern. Ein solches Recht kann aus dem stillschweigenden Vertragswillen der Parteien, die die »amiable composition« vereinbart haben, nicht geschlossen werden und entspräche auch nicht der Aufgabe des Schiedsrichters, Recht zu sprechen.

Es scheint uns in der Tat, daß der Schiedsrichter als »amiable compositeur« zwar über weitgehende Rechte verfügt, was die Vertragsauslegung und die ihm aufgetragene Beilegung des Rechtsstreits anbelangt, diese Rechte aber ihre natürliche Grenze in der Definition des Rechtsstreits, der ihm vorgelegt wird, d. h. im Streitgegenstand, finden und nicht auf die Begründung von Pflichten ausgedehnt werden können.

Die Schiedsklausel der »amiable composition« vermag es jedenfalls nicht, dem Schiedsrichter das Recht zu übertragen, den Parteiwillen zu ergänzen oder zu konkretisieren, wenn es nicht um ein vertraglich erworbenes Recht geht. Eine solche Befugnis steht nicht dem Schiedsrichter zu, sondern allenfalls einem gemeinschaftlich von den Parteien dazu Beauftragten.

4. Die Verpflichtung, den Grundsatz des rechtlichen Gehörs zu beachten, entspringt dem zwingenden Prozeßrecht ebenso wie die Verpflichtung, die Entscheidung zu begründen, und die Bindung an die Parteianträge.

14 Paris 29. 1. 1975, Clunet 1975, 136 mit Anm. *Oppetit*.
15 Paris 14. 1. 1977, Rev.arb. 1977, 182 mit Anm. *Robert*.

Weil er eine rechtsprechende Funktion ausübt, ist der »amiable compositeur« an zwei wesentliche Grundsätze gebunden:

a) das rechtliche Gehör, das ihn verpflichtet, seinen Spruch nur auf Tatsachen zu gründen, die beiden Parteien bekannt waren,
b) die Begründung des Spruchs.

Natürlich muß der Schiedsspruch nicht rechtlich begründet werden, denn seine Funktion als »amiable compositeur« entbindet den Schiedsrichter davon. Doch ist der »amiable compositeur« gehalten, auf die Argumente der Parteien einzugehen. Das heißt nicht, daß er sie alle im Detail nachzeichnen müßte[16]. Es obliegt ihm aber, die Angriffs- und Verteidigungsmittel, die er verwirft, zu entkräften, wenn dies im Hinblick auf die Schlüssigkeit seiner Entscheidung notwendig erscheint (Artikel 1471).

5. Darüber hinaus muß der Schiedsrichter seine Entscheidung unterschreiben und datieren. Falls der Spruch von einem Schiedsgericht gefällt wird, muß er von allen Schiedsrichtern unterschrieben werden. Wenn eine Minderheit der Schiedsrichter dies verweigert, genügt es, daß dies in der Entscheidung vermerkt wird.

6. Die dem »amiable compositeur« eingeräumte Freiheit wird schließlich durch die Verpflichtung, sich an das zwingende Recht zu halten, begrenzt.

Insoweit gilt für den Schiedsrichter »amiable compositeur« und den Rechtsschiedsrichter das gleiche. Auch der »amiable compositeur« ist hier gebunden.

Artikel 6 des französischen Code Civil bestimmt: »Die Gesetze, die die öffentliche Ordnung und die guten Sitten betreffen, können durch vertragliche Vereinbarung nicht abbedungen werden.«

Folglich kann der Entschluß der Parteien, ihren Rechtsstreit nicht nach den Regeln des Rechts entscheiden zu lassen, den Schiedsrichter nicht dazu ermächtigen, von zwingenden Rechtsvorschriften abzusehen. Die Vereinbarung der Parteien beinhaltet – als Ausfluß des Prinzips der Vertragsfreiheit – die gleichen Beschränkungen, der auch die Privatautonomie selbst unterliegt: Der Wille des einzelnen bleibt machtlos, wenn er die öffentliche Ordnung (den ordre public) beeinträchtigen würde.

Die Schwierigkeiten bei der Anwendung dieser Regel rühren vom vielgestaltigen Charakter des zwingenden Rechts her. Teilweise sind Rechtsregeln aus Gründen des Allgemeininteresses unabdingbar. Das ist z. B. beim zwingenden Wirtschaftsrecht der Fall.

Teilweise geht es aber auch um den Schutz des einzelnen, und in diesem Falle ist der Geschützte in der Lage, auf den einmal genossenen Schutz zu verzichten.

Die Befugnisse des »amiable compositeur« im Hinblick auf das zwingende Recht sind aufs engste mit der Befugnis der Parteien, die ihn berufen haben, verknüpft, von den Rechtsvorschriften abzuweichen. So hat die Cour de

16 Cass.Com. 29. 5. 1972, Rev.arb. 1973, 20 mit Anm. *Loquin.*

Cassation den Grundsatz aufgestellt, daß »der ›amiable compositeur‹ alles entscheiden kann, was die Parteien im Vergleichswege hätten vereinbaren können«[17].

So verfügt der »amiable compositeur« über eine umfassende Handlungsfreiheit bei abdingbaren Rechten, wo die Parteien stets auf die sich aus diesen Gesetzen ergebenden Vorteile verzichten können.

Es muß jedoch gleichwohl unterstrichen werden, daß die französische Rechtsprechung es dem »amiable compositeur« untersagt, sich über die Einrede der Rechtskraft hinwegzusetzen, außer wenn die Parteien es ausdrücklich verabredet haben.

Dagegen kann der »amiable compositeur« nicht den Rechtsvorschriften ausweichen, deren Abbedingung das Recht verbietet.

Das gilt für die Rechtsvorschriften, die überhaupt keinen Eingriff durch den Willen einzelner erlauben, d. h. jene, die die öffentliche Ordnung im Kern berühren und das Allgemeininteresse schützen.

Artikel 2060 des neuen Code de Procédure Civile bestimmt: »In Sachen, die die öffentliche Ordnung betreffen, kann man sich nicht vergleichen.«

Eine strenge Auslegung dieser Vorschrift würde zu dem Satz führen, daß jeder Rechtsstreit, der unter Umständen die öffentliche Ordnung berührt, nicht eines Schiedsverfahrens fähig ist.

Diese Theorie ist von der Rechtsprechung abgelehnt worden. Die Schiedsvereinbarung könne nicht aus dem Grunde nichtig sein, daß die schiedsrichterliche Tätigkeit an zwingenden Normen auszurichten sei und möglicherweise Fragen beträfe, die die öffentliche Ordnung angingen[18].

Es muß deshalb zwischen Streitigkeiten unterschieden werden, für die das schiedsgerichtliche Verfahren nicht in Betracht kommt, weil sie den Kern der öffentlichen Ordnung angehen (z. B. Konkursrecht, Familienrecht), und solchen, die die öffentliche Ordnung nur berühren.

- Im ersten Fall ist die Schiedsvereinbarung nichtig, weil sie einen des Schiedsverfahrens nicht fähigen Bereich betrifft.
- Im zweiten Fall hat der »amiable compositeur« das einschlägige zwingende Recht während des schiedsrichterlichen Verfahrens und bei der Fällung des Schiedsspruches zu beachten[19].

III. Die »amiable composition« in der internationalen Schiedsgerichtsbarkeit

Indem er einen fünften Titel über »die internationale Schiedsgerichtsbarkeit« in das vierte Buch des neuen Code de Procédure Civile, das sich mit der Schiedsgerichtsbarkeit befaßt, aufnimmt, schafft der französische Gesetzgeber in diesem Bereich Neues.

17 Cass.Req. 27. 2. 1823, Jur.gén.Dalloz, Arbitrage, Nr. 1025, 4.
18 Cass. 29. 11. 1950, Rev.trim.dr.com. 1951, 56.
19 Cass.Civ. 20. 12. 1965, Rev.arb. 1966, 16.

Artikel 1497 bestimmt: »Der Schiedsrichter entscheidet als ›amiable compositeur‹, wenn die Vereinbarung der Parteien ihm dieses Amt übertragen hat.«

Dabei fällt auf, daß der Wortlaut der Vorschrift zwar das in Artikel VII Abs. 2 des Europäischen Übereinkommens über die Internationale Handelsschiedsgerichtsbarkeit vom 21. 4. 1961[20] zum Ausdruck gekommene Prinzip übernimmt, nämlich daß ein unzweideutig erklärter Wille der Parteien notwendig ist; die Vorschrift aber von der im Übereinkommen enthaltenen Einschränkung absieht, wonach dieser Wille der Parteien nur gilt, »wenn das für das schiedsrichterliche Verfahren maßgebende Recht es gestattet«.

Diese Einschränkung ist eine Folge des Unterschieds zwischen den Ländern, die die »amiable composition« ausdrücklich anerkennen, und denen, die sie ablehnen.

Es liegt auf der Hand, daß der französische Gesetzgeber einer solchen Dualität nicht Rechnung zu tragen hatte, zumal es hier um eine Vorschrift geht, deren primärer Zweck die rechtliche Durchsetzbarkeit internationaler Schiedssprüche ist, soweit diese in Frankreich vollstreckt werden.

a) Das Verfahren

Artikel 1494 bestätigt den Vorrang der Willens- und Vertragsfreiheit, indem er es den Parteien überläßt, das von ihnen gewünschte Verfahren zu wählen. Sie können zu diesem Zweck eigens eine Verfahrensordnung schaffen, auf eine bestehende Schiedsgerichtsordnung verweisen oder ein beliebiges Verfahrensrecht in Bezug nehmen.

Wenn die Schiedsvereinbarung insoweit schweigt, bestimmt der Schiedsrichter, gleich ob er »amiable compositeur« ist oder nicht, das Verfahren. Dabei kann er das Verfahren unmittelbar festlegen, er kann aber auch ein bestimmtes Verfahrensrecht oder eine Schiedsgerichtsordnung in Bezug nehmen.

Ist der Schiedsrichter, der sein Verfahren selbst bestimmen kann, im Falle eines sich in Frankreich abspielenden Schiedsgerichtsverfahrens durch die in Artikel 1460 aufgezählten wesentlichen Grundsätze gebunden?

Wir glauben, das verneinen zu können, soweit nicht die wesentlichen Grundsätze Ausdruck des internationalen ordre public sind.

Dafür spricht auch der Wortlaut des neuen Artikel 1495: »Wenn das internationale Schiedsverfahren dem französischen Recht unterliegt, kommen die Bestimmungen des I., II. und III. Titels dieses Buches nur bei Fehlen einer besonderen Vereinbarung (...) zur Anwendung.«

Da nun der »amiable compositeur« schon von seiner Definition her von der Verpflichtung befreit ist, sich an die Regeln des Rechts zu halten, gelten die Bestimmungen der Titel I, II und III der Verordnung vom 12. 5. 1981 für ihn nicht.

Weiter stellt sich die Frage, ob es dem »amiable compositeur« freisteht, unter der Voraussetzung, daß sich das Schiedsverfahren in Frankreich abspielt

20 BGBl. 1964 II S. 426.

und die Parteien keine Bestimmung hinsichtlich des Verfahrens getroffen haben, auf Artikel 1493 Abs. 2 zurückzugreifen. Artikel 1493 Abs. 2 bestimmt: »Wenn für in Frankreich stattfindende Schiedsverfahren oder für solche, derentwegen die Parteien die Anwendung des französischen Verfahrensrechtes vorgesehen haben, die Bestellung des Schiedsgerichtes auf eine Schwierigkeit stößt, kann die betreibende Partei, mangels abweichender Vereinbarung, den Präsidenten des Tribunal de Grande Instance von Paris entsprechend der Regelung des Artikels 1457 anrufen.«

Wir glauben diese Frage positiv beantworten zu können, obwohl die Vorschrift des Artikel IV Abs. 2 und 3 des Europäischen Übereinkommens über die Internationale Handelsschiedsgerichtsbarkeit vorsieht, daß in den Fällen der Säumnis oder wenn die Parteien sich nicht einigen, die Zuständigkeit beim Präsidenten der örtlich zuständigen Handelskammer des Staates liegt, in dem der Beklagte seinen gewöhnlichen Aufenthalt oder Sitz hat, oder beim Präsidenten der örtlich zuständigen Handelskammer des Landes, wo sich der Ort befindet, den die Parteien für die Durchführung des schiedsrichterlichen Verfahrens bestimmt haben. Dies um so mehr, als das »Arrangement« zum Europäischen Übereinkommen, das vom 17. 12. 1962 datiert, bei Schwierigkeiten auf das zuständige Gericht verweist.

Es scheint in der Tat, daß der »amiable compositeur«, in Anbetracht dessen, daß es ihm freisteht, die Begründung seines Schiedsspruchs auch dem Gesetz zu entnehmen, und auf der Grundlage der Freiheit, über die er verfügt, auch in der Lage ist, nach Artikel 1457 vorzugehen.

Ein solches Vorgehen würde durch das New Yorker Übereinkommen über die Anerkennung und Vollstreckung ausländischer Schiedssprüche[21] gerechtfertigt, wonach die Anerkennung und Vollstreckung des Schiedsspruches unter anderem dann versagt werden kann, wenn ». . . die Bildung des Schiedsgerichtes oder das schiedsrichterliche Verfahren der Vereinbarung der Parteien oder, mangels einer solchen Vereinbarung, dem Recht des Landes, in dem das schiedsrichterliche Verfahren stattfand, nicht entsprochen hat« (Artikel V Abs. 1 d).

b) Der Schiedsspruch

Die Fassung des Artikel 1496 wirft die Frage auf, ob im Bereich der internationalen Schiedsgerichtsbarkeit die Vorschrift des Artikel 1497, die für das französische Recht die Rechtmäßigkeit der »amiable composition« bestätigt, überhaupt eine Bedeutung hat.

Artikel 1496 bestimmt: »Der Schiedsrichter entscheidet die Streitigkeit entsprechend den Rechtsvorschriften, welche die Parteien gewählt haben; bei Fehlen einer solchen Wahl entsprechend denen, die er für angemessen erachtet.«

Die Formulierung »entsprechend den Rechtsvorschriften« (»aux règles de droit«) stattet den internationalen Schiedsrichter mit einer außerordentlichen

21 Vom 10. 6. 1958, BGBl. 1961 II S. 122.

Freiheit aus, denn, anders als die Bestimmung des Artikel VII des Europäischen Übereinkommens, zwingt sie den Schiedsrichter nicht, das (materielle) für den zu entscheidenden Fall geltende Recht (»règle du droit«) anzuwenden, auf das die Kollisionsnormen, von denen auszugehen das Schiedsgericht für richtig erachtet hat, hinweisen.

Wie der »amiable compositeur« ist der Rechtsschiedsrichter nicht mehr an ein einengendes materielles Recht gekettet, denn Artikel 1496 läßt die Kollisionsnormen unerwähnt und erlaubt ihm, die rechtliche Regel anzuwenden, die er für am geeignetsten erachtet. Die einzige Verpflichtung, an die er gebunden bleibt, ist die, »in jedem Falle Handelsbräuche zu berücksichtigen«.

Derart findet die Vorstellung einer »lex mercatoria«, die man allmählich Form annehmen sieht, eine stillschweigende Bestätigung im Wortlaut des Artikels 1496.

Es handelt sich dabei zweifellos um eine der bemerkenswertesten Neuerungen des Dekrets vom 12. 5. 1981.

Angesichts dieser Auslegung, von der die Zukunft zeigen wird, ob sie richtig ist, verliert die Privilegierung, deren sich der »amiable compositeur« in seiner Freiheit gegenüber dem Rechtsschiedsrichter erfreute, an Bedeutung.

Hat deshalb die Funktion des »amiable compositeur« im Bereich der internationalen Schiedsgerichtsbarkeit jeden Sinn verloren?

Es scheint uns, daß die den Willen der Parteien ausdrückende Benennung als »amiable compositeur« insoweit ihre Bedeutung behält, als die Parteien, indem sie dem Schiedsrichter diese Aufgabe übertragen haben, diesem auch ein Recht des Ausgleichs zugestehen, das stärker ausgebildet ist als das, das er als Rechtsschiedsrichter gehabt hätte.

Im Bereich der Befugnisse, über die der Rechtsschiedsrichter bei der Vertragsauslegung und einer eventuellen Vertragsanpassung verfügt, findet die Funktion des »amiable compositeur« wieder ihre besondere Bedeutung. Die »amiable composition« wird gleichbedeutend mit »ex aequo et bono« und unterstreicht den Willen – den ursprünglichen, wenn es sich um eine Schiedsklausel handelt, den nachträglichen bei einem Vergleich –, dem Schiedsrichter eine Mittlerrolle zu übertragen, um einen Neuausgleich der vertraglichen Verpflichtung zu erzielen, deren Gleichgewicht durch wirtschaftliche und monetäre Ereignisse außerhalb des Einflußbereiches der Parteien zerstört worden ist.

Zweifellos wird sich die Tragweite der »amiable composition« in der internationalen Schiedsgerichtsbarkeit im Rahmen der Probleme von Anerkennung und Vollstreckbarkeitserklärung der Schiedssprüche abzeichnen. Denn, wie zu Recht von Prof. *David* betont, befindet man sich, wenn man von Schiedsgerichtsbarkeit spricht, immer oder fast immer vor oder neben dem Recht. Ebenso gilt, daß die »amiable composition« ihre eigentliche Bedeutung nur in der Möglichkeit eines Ausgleichs findet, den die Parteien grundsätzlich wünschen und den festzulegen Aufgabe des Schiedsrichters ist.

In ihrer Bündigkeit hat die Vorschrift des Artikels 1497 vielleicht keine andere Bedeutung.

Anhang 1

Décret No 81-500 du 12 mai 1981

instituant les dispositions des livres III et IV du nouveau code de procédure civile et modifiant certaines dispositions de ce code

(J.O. 14 mai 1981 et rectificatifs J.O. 21 mai 1981 et 6 août 1981)

Première partie Dispositions complétant le nouveau code de procédure civile

Article 5

Les livres III et IV du nouveau code de procédure civile comprennent les dispositions suivantes:

. . .

Livre IV L'arbitrage

Titre 1er Les conventions d'arbitrage

Chapitre 1er La clause compromissoire

Article 1442

La clause compromissoire est la convention par laquelle les parties à un contrat s'engagent à soumettre à l'arbitrage les litiges qui pourraient naître relativement à ce contrat.

Article 1443

La clause compromissoire doit, à peine de nullité, être stipulée par écrit dans la convention principale ou dans un document auquel celle-ci se réfère.

Dekret Nr. 81-500 vom 12. Mai 1981

zur Einführung der Bestimmungen des III. und IV. Buches des neuen Zivilprozeßgesetzbuches und zur Änderung gewisser Bestimmungen dieses Gesetzbuches

(J.O. 14. 5. 1981 mit Berichtigungen J.O. 21. 5. 1981 und 6. 8. 1981)

Erster Teil Das neue Zivilprozeßgesetzbuch ergänzende Bestimmungen

Artikel 5

Die III. und IV. Bücher des neuen Zivilprozeßgesetzbuches enthalten die folgenden Bestimmungen:

. . .

IV. Buch Das Schiedsverfahren

I. Titel Die Schiedsvereinbarungen

I. Kapitel Die Schiedsklausel

Artikel 1442

Die Schiedsklausel ist die Vereinbarung, mit der die Parteien eines Vertrages sich verpflichten, die Streitigkeiten, die bezüglich dieses Vertrages entstehen könnten, dem Schiedsverfahren zu unterwerfen.

Artikel 1443

Die Schiedsklausel muß bei Strafe der Nichtigkeit schriftlich in der Hauptvereinbarung oder in einem Schriftstück, auf das diese Bezug nimmt, verabredet werden.

Sous la même sanction, la clause compromissoire doit, soit désigner le ou les arbitres, soit prévoir les modalités de leur désignation.

Bei gleicher Straffolge muß die Schiedsklausel entweder den oder die Schiedsrichter benennen oder das Verfahren ihrer Benennung vorsehen.

Article 1444

Si, le litige né, la constitution du tribunal arbitral se heurte à une difficulté du fait de l'une des parties ou dans la mise en œuvre des modalités de désignation, le président du tribunal de grande instance désigne le ou les arbitres.

Toutefois, cette désignation est faite par le président du tribunal de commerce si la convention l'a expressément prévu.

Si la clause compromissoire est soit manifestement nulle, soit insuffisante pour permettre de constituer le tribunal arbitral, le président le constate et déclare n'y avoir lieu à désignation.

Artikel 1444

Wenn bei einer entstandenen Streitigkeit die Bestellung des Schiedsgerichts aus einem bei einer der Parteien liegenden Grund oder bei der Durchführung des Benennungsverfahrens auf eine Schwierigkeit stößt, benennt der Präsident des Großen Instanzgerichtes den oder die Schiedsrichter.

Jedoch erfolgt diese Benennung durch den Präsidenten des Handelsgerichtes, wenn die Vereinbarung dies ausdrücklich vorgesehen hat.

Wenn die Schiedsklausel offensichtlich entweder nichtig ist oder nicht ausreicht, um die Bestellung des Schiedsgerichts zu ermöglichen, stellt der Präsident dies fest und erklärt, daß eine Benennung nicht erfolgt.

Article 1445

Le litige est soumis au tribunal arbitral soit conjointement par les parties, soit par la partie la plus diligente.

Artikel 1445

Die Streitigkeit wird dem Schiedsgericht entweder durch die Parteien gemeinsam oder durch die betreibende Partei unterbreitet.

Article 1446

Lorsqu'elle est nulle, la clause compromissoire est réputée non écrite.

Artikel 1446

Wenn sie nichtig ist, gilt die Schiedsklausel als nicht geschrieben.

Chapitre II Le compromis

II. Kapitel Der Schiedsvertrag

Article 1447

Le compromis est la convention par laquelle les parties à un litige né soumettent celui-ci à l'arbitrage d'une ou plusieurs personnes.

Artikel 1447

Der Schiedsvertrag ist die Vereinbarung, mit der die Parteien einer entstandenen Streitigkeit diese der Schiedsgerichtsbarkeit einer oder mehrerer Personen unterwerfen.

Article 1448

Le compromis doit, à peine de nullité, déterminer l'objet du litige.

Artikel 1448

Der Schiedsvertrag muß bei Strafe der Nichtigkeit den Gegenstand der Streitigkeit bestimmen.

Sous la même sanction, il doit soit désigner le ou les arbitres, soit prévoir les modalités de leur désignation.

Le compromis est caduc lorsqu'un arbitre qu'il désigne n'accepte pas la mission qui lui est confiée.

Article 1449

Le compromis est constaté par écrit. Il peut l'être dans un procès-verbal signé par l'arbitre et les parties.

Article 1450

Les parties ont la faculté de compromettre même au cours d'une instance déjà engagée devant une autre juridiction.

Chapitre III Règles communes

Article 1451

La mission d'arbitre ne peut être confiée qu'à une personne physique; celle-ci doit avoir le plein exercice de ses droits civils.

Si la convention d'arbitrage désigne une personne morale, celle-ci ne dispose que du pouvoir d'organiser l'arbitrage.

Article 1452

La constitution du tribunal arbitral n'est parfaite que si le ou les arbitres acceptent la mission qui leur est confiée.

L'arbitre qui suppose en sa personne une cause de récusation doit en informer les parties. En ce cas, il ne peut accepter sa mission qu'avec l'accord de ces parties.

Article 1453

Le tribunal arbitral est constitué d'un seul arbitre ou de plusieurs en nombre impair.

Bei gleicher Straffolge muß er entweder den oder die Schiedsrichter benennen oder das Verfahren ihrer Benennung vorsehen.

Der Schiedsvertrag ist hinfällig, falls ein Schiedsrichter, den er benennt, das ihm übertragene Amt nicht annimmt.

Artikel 1449

Der Schiedsvertrag wird schriftlich festgestellt. Dies kann in einem von dem Schiedsrichter und den Parteien unterzeichneten Protokoll erfolgen.

Artikel 1450

Die Parteien sind befugt, einen Schiedsvertrag selbst während eines bei einem anderen Gericht bereits anhängigen Verfahrens zu schließen.

III. Kapitel Gemeinsame Vorschriften

Artikel 1451

Das Amt des Schiedsrichters kann nur einer natürlichen Person übertragen werden; diese muß im Vollbesitz ihrer bürgerlichen Rechte sein.

Wenn die Schiedsvereinbarung eine juristische Person benennt, hat diese nur die Befugnis zur Gestaltung des Schiedsverfahrens.

Artikel 1452

Die Bestellung des Schiedsgerichtes ist erst erfolgt, wenn der oder die Schiedsrichter das Amt annehmen, das ihnen übertragen ist.

Der Schiedsrichter, der in seiner Person einen Ablehnungsgrund vermutet, muß davon die Parteien unterrichten. In diesem Fall kann er sein Amt nur mit der Zustimmung dieser Parteien annehmen.

Artikel 1453

Das Schiedsgericht wird mit einem Einzelschiedsrichter oder mit mehreren Schiedsrichtern in ungerader Zahl bestellt.

Article 1454

Lorsque les parties désignent les arbitres en nombre pair, le tribunal arbitral est complété par un arbitre choisi, soit conformément aux prévisions des parties, soit, en l'absence de telles prévisions, par les arbitres désignés, soit à défaut d'accord entre ces derniers, par le président du tribunal de grande instance.

Article 1455

Lorsqu'une personne physique ou morale est chargée d'organiser l'arbitrage, la mission d'arbitrage est confiée à un ou plusieurs arbitres acceptés par toutes les parties.

A défaut d'acceptation, la personne chargée d'organiser l'arbitrage invite chaque partie à désigner un arbitre et procède, le cas échéant, à la désignation de l'arbitre nécessaire pour compléter le tribunal arbitral. Faute pour les parties de désigner un arbitre, celui-ci est désigné par la personne chargée d'organiser l'arbitrage.

Le tribunal arbitral peut aussi être directement constitué selon les modalités prévues à l'alinéa précédent.

La personne chargée d'organiser l'arbitrage peut prévoir que le tribunal arbitral ne rendra qu'un projet de sentence et que si ce projet est contesté par l'une des parties, l'affaire sera soumise à un deuxième tribunal arbitral. Dans ce cas, les membres du deuxième tribunal sont désignés par la personne chargée d'organiser l'arbitrage, chacune des parties ayant la faculté d'obtenir le remplacement d'un des arbitres ainsi désignés.

Artikel 1454

Wenn die Parteien Schiedsrichter in gerader Zahl benennen, wird das Schiedsgericht durch einen Schiedsrichter vervollständigt, der entweder gemäß den Vorkehrungen der Parteien, oder, in Ermangelung solcher Vorkehrungen, von den benannten Schiedsrichtern, oder, bei fehlender Einigung unter den Letzteren, von dem Präsidenten des Großen Instanzgerichtes ausgewählt wird.

Artikel 1455

Wenn eine natürliche oder juristische Person mit der Gestaltung des Schiedsverfahrens beauftragt ist, wird das schiedsrichterliche Amt einem oder mehreren Schiedsrichtern übertragen, mit denen alle Parteien einverstanden sind.

Bei fehlendem Einverständnis fordert die mit der Gestaltung des Schiedsverfahrens beauftragte Person jede Partei auf, einen Schiedsrichter zu benennen und nimmt gegebenenfalls die Benennung des zur Vervollständigung des Schiedsgerichts erforderlichen Schiedsrichters vor. Falls die Parteien einen Schiedsrichter nicht benennen, wird dieser von der mit der Gestaltung des Schiedsverfahrens beauftragten Person benannt.

Das Schiedsgericht kann auch unmittelbar gemäß dem in dem voraufgehenden Absatz vorgesehenen Verfahren bestellt werden.

Die mit der Gestaltung des Schiedsverfahrens beauftragte Person kann vorsehen, daß das Schiedsgericht nur einen Entwurf des Schiedsspruches erläßt, und daß die Sache einem zweiten Schiedsgericht unterbreitet wird, wenn dieser Entwurf von einer der Parteien bestritten wird. In diesem Fall werden die Mitglieder des zweiten Schiedsgerichtes von der mit der Gestaltung des Schiedsverfahrens beauftragten Person benannt, wobei jede der Parteien die Möglichkeit hat, die Ersetzung eines der derart benannten Schiedsrichter zu erwirken.

Article 1456

Si la convention d'arbitrage ne fixe pas de délai, la mission des arbitres ne dure que six mois à compter du jour où le dernier d'entre eux l'a acceptée.

Le délai légal ou conventionnel peut être prorogé soit par accord des parties, soit, à la demande de l'une d'elles ou du tribunal arbitral, par le président du tribunal de grande instance ou, dans le cas visé à l'article 1444, alinéa 2, par le président du tribunal de commerce.

Artikel 1456

Wenn die Schiedsvereinbarung keine Frist bestimmt, dauert das Amt der Schiedsrichter nur sechs Monate, gerechnet von dem Tag, an dem der letzte von ihnen es angenommen hat.

Die gesetzliche oder vertragliche Frist kann entweder durch Einigung der Parteien oder, auf Verlangen einer von ihnen oder des Schiedsgerichtes, durch den Präsidenten des Großen Instanzgerichtes oder, in dem in Artikel 1444 Absatz 2 bezeichneten Fall, durch den Präsidenten des Handelsgerichtes verlängert werden.

Article 1457

Dans les cas prévus aux articles 1444, 1454, 1456 et 1463, le président du tribunal, saisi comme en matière de référé par une partie ou par le tribunal arbitral, statue par ordonnance non susceptible de recours.

Toutefois, cette ordonnance peut être frappée d'appel lorsque le président déclare n'y avoir lieu à désignation pour une des causes prévues à l'article 1444 (alinéa 3). L'appel est formé, instruit et jugé comme en matière de contredit de compétence.

Le président compétent est celui du tribunal qui a été désigné par la convention d'arbitrage ou, à défaut, celui dans le ressort duquel cette convention a situé les opérations d'arbitrage. Dans le silence de la convention, le président compétent est celui du tribunal du lieu où demeure le ou l'un des défendeurs à l'incident ou, si le défendeur ne demeure pas en France, celui du tribunal du lieu où demeure le demandeur.

Artikel 1457

In den in den Artikeln 1444, 1454, 1456 und 1463 vorgesehenen Fällen entscheidet der Gerichtspräsident, von einer Partei oder von dem Schiedsgericht wie in einstweiligen Verfügungssachen angerufen, durch unanfechtbaren Beschluß.

Jedoch kann gegen diesen Beschluß Berufung eingelegt werden, wenn der Präsident erklärt, daß aus einem der in Artikel 1444 (Absatz 3) vorgesehenen Gründen eine Benennung nicht erfolgt. Die Berufung wird, wie in Zuständigkeitswiderspruchssachen eingelegt, verhandelt und entschieden.

Der zuständige Präsident ist der des Gerichtes, das in der Schiedsvereinbarung bezeichnet ist, oder, in Ermangelung einer solchen Bezeichnung, desjenigen, in dessen Bezirk diese Vereinbarung die Handlungen des Schiedsverfahrens gelegt hat. Bei Schweigen der Vereinbarung ist der zuständige Präsident der des Gerichtes des Ortes, an dem der oder einer der Beklagten wohnt oder, wenn der Gegner nicht in Frankreich wohnt, der des Gerichtes des Ortes, an dem der Kläger wohnt.

Article 1458

Lorsqu'un litige dont un tribunal arbitral est saisi en vertu d'une convention d'arbitrage est porté devant une juridiction de l'Etat, celle-ci doit se déclarer incompétente.

Artikel 1458

Wenn eine Streitigkeit, mit der ein Schiedsgericht aufgrund einer Schiedsvereinbarung befaßt ist, vor ein staatliches Gericht gebracht wird, muß dieses sich für unzuständig erklären.

Si le tribunal arbitral n'est pas encore saisi, la juridiction doit également se déclarer incompétente à moins que la convention d'arbitrage ne soit manifestement nulle.

Dans les deux cas, la juridiction ne peut relever d'office son incompétence.

Wenn das Schiedsgericht noch nicht befaßt ist, muß das Gericht sich gleichfalls für unzuständig erklären, es sei denn, die Schiedsvereinbarung ist offensichtlich nichtig.

In beiden Fällen kann das Gericht nicht von Amts wegen seine Unzuständigkeit berücksichtigen.

Article 1459

Toute disposition ou convention contraire aux règles édictées par le présent chapitre est réputée non écrite.

Artikel 1459

Jede den in diesem Kapitel erlassenen Vorschriften widersprechende Bestimmung oder Vereinbarung gilt als nicht geschrieben.

Titre II L'instance arbitrale

II. Titel Das anhängige Schiedsverfahren

Article 1460

Les arbitres règlent la procédure arbitrale sans être tenus de suivre les règles établies pour les tribunaux, sauf si les parties en ont autrement décidé dans la convention d'arbitrage.

Toutefois, les principes directeurs du procès énoncés aux articles 4 à 10, 11 (alinéa 1) et 13 à 21 sont toujours applicables à l'instance arbitrale.

Si une partie détient un élément de preuve, l'arbitre peut aussi lui enjoindre de le produire.

Artikel 1460

Die Schiedsrichter regeln das schiedsgerichtliche Verfahren ohne gehalten zu sein, die für die Gerichte aufgestellten Vorschriften zu befolgen, außer wenn die Parteien darüber in der Schiedsvereinbarung anders entschieden haben.

Jedoch sind die in den Artikeln 4 bis 10, 11 (Absatz 1) und 13 bis 21 angesprochenen Prozeß-Leitgrundsätze stets auf das anhängige Schiedsverfahren anwendbar.

Wenn eine Partei ein Beweismittel in Händen hält, kann der Schiedsrichter sie auch auffordern, es vorzulegen.

Article 1461

Les actes de l'instruction et les procès-verbaux sont faits par tous les arbitres si le compromis ne les autorise à commettre l'un d'eux.

Les tiers sont entendus sans prestation de serment.

Artikel 1461

Bei der Beweisaufnahme und bei den Verhandlungsprotokollen wirken alle Schiedsrichter mit, es sei denn, der Schiedsvertrag ermächtigt sie, einen von ihnen zu beauftragen.

Dritte werden ohne Eidesleistung gehört.

Article 1462

Tout arbitre doit poursuivre sa mission jusqu'au terme de celle-ci.

Un arbitre ne peut être révoqué que du consentement unanime des parties.

Artikel 1462

Jeder Schiedsrichter muß sein Amt bis zu dessen Ende wahrnehmen.

Ein Schiedsrichter kann nur mit Zustimmung aller Parteien abberufen werden.

Article 1463

Un arbitre ne peut s'abstenir ni être récusé que pour une cause de récusation qui se serait révélée ou serait survenue depuis sa désignation.

Les difficultés relatives à l'application du présent article sont portées devant le président du tribunal compétent.

Artikel 1463

Ein Schiedsrichter kann nur wegen eines Ablehnungsgrundes, der sich nach seiner Ernennung herausstellt oder ereignet, sich enthalten oder abgelehnt werden.

Schwierigkeiten bezüglich der Anwendung dieses Artikels werden vor den Präsidenten des zuständigen Gerichtes gebracht.

Article 1464

L'instance arbitrale prend fin, sous réserve des conventions particulières des parties:

1° Par la révocation, le décès ou l'empêchement d'un arbitre ainsi que par la perte du plein exercice de ses droits civils;

2° Par l'abstention ou la récusation d'un arbitre;

3° Par l'expiration du délai d'arbitrage.

Artikel 1464

Das anhängige Schiedsverfahren endet, vorbehaltlich besonderer Vereinbarungen der Parteien:

1. durch die Abberufung, den Tod oder die Verhinderung eines Schiedsrichters sowie durch den Verlust des Vollbesitzes seiner bürgerlichen Rechte;
2. durch die Enthaltung oder die Ablehnung eines Schiedsrichters;
3. durch den Ablauf der Schiedsverfahrensfrist.

Article 1465

L'interruption de l'instance arbitrale est régie par les dispositions des articles 369 à 376.

Artikel 1465

Die Unterbrechung des anhängigen Schiedsverfahrens bestimmt sich nach den Vorschriften der Artikel 369 bis 376.

Article 1466

Si, devant l'arbitre, l'une des parties conteste dans son principe ou son étendue le pouvoir juridictionnel de l'arbitre, il appartient à celui-ci de statuer sur la validité ou les limites de son investiture.

Artikel 1466

Wenn vor dem Schiedsrichter eine der Parteien die Gerichtsbefugnis des Schiedsrichters grundsätzlich oder hinsichtlich ihres Umfanges bestreitet, obliegt es diesem, über die Gültigkeit und die Grenzen seiner Bestellung zu befinden.

Article 1467

Sauf convention contraire, l'arbitre a le pouvoir de trancher l'incident de vérification d'écriture ou de faux conformément aux dispositions des articles 287 à 294 et de l'article 299.

En cas d'inscription de faux incidente, l'article 313 est applicable devant l'arbitre. Le délai d'arbitrage continue à courir du jour où il a été statué sur l'incident.

Artikel 1467

Vorbehaltlich entgegenstehender Vereinbarung ist der Schiedsrichter befugt, den Zwischenstreit über die Echtheit einer Urkunde oder deren Verfälschung gemäß den Bestimmungen der Artikel 287 bis 294 und des Artikels 299 zu entscheiden.

Im Falle eines Zwischenstreits über die Echtheit einer öffentlichen Urkunde ist Artikel 313 vor dem Schiedsrichter anwendbar. Die Schiedsverfahrensfrist läuft mit dem Tag weiter, an dem über den Zwischenstreit entschieden worden ist.

Article 1468

L'arbitre fixe la date à laquelle l'affaire sera mise en délibéré.

Après cette date, aucune demande ne peut être formée ni aucun moyen soulevé. Aucune observation ne peut être présentée ni aucune pièce produite, si ce n'est à la demande de l'arbitre.

Artikel 1468

Der Schiedsrichter bestimmt den Termin, an dem die Sache zur Beratung kommt.

Nach diesem Termin kann kein Antrag gestellt und kein Angriffs- oder Verteidigungsmittel vorgebracht werden. Keine Stellungnahme kann abgegeben und keine Beweisunterlage vorgelegt werden, es sei denn auf Verlangen des Schiedsrichters.

Titre III La sentence arbitrale

III. Titel Der Schiedsspruch

Article 1469

Les délibérations des arbitres sont secrètes.

Artikel 1469

Die Beratungen der Schiedsrichter sind geheim.

Article 1470

La sentence arbitrale est rendue à la majorité des voix.

Artikel 1470

Der Schiedsspruch wird mit der Mehrheit der Stimmen erlassen.

Article 1471

La sentence arbitrale doit exposer succinctement les prétentions respectives des parties et leurs moyens.

La décision doit être motivée.

Artikel 1471

Der Schiedsspruch muß knapp die jeweiligen Ansprüche der Parteien und ihre Angriffs- und Verteidigungsmittel wiedergeben.

Die Entscheidung muß begründet werden.

Article 1472

La sentence arbitrale contient l'indication:
- du nom des arbitres qui l'ont rendue;
- de sa date;
- du lieu où elle est rendue;
- des nom, prénoms ou dénomination des parties, ainsi que de leur domicile ou siège social;
- le cas échéant, du nom des avocats ou de toute personne l'ayant représenté ou assisté les parties.

Artikel 1472

Der Schiedsspruch enthält die Angabe:
- des Namens der Schiedsrichter, die ihn erlassen haben;
- seines Datums;
- des Ortes, an dem er erlassen worden ist;
- der Namen, Vornamen oder Bezeichnung der Parteien, sowie ihres Wohn- oder Gesellschaftssitzes;
- gegebenenfalls des Namens der Rechtsanwälte oder jeder Person, die die Parteien vertreten oder ihnen beigestanden hat.

Article 1473

La sentence arbitrale est signée par tous les arbitres.

Artikel 1473

Der Schiedsspruch wird von allen Schiedsrichtern unterzeichnet.

Toutefois, si une minorité d'entre eux refuse de la signer, les autres en font mention et la sentence a le même effet que si elle avait été signée par tous les arbitres.

Wenn jedoch eine Minderheit von ihnen sich weigert, ihn zu unterzeichnen, vermerken dies die anderen, und der Spruch hat die gleiche Wirkung, wie wenn er von allen Schiedsrichtern unterzeichnet worden wäre.

Article 1474

L'arbitre tranche le litige conformément aux règles de droit, à moins que, dans la convention d'arbitrage, les parties ne lui aient conféré mission de statuer comme amiable compositeur.

Artikel 1474

Der Schiedsrichter entscheidet die Streitigkeit gemäß den Rechtsvorschriften, es sei denn, die Parteien haben ihm in der Schiedsvereinbarung das Amt übertragen, als amiable compositeur zu urteilen.

Article 1475

La sentence dessaisit l'arbitre de la contestation qu'elle tranche.

L'arbitre a néanmois le pouvoir d'interpréter la sentence, de réparer les erreurs et omissions matérielles qui l'affectent et de la compléter lorsqu'il a omis de statuer sur un chef de demande. Les articles 461 à 463 sont applicables. Si le tribunal arbitral ne peut être à nouveau réuni, ce pouvoir appartient à la juridiction qui eût été compétente à défaut d'arbitrage.

Artikel 1475

Nach dem Spruch ist der Schiedsrichter mit dem Rechtsstreit, den er entscheidet, nicht mehr befaßt.

Der Schiedsrichter hat gleichwohl die Befugnis, den Spruch auszulegen, ihm anhaftende sachliche Irrtümer und Auslassungen zu berichtigen und ihn zu vervollständigen, wenn er es versäumt hat, über einen Antrag zu befinden. Die Artikel 461 bis 463 sind anwendbar. Wenn das Schiedsgericht nicht erneut zusammentreten kann, steht diese Befugnis dem Gericht zu, das mangels eines Schiedsverfahrens zuständig gewesen wäre.

Article 1476

La sentence arbitrale a, dès qu'elle est rendue, l'autorité de la chose jugée relativement à la contestation qu'elle tranche.

Artikel 1476

Der Schiedsspruch hat, sobald er erlassen ist, materielle Rechtskraft hinsichtlich des Rechtsstreites, den er entscheidet.

Article 1477

La sentence arbitrale n'est susceptible d'exécution forcée qu'en vertu d'une décision d'exequatur émanant du tribunal de grande instance dans le ressort duquel la sentence a été rendue. L'exequatur est ordonné par le juge de l'exécution du tribunal.

A cet effet, la minute de la sentence accompagnée d'un exemplaire de la convention d'arbitrage est déposée par l'un des arbitres ou par la partie la plus diligente au secrétariat de la juridiction.

Artikel 1477

Der Schiedsspruch ist nur aufgrund einer Vollstreckbarkeitsanordnung des Großen Instanzgerichtes, in dessen Bezirk der Spruch erlassen worden ist, der Zwangsvollstreckung fähig. Die Vollstreckbarerklärung wird von dem Vollstreckungsrichter des Gerichtes angeordnet.

Zu diesem Zweck wird die Urschrift des Spruches zusammen mit einem Exemplar der Schiedsvereinbarung von einem der Schiedsrichter oder von der betreibenden Partei bei der Geschäftsstelle des Gerichts niedergelegt.

Article 1478

L'exequatur est apposé sur la minute de la sentence arbitrale.

L'ordonnance qui refuse l'exequatur doit être motivée.

Article 1479

Les règles sur l'exécution provisoire des jugements sont applicables aux sentences arbitrales.

En cas d'appel ou de recours en annulation, le premier président ou le magistrat chargé de la mise en état dès lors qu'il est saisi, peut accorder l'exequatur à la sentence arbitrale assortie de l'exécution provisoire. Il peut aussi ordonner l'exécution provisoire dans les conditions prévues aux articles 525 et 526; sa décision vaut exequatur.

Article 1480

Les dispositions des articles 1471 (alinéa 2), 1472, en ce qui concerne le nom des arbitres et la date de la sentence, et 1473 sont prescrites à peine de nullité.

Titre IV Les voies de recours

Article 1481

La sentence arbitrale n'est pas susceptible d'opposition ni de pourvoi en cassation.

Elle peut être frappée de tierce opposition devant la juridiction qui eût été compétente à défaut d'arbitrage, sous réserve des dispositions de l'article 588 (alinéa 1).

Article 1482

La sentence arbitrale est susceptible d'appel à moins que les parties n'aient renoncé à l'appel dans la convention d'arbitrage. Toutefois, elle n'est pas susceptible

Artikel 1478

Die Vollstreckbarerklärung wird auf die Urschrift des Schiedsspruches gesetzt.

Der Beschluß, der die Vollstreckbarerklärung verweigert, muß begründet werden.

Artikel 1479

Die Vorschriften über die vorläufige Vollstreckbarkeit der Urteile sind auf die Schiedssprüche anwendbar.

Im Falle einer Berufung oder einer Nichtigkeitsbeschwerde kann der Erste Präsident oder der mit dem Betreiben des Verfahrens beauftragte Richter, sobald er befaßt ist, die Vollstreckbarerklärung hinsichtlich des mit der vorläufigen Vollstreckbarkeit versehenen Schiedsspruches erteilen. Er kann auch die vorläufige Vollstreckbarkeit unter den in den Artikeln 525 und 526 vorgesehenen Bedingungen anordnen; seine Entscheidung gilt als Vollstreckbarerklärung.

Artikel 1480

Die Bestimmungen der Artikel 1471 (Absatz 2), 1472, soweit sie den Namen der Schiedsrichter und das Datum des Spruches betreffen, und 1473 sind bei Strafe der Nichtigkeit vorgeschrieben.

IV. Titel Die Rechtsmittel

Artikel 1481

Gegen den Schiedsspruch kann weder Widerspruch noch Kassationsbeschwerde erhoben werden.

Er kann mittels Dritteinspruchs vor der Gerichtsbarkeit, die mangels eines Schiedsverfahrens zuständig gewesen wäre, angefochten werden, vorbehaltlich der Bestimmungen des Artikel 588 (Absatz 1).

Artikel 1482

Gegen den Schiedsspruch kann Berufung eingelegt werden, es sei denn, die Parteien haben in der Schiedsvereinbarung auf die Berufung verzichtet. Jedoch kann d'appel lorsque l'arbitre a reçu mission de statuer comme amiable compositeur, à moins que les parties n'aient expressément réservé cette faculté dans la convention d'arbitrage.

gegen ihn nicht Berufung eingelegt werden, wenn der Schiedsrichter berufen ist, als amiable compositeur zu entscheiden, es sei denn, die Parteien haben diese Möglichkeit ausdrücklich in der Schiedsvereinbarung vorbehalten.

Article 1483

Lorsque, suivant les distinctions faites à l'article 1482, les parties n'ont pas renoncé à l'appel, ou qu'elles se sont réservées expressément cette faculté dans la convention d'arbitrage, la voie de l'appel est seule ouverte, qu'elle tende à la réformation de la sentence arbitrale ou à son annulation. Le juge d'appel statue comme amiable compositeur lorsque l'arbitre avait cette mission.

Artikel 1483

Wenn nach den in Artikel 1482 gemachten Unterscheidungen die Parteien nicht auf die Berufung verzichtet oder sich in der Schiedsvereinbarung ausdrücklich diese Möglichkeit vorbehalten haben, steht allein der Rechtsweg der Berufung offen, gleichviel ob er auf die Abänderung des Schiedsspruches oder auf seine Aufhebung gerichtet ist. Der Berufungsrichter entscheidet als amiable compositeur, wenn der Schiedsrichter dieses Amt hatte.

Article 1484

Lorsque, suivant les distinctions faites à l'article 1482, les parties ont renoncé à l'appel, ou qu'elles ne se sont pas expressément réservées cette faculté dans la convention d'arbitrage, un recours en annulation de l'acte qualifié sentence arbitrale peut néanmoins être formé malgré toute stipulation contraire.

Il n'est ouvert que dans les cas suivants:

1° Si l'arbitre a statué sans convention d'arbitrage ou sur convention nulle ou expirée;
2° Si le tribunal arbitral a été irrégulièrement composé ou l'arbitre unique irrégulièrement désigné;
3° Si l'arbitre a statué sans se conformer à la mission qui lui avait été conférée;
4° Lorsque le principe de la contradiction n'a pas été respecté;
5° Dans tous les cas de nullité prévus à l'article 1480;
6° Si l'arbitre a violé une règle d'ordre public.

Artikel 1484

Wenn nach den in Artikel 1482 gemachten Unterscheidungen die Parteien auf die Berufung verzichtet oder sich nicht ausdrücklich in der Schiedsvereinbarung diese Möglichkeit vorbehalten haben, kann gleichwohl trotz jeder entgegenstehenden Abrede eine Nichtigkeitsbeschwerde gegen das als Schiedsspruch bezeichnete Schriftstück eingelegt werden.

Sie ist nur in den folgenden Fällen eröffnet:

1. wenn der Schiedsrichter ohne Schiedsvereinbarung oder aufgrund einer nichtigen oder erloschenen Vereinbarung entschieden hat;
2. wenn das Schiedsgericht vorschriftswidrig zusammengesetzt oder der Einzelschiedsrichter vorschriftswidrig benannt worden ist;
3. wenn der Schiedsrichter entschieden hat, ohne sich an das Amt zu halten, das ihm übertragen worden war;
4. wenn der Grundsatz der streitigen Verhandlung nicht beachtet worden ist;
5. in allen in Artikel 1480 vorgesehenen Fällen der Nichtigkeit;
6. wenn der Schiedsrichter eine Vorschrift der öffentlichen Ordnung verletzt hat.

Article 1485

Lorsque la juridiction saisie d'un recours en annulation annule la sentence arbitrale, elle statue sur le fond dans les limites de la mission de l'arbitre, sauf volonté contraire de toutes les parties.

Artikel 1485

Wenn das mit einer Nichtigkeitsbeschwerde befaßte Gericht den Schiedsspruch aufhebt, entscheidet es zur Sache in den Grenzen des Amtes des Schiedsrichters, außer bei entgegenstehendem Willen aller Parteien.

Article 1486

L'appel et le recours en annulation sont portés devant la cour d'appel dans le ressort de laquelle la sentence arbitrale a été rendue.

Ces recours sont recevables dès le prononcé de la sentence; ils cessent de l'être s'ils n'ont pas été exercés dans le mois de la signification de la sentence revêtue de l'exequatur.

Le délai pour exercer ces recours suspend l'exécution de la sentence arbitrale. Le recours exercé dans le délai est également suspensif.

Artikel 1486

Die Berufung und die Nichtigkeitsbeschwerde werden bei dem Appellationsgerichtshof eingelegt, in dessen Bezirk der Schiedsspruch erlassen worden ist.

Diese Rechtsmittel sind ab Verkündung des Spruches zulässig; sie hören auf, es zu sein, wenn sie nicht in dem Monat der Zustellung des mit der Vollstreckbarerklärung versehenen Spruches eingelegt worden sind.

Die Frist zur Einlegung dieser Rechtsmittel schiebt die Vollstreckbarkeit des Schiedsspruches auf. Das fristgemäß eingelegte Rechtsmittel ist gleichfalls aufschiebend.

Article 1487

L'appel et le recours en annulation sont formés, instruits et jugés selon les règles relatives à la procédure en matière contentieuse devant la cour d'appel.

La qualification donnée par les parties à la voie de recours au moment où la déclaration est faite peut être modifiée ou précisée jusqu'à ce que la cour d'appel soit saisie.

Artikel 1487

Die Berufung und die Nichtigkeitsbeschwerde werden gemäß den Vorschriften betreffend das Verfahren in streitigen Angelegenheiten vor dem Appellationsgerichtshof eingelegt, verhandelt und entschieden.

Die von den Parteien dem Rechtsmittel zum Zeitpunkt der Einlegung gegebene Bezeichnung kann abgeändert oder genauer bestimmt werden, bis der Appellationsgerichtshof befaßt ist.

Article 1488

L'ordonnance qui accorde l'exequatur n'est susceptible d'aucun recours.

Toutefois, l'appel ou le recours en annulation de la sentence emportent de plein droit, dans les limites de la saisine de la cour, recours contre l'ordonnance du juge de l'exequatur ou dessaisisement de ce juge.

Artikel 1488

Gegen die Anordnung, mit der die Vollstreckbarerklärung erteilt wird, ist kein Rechtsmittel gegeben.

Jedoch schließen die Berufung oder die Nichtigkeitsbeschwerde gegen den Spruch ohne weiteres, in den Grenzen der Anrufung des Gerichtshofes, die Anfechtung des Beschlusses des Richters der Vollstreckbarerklärung ein oder bewirken, daß dieser Richter nicht mehr befaßt ist.

Article 1489

L'ordonnance qui refuse l'exequatur peut être frappée d'appel jusqu'à l' expiration du délai d'un mois à compter de sa signification. En ce cas, la cour d'appel connaît, à la demande des parties, des moyens que celles-ci auraient pu faire valoir contre la sentence arbitrale, par la voie de l'appel ou du recours en annulation selon le cas.

Artikel 1489

Der Beschluß, der die Vollstreckbarerklärung versagt, kann bis zum Ablauf der Frist von einem Monat ab Zustellung mit der Berufung angefochten werden. In diesem Fall befindet der Appellationsgerichtshof auf Antrag der Parteien über die Angriffs- und Verteidigungsmittel, die diese gegen den Schiedsspruch je nach der Lage des Falles im Wege der Berufung oder der Nichtigkeitsbeschwerde hätten geltend machen können.

Article 1490

Le rejet de l'appel ou du recours en annulation confère l'exequatur à la sentence arbitrale ou à celles de ses dispositions qui ne sont pas atteintes par la censure de la cour.

Artikel 1490

Die Zurückweisung der Berufung oder der Nichtigkeitsbeschwerde hat bezüglich des Schiedsspruches oder derjenigen seiner Bestimmungen, die von der Prüfung des Gerichtshofes nicht berührt sind, die Wirkung einer Vollstreckbarerklärung.

Article 1491

Le recours en révision est ouvert contre la sentence arbitrale dans les cas et sous les conditions prévus pour les jugements.

Il est porté devant la cour d'appel qui eût été compétente pour connaître des autres recours contre la sentence.

Artikel 1491

Die Restitutionsklage ist gegen den Schiedsspruch in den Fällen und unter den Bedingungen eröffnet, die für Urteile vorgesehen sind.

Sie wird bei dem Appellationsgerichtshof eingelegt, der zur Entscheidung über die anderen Rechtsmittel gegen den Spruch zuständig gewesen wäre.

Titre V L'arbitrage international

V. Titel Das internationale Schiedsverfahren

Article 1492

Est international l'arbitrage qui met en cause des intérêts du commerce international.

Artikel 1492

International ist das Schiedsverfahren, das die Interessen des internationalen Handels berührt.

Article 1493

Directement ou par référence à un réglement d'arbitrage, la convention d'arbitrage peut désigner le ou les arbitres ou prévoir les modalités de leur désignation.

Artikel 1493

Die Schiedsvereinbarung kann unmittelbar oder durch Bezugnahme auf eine Schiedsverfahrensordnung den oder die Schiedsrichter benennen oder das Verfahren ihrer Benennung vorsehen.

Si pour les arbitrages se déroulant en France ou pour ceux à l'égard desquels les parties ont prévu l'application de la loi de procédure française, la constitution du tribunal arbitral se heurte à une diffuculté, la partie la plus diligente peut, sauf clause contraire, saisir le président du tribunal de grande instance de Paris selon les modalités de l'article 1457.

Wenn für in Frankreich stattfindende Schiedsverfahren oder für solche, derentwegen die Parteien die Anwendung des französischen Verfahrensrechtes vorgesehen haben, die Bestellung des Schiedsgerichtes auf eine Schwierigkeit stößt, kann die betreibende Partei, vorbehaltlich entgegenstehender Abrede, den Präsidenten des Großen Instanzgerichtes von Paris entsprechend der Regelung des Artikels 1457 anrufen.

Article 1494

La convention d'arbitrage peut, directement ou par référence à un règlement d'arbitrage, régler la procédure à suivre dans l'instance arbitrale; elle peut aussi soumettre celle-ci à la loi de procédure qu'elle détermine.

Dans le silence de la convention, l'arbitre règle la procédure, autant qu'il est besoin, soit directement, soit par référence à une loi ou à un règlement d'arbitrage.

Artikel 1494

Die Schiedsvereinbarung kann unmittelbar oder durch Bezugnahme auf eine Schiedsverfahrensordnung das in dem anhängigen Schiedsverfahren zu befolgende Verfahren festlegen; sie kann es auch dem Verfahrensrecht unterwerfen, das sie bestimmt.

Bei Schweigen der Vereinbarung bestimmt der Schiedsrichter das Verfahren, soweit erforderlich, entweder unmittelbar oder durch Bezugnahme auf ein Gesetz oder eine Schiedsverfahrensordnung.

Article 1495

Lorsque l'arbitrage international est soumis à la loi française, les dispositions des titres Ier, II et III du présent livre ne s'appliquent qu'à défaut de convention particulière et sous réserve des articles 1493 et 1494.

Artikel 1495

Wenn das internationale Schiedsverfahren dem französischen Recht unterworfen ist, kommen die Bestimmungen der I., II. und III. Titel dieses Buches nur bei Fehlen einer besonderen Vereinbarung und unter dem Vorbehalt der Artikel 1493 und 1494 zur Anwendung.

Article 1496

L'arbitre tranche le litige conformément aux règles de droit que les parties ont choisies; à défaut d'un tel choix, conformément à celles qu'il estime appropriées.

Il tient compte dans tous les cas des usages du commerce.

Artikel 1496

Der Schiedsrichter entscheidet die Streitigkeit entsprechend den Rechtsvorschriften, welche die Parteien gewählt haben; bei Fehlen einer solchen Wahl entsprechend denen, die er für angemessen erachtet.

Er berücksichtigt in allen Fällen die Handelsbräuche.

Article 1497

L'arbitre statue comme amiable compositeur si la convention des parties lui a conféré cette mission.

Artikel 1497

Der Schiedsrichter entscheidet als amiable compositeur, wenn die Vereinbarung der Parteien ihm dieses Amt übertragen hat.

Titre VI La reconnaissance, l'exécution forcée et les voies de recours à l'égard de sentences arbitrales rendues à l'étranger ou en matière d'arbitrage international

VI. Titel Die Anerkennung, die Zwangsvollstreckung und die Rechtsmittel hinsichtlich der im Ausland oder im internationalen Schiedsverfahren erlassenen Schiedsprüche

Chapitre Ier La reconnaissance et l'exécution forcée des sentences arbitrale rendues à l'étranger ou en matière d'arbitrage international

I. Kapitel Die Anerkennung und die Zwangsvollstreckung der im Ausland oder im internationalen Schiedsverfahren erlassenen Schiedssprüche

Article 1498

Les sentences arbitrales sont reconnues en France si leur existence est établie par celui qui s'en prévaut et si cette reconnaissance n'est pas manifestement contraire à l'ordre public international.

Sous les mêmes conditions, elles sont déclarées exécutoires en France par le juge de l'exécution.

Artikel 1498

Schiedssprüche werden in Frankreich anerkannt, wenn ihr Bestehen von demjenigen, der sich darauf beruft, nachgewiesen ist und wenn diese Anerkennung nicht offensichtlich der internationalen öffentlichen Ordnung widerspricht.

Unter den gleichen Bedingungen werden sie in Frankreich durch den Vollstreckungsrichter für vollstreckbar erklärt.

Article 1499

L'existence d'une sentence arbitrale est établie par la production de l'original accompagnée de la convention d'arbitrage ou des copies de ces documents réunissant les conditions requises pour leur authenticité.

Si ces pièces ne sont pas rédigées en langue française, la partie en produit une traduction certifiée par un traducteur inscrit sur la liste des experts.

Artikel 1499

Das Bestehen eines Schiedsspruches wird nachgewiesen durch die Vorlage des Originals zusammen mit der Schiedsvereinbarung oder von Kopien dieser Urkunden, welche die für ihre Beweiskraft erforderlichen Voraussetzungen erfüllen.

Wenn diese Unterlagen nicht in französischer Sprache abgefaßt sind, legt die Partei eine von einem auf der Liste der Sachverständigen eingetragenen Übersetzer beglaubigte Übersetzung davon vor.

Article 1500

Les dispositions des articles 1476 à 1479 sont applicables.

Artikel 1500

Die Bestimmungen der Artikel 1476 bis 1479 sind anwendbar.

Chapitre II Les voies de recours contre les sentences arbitrales rendues à l'étranger ou en matière d'arbitrage international

II. Kapitel Die Rechtsmittel gegen die im Ausland oder im internationalen Schiedsverfahren gefällten Schiedssprüche

Article 1501

La décision qui refuse la reconnaissance ou l'exécution est susceptible d'appel.

Artikel 1501

Gegen die Entscheidung, die die Anerkennung oder die Vollstreckung versagt, kann Berufung eingelegt werden.

Article 1502

L'appel de la décision qui accorde la reconnaissance ou l'exécution n'est ouvert que dans les cas suivants:

1° Si l'arbitre a statué sans convention d'arbitrage ou sur convention nulle ou expirée;

2° Si le tribunal arbitral a été irrégulièrement composé ou l'arbitre unique irrégulièrement désigné;

3° Si l'arbitre a statué sans se conformer à la mission qui lui avait été conférée;

4° Lorsque le principe de la contradiction n'a pas été respecté;

5° Si la reconnaissance ou l'exécution sont contraires à l'ordre public international.

Artikel 1502

Die Berufung gegen die Entscheidung, die die Anerkennung oder die Vollstreckung gewährt, ist nur in den folgenden Fällen eröffnet:

1. wenn der Schiedsrichter ohne Schiedsvereinbarung oder aufgrund einer nichtigen oder erloschenen Vereinbarung entschieden hat;
2. wenn das Schiedsgericht vorschriftswidrig zusammengesetzt oder der Einzelschiedsrichter vorschriftswidrig benannt worden ist;
3. wenn der Schiedsrichter entschieden hat, ohne sich an das Amt zu halten, das ihm übertragen worden war;
4. wenn der Grundsatz der streitigen Verhandlung nicht beachtet worden ist;
5. wenn die Anerkennung oder die Vollstreckung der internationalen öffentlichen Ordnung widersprechen.

Article 1503

L'appel prévu aux articles 1501 et 1502 est porté devant la cour d'appel dont relève le juge qui a statué. Il peut être formé jusqu'à l'expiration du délai d'un mois à compter de la signification de la décision du juge.

Artikel 1503

Die in den Artikeln 1501 und 1502 vorgesehene Berufung wird vor den für den Richter, der entschieden hat, zuständigen Appellationsgerichtshof gebracht. Sie kann bis zum Ablauf einer Frist von einem Monat, gerechnet von der Zustellung der Entscheidung des Richters, eingelegt werden.

Article 1504

La sentence arbitrale rendue en France en matière d'arbitrage international peut faire l'objet d'un recours en annulation dans les cas prévus à l'article 1502.

L'ordonnance qui accorde l'exécution de cette sentence n'est susceptible d'aucun recours. Toutefois, le recours en annulation emporte de plein droit, dans les limites de la saisine de la cour, recours contre l'ordonnance du juge de l'exécution ou dessaisissement de ce juge.

Artikel 1504

Der in Frankreich im internationalen Schiedsverfahren erlassene Schiedsspruch kann in den in Artikel 1502 vorgesehenen Fällen mit einer Nichtigkeitsbeschwerde angefochten werden.

Der Beschluß, der die Vollstreckbarkeit dieses Spruches gewährt, kann mit keinem Rechtsmittel angefochten werden. Jedoch schließt die Nichtigkeitsbeschwerde ohne weiteres, in den Grenzen der Anrufung des Gerichtshofes, die Anfechtung des Beschlusses des Vollstreckungsrichters ein oder bewirkt, daß dieser Richter nicht mehr befaßt ist.

Article 1505

Le recours en annulation prévu à l'article 1504 est porté devant la cour d'appel dans le ressort de laquelle la sentence a été rendue. Ce recours est recevable dès le prononcé de la sentence; il cesse de l'être s'il n'a pas été exercé dans le mois de la signification de la sentence déclarée exécutoire.

Artikel 1505

Die in Artikel 1504 vorgesehene Nichtigkeitsbeschwerde wird vor dem Appellationsgerichtshof eingelegt, in dessen Bezirk der Spruch erlassen worden ist. Dieses Rechtsmittel ist ab Verkündung des Spruches zulässig; es hört auf es zu sein, wenn es nicht in dem Monat der Zustellung des für vollstreckbar erklärten Spruches eingelegt worden ist.

Article 1506

Le délai pour exercer les recours prévus aux articles 1501, 1502 et 1504 suspend l'exécution de la sentence arbitrale. Le recours exercé dans le délai est également suspensif.

Artikel 1506

Die Frist zur Einlegung der in den Artikeln 1501, 1502 und 1504 vorgesehenen Rechtsmittel schiebt die Vollstreckbarkeit des Schiedsspruches auf. Das in der Frist eingelegte Rechtsmittel ist ebenfalls aufschiebend.

Article 1507

Les dispositions du titre IV du présent livre, à l'exception de celles de l'alinéa 1er de l'article 1487 et de l'article 1490, ne sont pas applicables aux voies de recours.

. . .

Artikel 1507

Die Bestimmungen des IV. Titels dieses Buches, mit Ausnahme derer des Artikels 1487 Absatz 1 und des Artikels 1490 sind auf die Rechtsmittel nicht anwendbar.

. . .

Troisème partie Dispositions diverses et transitoires

Article 41

Les références faites par les textes en vigueur aux dispositions abrogées par le présent décret sont réputées faites, en tant que de raison, à celles qui leur correspondent dans le nouveau code de procédure civile.

. . .

Article 55

Les dispositions du titre V du livre IV du nouveau code de procédure civile ne s'appliqueront qu'aux conventions d'arbitrage conclues à compter de la date de publication du présent décret.

Dritter Teil Übergangs- und Schlußbestimmungen

Artikel 41

Die Bezugnahme von in Kraft befindlichen Texten auf die durch das vorliegende Dekret aufgehobenen Bestimmungen gelten – soweit sinnvoll – als auf diejenigen gemacht, die ihnen in dem neuen Zivilprozeßgesetzbuch entsprechen.

. . .

Artikel 55

Die Bestimmungen des V. Titels des IV. Buches des neuen Zivilprozeßgesetzbuches finden nur auf Schiedsvereinbarungen Anwendung, die seit dem Datum der Veröffentlichung des vorliegenden Dekrets abgeschlossen worden sind.

Article 56

Les dispositions du titre VI du livre IV du nouveau code de procédure civile ne s'appliqueront que si la sentence arbitrale a été rendue après la date de publication du présent décret.

...

Artikel 56

Die Bestimmungen des VI. Titels des IV. Buches des neuen Zivilprozeßgesetzbuches finden nur Anwendung, wenn der Schiedsspruch nach dem Datum der Veröffentlichung des vorliegenden Dekrets erlassen worden ist.

...

Anhang 2

Code civil (Livre III)

Titre seizième Du compromis
(L. no 72-626 du 5 juillet 1972)

Article 2059

Toutes personnes peuvent compromettre sur les droits dont elles ont la libre disposition.

Article 2060

On ne peut compromettre sur les questions d'état et de capacité des personnes, sur celles relatives au divorce et à la séparation de corps ou sur les contestations intéressant les collectivités publiques et les établissements publics et plus généralement dans toutes les matières qui intéressent l'ordre public.

Toutefois, des catégories d'établissements publics à caractère industriel et commercial peuvent être autorisées par décret à compromettre.

Article 2061

La clause compromissoire est nulle s'il n'est disposé autrement par la loi.

Zivilgesetzbuch (III. Buch)

Sechzehnter Titel Vom Schiedsvertrag
(in der Fassung des Gesetzes Nr. 72–626 vom 5. Juli 1972)

Artikel 2059

Alle Personen können Schiedsverträge abschließen über die Rechte, die sie zur freien Verfügung haben.

Artikel 2060

Man kann keinen Schiedsvertrag abschließen über Fragen des Personenstandes oder der Geschäftsfähigkeit, über diejenigen bezüglich der Ehescheidung und der Trennung der ehelichen Lebensgemeinschaft oder über die Gebietskörperschaften oder juristische Personen des öffentlichen Rechts interessierenden Streitfälle oder, allgemeiner, in allen die öffentliche Ordnung interessierenden Angelegenheiten.

Jedoch können bestimmte Arten juristischer Personen des öffentlichen Rechts industrieller oder kaufmännischer Natur durch Rechtsverordnung berechtigt werden, Schiedsverträge abzuschließen.

Artikel 2061

Die Schiedsklausel ist nichtig, es sei denn, etwas anderes wird durch Gesetz bestimmt.

Anhang 3

Code de commerce (Livre IV, Titre II)

Article 631 (loi du 31 décembre 1925)

Les tribunaux de commerce connaîtront:

1° Des contestations relatives aux engagements et transactions entre négociants, marchands et banquiers;

2° Des contestations entre associés, pour raison d'une société de commerce;

3° De celles relatives aux actes de commerce entre toutes personnes.

Toutefois, les parties pourront, au moment où elles contractent, convenir de soumettre à des arbitres les contestations ci-dessus énumérées, lorsqu'elles viendront à se produire.

Handelsgesetzbuch (IV. Buch, II. Titel)

Artikel 631 (i. d. F. des Gesetzes vom 31. Dezember 1925)

Die Handelsgerichte erkennen:

1. Über die Streitfälle bezüglich Verpflichtungen und Geschäfte zwischen Händlern, Kaufleuten und Bankiers;
2. Über die Streitfälle zwischen Gesellschaftern wegen einer Handelsgesellschaft;
3. Über diejenigen bezüglich Handelsgeschäfte zwischen allen Personen.

Jedoch können die Parteien zum Zeitpunkt des Vertragsschlusses vereinbaren, die oben aufgezählten Streitfälle, wenn sie sich ereignen, Schiedsrichtern zu unterbreiten.

Anhang 4

Bestimmungen des (ehemaligen) Zivilprozeßgesetzbuches, die durch Dekret Nr. 80–354 vom 14. 5. 1980 aufgehoben worden sind
(Ancien) Code de Procédure Civil

Livre troisième

Titre unique Des arbitrages

Articles 1003 et 1004

(Abrogés par loi n° 72–626 du 5 juillet 1972, art. 16.)

Article 1005

– Le compromis pourra être fait par procès-verbal devant les arbitres choisis, ou par acte devant notaire, ou sous signature privée.

Article 1006

– Le compromis désignera les objets en litige et les noms des arbitres, à peine de nullité.

Article 1007

– Le compromis sera valable, encore qu'il ne fixe pas de délai; et, en ce cas, la mission des arbitres ne durera que trois mois, du jour du compromis.

Article 1008

– Pendant le délai de l'arbitrage, les arbitres ne pourront être révoqués que du consentement unanime des parties.

Article 1009

– Les parties et les arbitres suivront, dans la procédure, les délais et les formes établis pour les tribunaux, si les parties n'en sont autrement convenues.

Article 1010

– Les parties pourront, lors et depuis le compromis, renoncer à l'appel.

Lorsque l'arbitrage sera sur appel ou sur requête civile, le jugement arbitral sera définitif et sans appel.

Article 1011

– Les actes de l'instruction et les procès-verbaux du ministère des arbitres seront faits par touts les arbitres, si le compromis ne les autorise à commettre l'un d'eux.

Article 1012

– Le compromis finit: 1° par le décès, refus, déport ou empêchement d'un des arbitres, s'il n'y a clause qu'il sera passé outre, ou que le remplacement sera au choix des parties ou au choix de l'arbitre ou des arbitres restants; 2° par l'expiration du délai stipulé, ou de celui de trois mois s'il n'en a pas été réglé; 3° par le partage, si les arbitres n'ont pas le pouvoir de prendre un tiers arbitre.

Article 1013

– Le décès, lorsque tous les héritiers sont majeurs, ne mettra pas fin au compromis: le délai pour instruire et juger sera suspendu pendant celui pour faire inventaire et délibérer.

Article 1014

– Les arbitres ne pourront se déporter, si leurs opérations sont commencées; ils ne pourront être récusés si ce n'est pour cause survenue depuis le compromis.

Article 1015

– S'il est formé inscription de faux, même purement civile, ou s'il s'élève quelque incident criminel, les arbitres délaisseront les parties à se pourvoir, et les délais de l'arbitrage continueront à courir du jour du jugement de l'incident.

Article 1016

– Chacune des parties sera tenue de produire ses défenses et pièces, une quinzaine au moins avant l'expiration du délai du compromis; et seront tenus les arbitres de juger sur ce qui aura été produit.

Le jugement sera signé par chacun des arbitres; et dans le cas où il y aurait plus de deux arbitres, si la minorité refusait de le signer, les autres arbitres en feraient mention, et le jugement aura le même effet que s'il avait été signé par chacun des arbitres.

Un jugement arbitral ne sera, dans aucun cas, sujet à l'opposition.

Article 1017

– En cas de partage, les arbitres autorisés à nommer un tiers seront tenus de le faire par la décision qui prononce le partage: s'ils ne peuvent en convenir, ils le déclareront sur le procès-verbal, et le tiers sera nommé par le président du tribunal qui doit ordonner l'exécution de la décision arbitrale.

Il sera, à cet effet, présenté requête par la partie la plus diligente.

Dans les deux cas, les arbitres divisés seront tenus de rédiger leur avis distinct et motivé, soit dans le même procès-verbal, soit dans des procès-verbaux séparés.

Article 1018

– Le tiers arbitre sera tenu de juger dans le mois du jour de son acceptation, à moins que ce délai n'ait été prolongé par l'acte de la nomination: il ne pourra prononcer qu'après avoir conféré avec les arbitres divisés, qui seront sommés de se réunir à cet effet.

Si tous les arbitres ne se réunissent pas, le tiers arbitre prononcera seul, et néanmoins il sera tenu de se conformer à l'un des avis des autres arbitres.

Article 1019

– Les arbitres et tiers arbitres décideront d'après les règles du droit, à moins que le compromis ne leur donne pouvoir de prononcer comme amiables compositeurs.

Article 1020

– Le jugement arbitral sera rendu exécutoire par une ordonnance du président du tribunal de grande instance dans le ressort duquel il a été rendu: à cet effet, la minute du jugement sera déposée dans les trois jours, par l'un des arbitres, au greffe du tribunal.

S'il avait été compromis sur l'appel d'un jugement, la décision arbitrale sera déposée au greffe du tribunal d'appel, et l'ordonnance rendue par le président de ce tribunal.

Les poursuites pour les frais du dépôt et les droits d'enregistrement ne pourront être faites que contre les parties.

Article 1021

– Les jugements arbitraux, même ceux préparatoires, ne pourront être exécutés qu'après l'ordonnance qui sera accordée, à cet effet, par le président du tribunal, au bas ou en marge de la minute, sans qu'il soit besoin d'en communiquer au ministère public; et sera ladite ordonnance expédiée en suite de l'expédition de la décision.

La connaissance de l'exécution du jugement appartient au tribunal qui a rendu l'ordonnance.

Article 1022

– Les jugements arbitraux ne pourront, en aucun cas, être opposés à des tiers.

Article 1023

– L'appel des jugements arbitraux est porté devant la cour d'appel.

Article 1024

– Les règles sur l'exécution provisoire des jugements des tribunaux sont applicables aux jugements arbitraux.

Article 1025

– Si l'appel est rejeté, l'appellant sera condamné à la même amende que s'il s'agissait d'un jugement des tribunaux ordinaires.

Article 1026

– Le recours en révision pourra être pris contre les jugements arbitraux, dans les délais, formes et cas ci-devant désignés pour les jugements des tribunaux ordinaires.

Il sera porté devant le tribunal qui eût été compétent pour connaître de l'appel.

Article 1027

(Abrogé par décret nº 75–1122 du 5 décembre 1975.)

Article 1028

– Il ne sera besoin de se pourvoir par appel ni recours en revision dans les cas suivants:

1° Si le jugement a été rendu sans compromis, ou hors des termes du compromis.

2° S'il l' été (rendu) sur compromis nul ou expiré;

3° S'il n'a été rendu que par quelques arbitres non autorisés à juger en l'absence des autres;

4° S'il l'a été (rendu) par un tiers sans en avoir conféré avec les arbitres partagés;

5° Enfin, s'il a été prononcé sur choses non demandées.

Dans tous ces cas, les parties se pourvoiront par opposition, à l'ordonnance d'exécution, devant le tribunal qui l'aura rendue, et demanderont la nullité de l'acte qualifié jugement arbitral.

Il ne pourra y avoir recours en cassation que contre les jugements des tribunaux, rendus soit sur recours in révision soit sur appel d'un jugement arbitral.

Anhang 5

Bestimmungen des Neuen Zivilprozeßgesetzbuches betreffend die Prozeßleitgrundsätze, auf die in Art. 1460 Absatz 2 verwiesen wird

Livre premier Titre premier

Chapitre 1er

Section II L'objet du litige

Article 4

L'objet du litige est déterminé par les prétentions respectives des parties.

Ces prétentions sont fixées par l'acte introductif d'instance et par les conclusions en défense. Toutefois, l'objet du litige peut être modifié par des demandes incidentes lorsque celles-ci se rattachent aux prétentions originaires par un lien suffisant.

Article 5

Le juge doit se prononcer sur tout ce qui est demandé et seulement sur ce qui est demandé.

Section III Les faits

Article 6

A l'appui de leurs prétentions, les parties ont la charge d'alléguer les faits propres à les fonder.

Erstes Buch – Erster Titel

1. Kapitel

Abschnitt II Der Streitgegenstand

Artikel 4

Der Streitgegenstand wird durch die jeweiligen Ansprüche der Parteien bestimmt.

Diese Ansprüche werden in der Klageschrift und in der Klageerwiderung festgelegt. Jedoch kann der Streitgegenstand durch Klageergänzungen geändert werden, sofern diese mit den ursprünglichen Ansprüchen in einem genügenden Zusammenhang stehen.

Artikel 5

Der Richter muß sich über alle Klagepunkte und nur über sie erklären.

Abschnitt III Der Sachverhalt

Artikel 6

Zur Unterstützung ihrer Ansprüche obliegt es den Parteien, die Tatsachen zu behaupten, die zu ihrer Begründung geeignet sind.

Article 7

Le juge ne peut fonder sa décision sur des faits qui ne sont pas dans le débat.

Parmi les éléments du débat, le juge peut prendre en considération même les faits que les parties n'auraient pas spécialement invoqués au soutien de leurs prétentions.

Artikel 7

Der Richter kann seine Entscheidung nicht auf Tatsachen stützen, die nicht Gegenstand der Verhandlung sind.

Von den Verhandlungsgegenständen kann der Richter sogar die Tatsachen berücksichtigen, auf die die Parteien sich nicht ausdrücklich zur Begründung ihrer Ansprüche berufen haben.

Article 8

Le juge peut inviter les parties à fournir les explications de fait qu'il estime nécessaires à la solution du litige.

Artikel 8

Der Richter kann die Parteien auffordern, die Erläuterungen zum Sachverhalt zu geben, die er für die Lösung der Streitigkeit für erforderlich hält.

Section IV Les preuves

Article 9

Il incombe à chaque partie de prouver conformément à la loi les faits nécessaires au succès de sa prétention.

Abschnitt IV Die Beweise

Artikel 9

Es obliegt jeder Partei, entsprechend dem Gesetz die Tatsachen zu beweisen, die für den Erfolg ihres Anspruches erforderlich sind.

Article 10

Le juge a le pouvoir d'ordonner d'office toutes les mesures d'instruction légalement admissibles.

Artikel 10

Der Richter ist befugt, von Amts wegen alle gesetzlich zulässigen Beweisaufnahmen anzuordnen.

Article 11

Les parties sont tenues d'apporter leur concours aux mesures d'instruction sauf au juge à tirer toute conséquence d'une abstention ou d'un refus.

Artikel 11

Die Parteien sind gehalten, an der Beweisaufnahme mitzuwirken, und es bleibt dem Richter überlassen, jegliche Schlußfolgerung aus einer Enthaltung oder einer Verweigerung zu ziehen.

Section V Le droit

Article 13

Le juge peut inviter les parties à fournir les explications qu'il estime nécessaires à la solution du litige.

Abschnitt V Das Recht

Artikel 13

Der Richter kann die Parteien auffordern, die Erläuterungen zu geben, die er für die Lösung der Streitigkeit für erforderlich hält.

Section VI La contradiction

Article 14

Nulle partie ne peut être jugée sans avoir été entendue ou appelée.

Article 15

Les parties doivent se faire connaître mutuellement en temps utile les moyens de fait sur lesquels elles fondent leurs prétentions, les éléments de preuve qu'elles produisent et les moyens de droit qu'elles invoquent, afin que chacune soit à même d'organiser sa défense.

Article 16

Le juge doit en toutes circonstances faire observer le principe de la contradiction.

Il ne peut retenir, dans sa décision, les moyens, les explications et les documents invoqués ou produits par les parties que si celles-ci ont été à même d'en débattre contradictoirement.

Il ne peut fonder sa décision sur les moyens de droit qu'il a relevés d'office sans avoir invité au préalable les parties à présenter leurs observations.

Article 17

Lorsque la loi permet ou la nécessité commande qu'une mesure soit ordonnée à l'insu d'une partie, celle-ci dispose d'un recours approprié contre la décision qui lui fait grief.

Section VII La défense

Article 18

Les parties peuvent se défendre elles-mêmes, sous réserve des cas dans lesquels la représentation est obligatoire.

Abschnitt VI Die streitige Verhandlung

Artikel 14

Keine Partei kann verurteilt werden, ohne gehört oder aufgerufen worden zu sein.

Artikel 15

Die Parteien müssen sich rechtzeitig gegenseitig die Tatsachenbehauptungen, auf die sie ihre Ansprüche gründen, die Beweismittel, die sie vorlegen, und die Rechtsgrundlagen, auf die sie sich berufen, mitteilen, damit jede in der Lage ist, ihre Verteidigung vorzubereiten.

Artikel 16

Der Richter muß bei jeder Gelegenheit den Grundsatz der streitigen Verhandlung walten lassen.

Er kann in seiner Entscheidung die von den Parteien vorgebrachten oder vorgelegten Angriffs- und Verteidigungsmittel, Erläuterungen und Unterlagen nur berücksichtigen, wenn die Parteien in der Lage waren, darüber streitig zu verhandeln.

Er kann seine Entscheidung nicht auf Rechtsgrundlagen stützen, die er von Amts wegen ermittelt hat, ohne zuvor die Parteien aufgefordert zu haben, dazu Stellung zu nehmen.

Artikel 17

Wenn das Gesetz es zuläßt oder die Notwendigkeit es gebietet, daß eine Maßnahme ohne Wissen einer Partei angeordnet wird, dann verfügt diese über ein geeignetes Rechtsmittel gegen die Entscheidung, die zu ihrem Nachteil ergeht.

Abschnitt VII Die Verteidigung

Artikel 18

Die Parteien können sich selbst verteidigen außer in den Fällen, in denen die Vertretung geboten ist.

Article 19

Les parties choisissent librement leur défenseur soit pour se faire représenter, soit pour se faire assister suivant ce que la loi permet ou ordonne.

Article 20

Le juge peut toujours entendre les parties elles-mêmes.

Section VIII La conciliation

Article 21

Il entre dans la mission du juge de concilier les parties.

Artikel 19

Die Parteien wählen frei ihren Verteidiger aus, entweder um sich vertreten zu lassen oder um sich unterstützen zu lassen, je nach dem was das Gesetz zuläßt oder vorschreibt.

Artikel 20

Der Richter kann jederzeit die Parteien selbst anhören.

Abschnitt VIII Die Versöhnung

Artikel 21

Es gehört zu dem Amt des Richters, die Parteien zu versöhnen.

Anhang 6

Rapport du garde des sceaux, Ministre de la Justice au Premier Ministre

relatif au projet de décret instituant les dispositions des livres III et IV du nouveau code de procédure civile et modifiant certaines dispositions de ce code

Le nouveau code de procédure civile institué par le décret n° 75-1123 du 5 décembre 1975 ne comporte actuellement que deux livres. Le premier est relatif aux dispositions communes à toutes les juridictions; le second contient les dispositions particulières à chaque juridiction.

Il est maintenant proposé de compléter le nouveau code par un livre III consacré aux procédures spéciales à certaines matières et par un livre IV relatif à l'arbitrage. L'institution des dispositions de ces deux nouveaux livres qui achèvent l'œuvre de la commission de réforme de la procédure civile présidée par M. Jean Foyer, fait l'objet de la première partie du présent projet de décret.

Il a paru en outre utile d'apporter aux deux livres déjà publiés du nouveau code de procédure civile quelques améliorations que la pratique a révélé opportunes. C'est l'objet de la deuxième partie du projet qui comporte également une troisième partie concernant les dispositions diverses et transitoires.

...

Bericht des Siegelbewahrers und Justizministers an den Premierminister

betreffend den Entwurf des Dekretes zur Einführung der Bestimmungen des III. und IV. Buches des neuen Zivilprozeßgesetzbuches und zur Änderung gewisser Bestimmungen dieses Gesetzbuches

Das durch Dekret Nr. 75-1123 vom 5. Dezember 1975 eingeführte neue Zivilprozeßgesetzbuch enthält derzeit nur zwei Bücher. Das erste betrifft die gemeinsamen Bestimmungen für alle Gerichte; das zweite enthält die besonderen Bestimmungen für jedes Gericht.

Es ist jetzt vorgesehen, das neue Gesetzbuch durch ein III. Buch, das den besonderen Verfahren für bestimmte Angelegenheiten gewidmet ist, und durch ein IV. Buch bezüglich des Schiedsverfahrens zu ergänzen. Die Einführung der Bestimmungen dieser beiden neuen Bücher, die die Arbeit der von Jean Foyer geleiteten Kommission über die Reform des Zivilverfahrens abschließt, bildet den Gegenstand des ersten Teiles des vorliegenden Dekretentwurfes.

Es erschien gleichfalls nützlich, hinsichtlich der beiden bereits veröffentlichten Bücher des neuen Zivilprozeßgesetzbuches einige Verbesserungen anzubringen, die sich in der Praxis als tunlich erwiesen haben. Dies ist der Gegenstand des zweiten Teils des Entwurfes, welcher auch einen dritten Teil betreffend die Übergangsbestimmungen enthält.

...

Le livre IV – L'arbitrage – introduit dans le nouveau code de procédure civile le décret n° 80-354 du 14 mai 1980 complété par des dispositions relatives à l'arbitrage international (titre V) et à la reconnaissance et l'exécution forcée des sentences arbitrales rendues à l'étranger ou en matière d'arbitrage international (titre VI).

La codification du décret du 14 mai 1980 appelle des observations sur deux points.

L'article 1475 qui précise les pouvoirs de l'arbitre en matière d'interprétation et de rectification de la sentence arbitrale ne fait plus référence à l'article 464 du nouveau code de procédure civile car cette référence n'est pas en conformité avec la première phrase de l'alinéa 2 qui ne vise pas le cas de rectification prévu à l'article 464.

L'article 1487 est complété par un alinéa qui permet de modifier ou de préciser la qualification donnée par les parties au moment où la déclaration est faite, à la voie de recours exercée contre la sentence arbitrale lorsque la cour d'appel est saisie. L'appel et le recours en annulation sont en effet formés par déclaration, et il peut, dans certains cas, s'avérer malaisé de préciser, dès la déclaration, la qualification exacte de la voie de recours exercée.

La réforme de la procédure de l'arbitrage en matière interne, sans remettre évidemment en cause les principes dégagés par la jurisprudence de la Cour de cassation en ce qui concerne l'arbitrage international, ni les règles émanant en cette matière des conventions internationales ratifiées par la France, a soulevé un certain nombre de difficultés en ce qui concerne la transposition des dispositions nouvelles à la matière de l'arbitrage international.

Das IV. Buch – Das Schiedsverfahren – führt in das neue Zivilprozeßgesetzbuch das Dekret Nr. 80-354 vom 14. Mai 1980 ein, ergänzt um die Bestimmungen betreffend das internationale Schiedsverfahren (Titel V) und die Anerkennung und Zwangsvollstreckung von im Ausland oder im internationalen Schiedsverfahren erlassenen Schiedssprüchen (Titel VI).

Die Kodifizierung des Dekrets vom 14. Mai 1980 gibt Anlaß zu zwei Bemerkungen:

Der Artikel 1475, der die Befugnisse des Schiedsrichters hinsichtlich der Auslegung und der Berichtigung des Schiedsspruches näher bestimmt, nimmt nicht mehr Bezug auf den Artikel 464 des neuen Zivilprozeßgesetzbuches, denn diese Bezugnahme steht nicht im Einklang mit dem ersten Satz von Absatz 2, der nicht den Fall der in Artikel 464 vorgesehenen Berichtigung betrifft.

Der Artikel 1487 wird durch einen Absatz vervollständigt, der es erlaubt, die von den Parteien bei Abgabe der Erklärung gemachte juristische Qualifikation des Rechtsmittels, das gegen einen Schiedsspruch eingelegt ist, zu ändern oder näher zu bestimmen, wenn der Appellationsgerichtshof befaßt ist. Die Berufung und die Nichtigkeitsbeschwerde werden nämlich durch Erklärung eingelegt, und es kann sich in bestimmten Fällen als schwierig erweisen, bereits mit der Erklärung die genaue Qualifikation des eingelegten Rechtsmittels vorzunehmen.

Die Reform des Verfahrens der Schiedsgerichtsbarkeit in internen Angelegenheiten hat, ohne selbstverständlich die von der Rechtsprechung des Kassationsgerichtshofes betreffend die internationale Schiedsgerichtsbarkeit entwickelten Grundsätze oder die insoweit sich aus den von Frankreich ratifizierten internationalen Übereinkommen ergebenden Regeln in Frage zu stellen, eine Reihe von Schwierigkeiten hinsichtlich der Übertragung der neuen Bestimmungen auf die internationale Arbitrage ausgelöst.

D'une part, en effet, le nouveau régime de l'arbitrage interne contient des dispositions impératives qui risqueraient de paralyser l'arbitrage dans le domaine international alors que la Cour de cassation a précisément admis la spécificité et la validité de celui-ci sur notre territoire dans la mesure où il met en jeu des intérêts du commerce international; d'autre part, et surtout, depuis le décret du 14 mai 1980, une incertitude s'est manifestée à propos de l'existence de voies de recours à l'encontre notamment des sentences rendues en France en matière d'arbitrage international et de la compétence en ce domaine de la cour d'appel, compte tenu de la centralisation des voies de recours devant cette juridiction sur le plan interne.

Ces considérations expliquent la répartition de la matière en deux titres: le premier traite de l'arbitrage international proprement dit (Titre V) en le définissant et en marquant, dans un sens libéral, sa spécificité par rapport à l'arbitrage interne; le second titre (Titre VI) comporte deux chapitres, l'un consacré à la reconnaissance et à l'exécution forcée des sentences, l'autre aux voies de recours.

Les dispositions du Titre V consacrent très largement les solutions acquises dans la jurisprudence de la Cour de cassation, les formulations des conventions internationales (notamment la convention de Genève du 21 avril 1961) ainsi que la pratique du commerce international reflétée principalement par les règlements d'arbitrage les plus largement reconnus (règlement d'arbitrage de la Commission des Nations Unies pour le Droit Commercial international – C.N.U.D.C.I. – règlement de la Chambre de commerce internationale).

Il en est ainsi de la définition de l'arbitrage international (article 1492), des modalités de désignation des arbitres

In der Tat enthält einerseits die neue Ordnung des internen Schiedsverfahrens zwingende Vorschriften, bei denen die Gefahr besteht, daß sie die Schiedsgerichtsbarkeit im internationalen Bereich lähmen, obwohl der Kassationsgerichtshof gerade deren Besonderheit und Gültigkeit auf unserem Hoheitsgebiet zugelassen hat, insoweit als sie die Interessen des internationalen Handels zum Zuge kommen läßt; andererseits und vor allem hat sich seit dem Dekret vom 14. Mai 1980 eine Ungewißheit herausgestellt hinsichtlich des Bestehens von Rechtsmitteln insbesondere gegen in Frankreich in internationalen Schiedsverfahren erlassene Schiedssprüche und hinsichtlich der Zuständigkeit des Appellationsgerichtshofes in diesem Bereich unter Berücksichtigung der Zusammenfassung der Rechtsmittel vor diesem Gericht im internen Bereich.

Diese Erwägungen erklären die Aufteilung des Stoffes in zwei Titel: Der erste behandelt das internationale Schiedsverfahren im eigentlichen Sinne (V. Titel), indem er es definiert und in einem liberalen Sinn seine Besonderheit gegenüber dem internen Schiedsverfahren kennzeichnet; der zweite Titel enthält zwei Kapitel, eines betreffend die Anerkennung und Zwangsvollstreckung der Schiedssprüche, das andere die Rechtsmittel.

Die Bestimmungen des V. Titels bestätigen in weitem Maße die in der Rechtsprechung des Kassationsgerichtshofes gesicherten Lösungen, die Formulierungen der internationalen Übereinkommen (insbesondere des Genfer Übereinkommens vom 21. April 1961), sowie die Praxis des internationalen Handels, wie sie sich vor allem in den am meisten anerkannten Schiedsordnungen widerspiegelt (Schiedsordnung der Kommission der Vereinten Nationen für ein internationales Handelsrecht – UNCITRAL –, Ordnung der Internationalen Handelskammer).

Dies gilt für die Definition des internationalen Schiedsverfahrens (Artikel 1492), die Art der Benennung der Schieds-

(art. 1493), du choix des règles applicables à la procédure arbitrale par les parties ou par l'arbitre (article 1494) et des pouvoirs de l'arbitre (articles 1496 et 1497).

Les dispositions nouvelles sur l'arbitrage international ne concernent que la procédure et ne remettent nullement en cause les principes maintenant bien établis par la jurisprudence de la Cour de cassation en ce qui concerne le régime juridique de l'arbitrage international; il en est ainsi notamment de la portée de la convention d'arbitrage international au sujet de laquelle il a été jugé qu'il ne pouvait y être mis obstacle au motif que la convention principale serait nulle, que la convention d'arbitrage porterait sur un litige non encore né, qu'une telle convention aurait été conclue par un Etat ou une personne morale de droit public ou que les règles par application desquelles le litige devrait être tranché présenteraient un caractère d'ordre public.

Dans le domaine des règles de procédure applicables à l'arbitrage international, le lien avec les dispositions sur l'arbitrage interne (Titres I, II et III) est assuré par l'article 1495 qui prévoit l'application de ces dispositions au cas où l'arbitrage international tel que défini à l'article 1492 aurait été soumis à la loi française, par la volonté des parties ou de l'arbitre. Mais, même dans ce cas, la spécificité et le libéralisme propres à l'arbitrage international ont conduit à faire prévaloir les conventions particulières entre les parties ainsi que les dispositions du Titre V.

Le chapitre Ier du Titre VI consacré à la reconnaissance et à l'exécution forcée vise à la fois les sentences rendues à l'étranger et celles rendues en matière

richter (Artikel 1493), die Wahl der auf das Schiedsverfahren anwendbaren Regeln durch die Parteien oder durch den Schiedsrichter (Artikel 1494) und für die Befugnisse des Schiedsrichters (Artikel 1496 und 1497).

Die neuen Bestimmungen über die internationale Schiedsgerichtsbarkeit betreffen nur das Verfahren und stellen auf keinen Fall die nunmehr in der Rechtsprechung des Kassationsgerichtshofes gefestigten Grundsätze zum Recht der internationalen Schiedsgerichtsbarkeit in Frage; dies gilt insbesondere hinsichtlich der Tragweite der Vereinbarung internationalen Schiedsverfahrens, zu der entschieden worden ist, daß ihr nicht entgegengehalten werden kann, die Hauptvereinbarung sei nichtig, die Schiedsvereinbarung beziehe sich auf eine noch nicht entstandene Streitigkeit, eine solche Vereinbarung sei von einem Staat oder einer juristischen Person des öffentlichen Rechts geschlossen worden oder die Normen, nach denen die Streitigkeit entschieden werden müsse, gehörten zur öffentlichen Ordnung.

Im Bereich der auf die internationale Schiedsgerichtsbarkeit anwendbaren Verfahrensregeln wird die Verbindung mit den Bestimmungen zum internen Schiedsverfahren (I., II. und III. Titel) durch Artikel 1495 sichergestellt, der die Anwendung dieser Bestimmungen für den Fall vorsieht, daß das internationale Schiedsverfahren, so wie es in Artikel 1492 definiert wird, dem französischen Recht durch den Willen der Parteien oder des Schiedsrichters unterworfen worden ist. Aber selbst in diesem Falle haben die Eigentümlichkeit und der Liberalismus der internationalen Schiedsgerichtsbarkeit dazu geführt, den besonderen Vereinbarungen zwischen den Parteien sowie den Bestimmungen des V. Titels Vorrang einzuräumen.

Das der Anerkennung und der Zwangsvollstreckung gewidmete erste Kapitel des VI. Titels betrifft sowohl die im Ausland als auch die im internationalen Schiedsd'arbitrage international tel que défini au Titre V; ces dernières peuvent avoir été rendues aussi bien en France qu'a l'étranger.

Outre des dispositions particulières nécessitées par la nature propre de ces deux types de sentences (non contrariété avec l'ordre public international français – article 1498 – preuve de l'existence de la sentence et problème de sa traduction en français – article 1499), ce chapitre (article 1500) renvoie pour le surplus aux articles pertinents du Titre III relatifs à l'autorité de la chose jugée et à l'exécution des sentences rendues en matière d'arbitrage interne.

Bien que ce ne soit pas expressément indiqué dans ce chapitre, les dispositions de celui-ci, aussi bien que celles du chapitre II, ne font évidemment pas obstacle à l'application des conventions bilatérales applicables ou de la Convention de New York du 10 juin 1958 sur la reconnaissance et l'exécution des sentences arbitrales étrangères en ce qui concerne les sentences rendues dans les autres Etats contractants puisque la France a effectué la déclaration de l'article I-3 de cette dernière convention.

Le chapitre II relatif aux voies de recours est applicable aussi bien aux sentences rendues à l'étranger qu'aux sentences rendues en France en matière d'arbitrage international. Toutefois, dans ce dernier cas, une disposition particulière (article 1504) ouvre un recours en annulation contre ces sentences. En effet, s'il est exclu d'ouvrir devant le juge français une voie d'annulation à l'encontre d'une sentence rendue à l'étranger, il n'est pas indifférent en revanche pour l'ordre juridique français de contrôler que toutes les sentences rendues en France aient été régulièrement rendues, fût-ce en matière d'arbitrage international. Les dispositions de l'article 1502 auxquelles renvoie l'ar-

verfahren (so wie im V. Titel definiert) erlassenen Schiedssprüche; letztere können sowohl in Frankreich als auch im Ausland erlassen worden sein.

Außer den besonderen, wegen der eigenen Natur dieser beiden Arten von Schiedssprüchen erforderlichen Bestimmungen (Nicht-Widerspruch zum französischen internationalen »ordre public« – Artikel 1498 –, Beweis des Bestehens des Schiedsspruches und Problem seiner Übersetzung ins Französische – Artikel 1499) verweist dieses Kapitel (Artikel 1500) im übrigen auf die einschlägigen Bestimmungen des III. Titels betreffend die Rechtskraft und die Vollstreckung der in internen Schiedsverfahren erlassenen Schiedssprüche.

Obwohl dies nicht ausdrücklich in diesem Kapitel gesagt ist, stehen dessen Bestimmungen ebenso wie die des zweiten Kapitels selbstverständlich nicht der Anwendung der anwendbaren bilateralen Übereinkommen entgegen oder dem New Yorker Übereinkommen vom 10. Juni 1958 über die Anerkennung und Vollstreckung ausländischer Schiedssprüche, soweit es um in den anderen Vertragsstaaten erlassene Schiedssprüche geht, da Frankreich die Erklärung gemäß Artikel I bis 3 des zuletzt genannten Übereinkommens abgegeben hat.

Das Kapitel II betreffend die Rechtsmittel ist sowohl für im Ausland als auch für in Frankreich im internationalen Schiedsverfahren erlassene Schiedssprüche anwendbar. Jedoch eröffnet für den letztgenannten Fall eine besondere Bestimmung (Artikel 1504) eine Nichtigkeitsbeschwerde gegen diese Schiedssprüche. Wenn es nämlich ausgeschlossen ist, vor dem französischen Richter einen Weg der Aufhebung gegenüber einem im Ausland erlassenen Schiedsspruch zu eröffnen, ist es im Gegensatz dazu für die französische Rechtsordnung nicht gleichgültig zu überprüfen, daß alle in Frankreich erlassenen Schiedssprüche ordnungsgemäß erlassen worden sind, selbst wenn es sich um interticle 1504 sont donc analogues à celles de l'article 1484, la contrariété à l'ordre public devenant ici, s'agissant d'une sentence rendue en matière d'arbitrage international, la contrariété à l'ordre public international.

En ce qui concerne l'appel, il était également exclu d'ouvrir cette voie de recours aussi bien contre les sentences rendues à l'étranger que contre celles rendues en France en matière d'arbitrage international (dans ce dernier cas le recours en annulation permet, comme indiqué ci-dessus, le contrôle nécessaire). Mais il en va différemment à propos des décisions qui accordent ou refusent la reconnaissance ou l'exécution forcée des sentences rendues à l'étranger ou en matière d'arbitrage international. Comme pour le recours en annulation, les cas d'ouverture de l'appel contre la décision qui accorde la reconnaissance ou l'exécution (article 1502) sont analogues à ceux qui sont mentionnés à l'article 1484, avec la même adaptation en ce qui concerne la contrariété à l'ordre public.

De même qu'en matière d'arbitrage interne, c'est la cour d'appel qui connaît des recours prévus au titre VI (articles 1503 et 1505), que ce soit pour l'annulation des sentences rendues en France en matière d'arbitrage international (cour d'appel dans le ressort de laquelle la sentence a été rendue) ou pour l'appel des décisions statuant sur la reconnaissance ou l'exécution (cour d'appel dont relève le juge qui a statué). Les dispositions relatives aux délais sont identiques à celles qui sont applicables en matière d'arbitrage interne.

Afin de marquer la spécificité des voies de recours pour les sentences rendues à

nationale Schiedsgerichtsbarkeit handelt. Die Bestimmungen des Artikel 1502, auf die Artikel 1504 verweist, entsprechen daher denen des Artikel 1484, wobei der Widerspruch zum »ordre public« hier, da es sich um einen im internationalen Schiedsverfahren erlassenen Schiedsspruch handelt, der Widerspruch zum internationalen »ordre public« wird.

Hinsichtlich der Berufung war es gleichfalls ausgeschlossen, dieses Rechtsmittel gegen die im Ausland erlassenen ebenso wie auch gegen die in Frankreich im internationalen Schiedsverfahren erlassenen Schiedssprüche zu eröffnen (in dem letztgenannten Fall ermöglicht die Nichtigkeitsbeschwerde, wie zuvor gesagt, die erforderliche Nachprüfung). Etwas anderes gilt jedoch für die Entscheidungen, die die Anerkennung oder Zwangsvollstreckung von im Ausland oder in internationalen Schiedsverfahren erlassenen Schiedssprüchen gewähren oder verweigern. Wie für die Nichtigkeitsbeschwerde entsprechen die Fälle der Eröffnung der Berufung gegen die die Anerkennung oder Vollstreckung gewährende Entscheidung (Artikel 1502) denen des Artikel 1484, mit der gleichen Anpassung hinsichtlich des Widerspruchs zum »ordre public«.

Ebenso wie für das interne Schiedsverfahren entscheidet der Appellationsgerichtshof über die im VI. Titel vorgesehenen Rechtsmittel (Artikel 1503 und 1505), gleichgültig, ob es sich um die Aufhebung von in Frankreich in internationalen Schiedsverfahren erlassene Schiedssprüche handelt (Appellationsgerichtshof, in dessen Bezirk der Schiedsspruch erlassen worden ist) oder um die Berufung gegen Entscheidungen, in denen über die Anerkennung und Vollstreckung entschieden worden ist (Appellationsgerichtshof, dem der entscheidende Richter zugeordnet ist). Die Bestimmungen betreffend die Fristen sind identisch mit denen, die für das interne Schiedsverfahren gelten.

Um die Besonderheit der Rechtswege hinsichtlich der im Ausland oder in interl'étranger ou en matière d'arbitrage international, l'article 1507 exclut l'application des dispositions du Titre IV, à l'exception de celles qui sont applicables dans tous les cas (procédure devant la cour d'appel et effets de la décision de rejet de l'appel ou du recours en annulation).

nationalen Schiedsverfahren erlassenen Schiedssprüche zu unterstreichen, schließt Artikel 1507 die Anwendung der Bestimmungen des IV. Titels aus, mit Ausnahme derjenigen, die in jedem Falle anwendbar sind (Verfahren vor dem Appellationsgerichtshof und Wirkungen der die Berufung oder die Nichtigkeitsbeschwerde verwerfenden Entscheidung).

Anhang 7

Arrêt de la Cour de Cassation – Chambre civile – du 27 janvier 1931

Dambricourt c/ Rossard et autres

La Cour: – Sur le 2e moyen: – Vu l'article 1134 du Code civil, alinéa 1er; – Attendu que, s'il appartient aux juges du fait de rechercher l'intention des parties et de déterminer le sens et la portée des conventions, ce pouvoir ne saurait aller jusqu'à refuser de les appliquer lorsqu'elles sont claires et formelles; – Att. que, suivant contrat, en date à Paris du 29 janvier 1925, conclu avec le concours des courtiers Salomon et Cie, Rossard a vendu à Dambricourt une certaine quantité de blé Manitoba dont l'embarquement devait être fait en Amérique avec clause c.a.f., à destination de Saint-Nazaire; que la clause finale relative aux conditions spéciales du marché consistait en une référence pure et simple « à toutes conditions particulières et générales au contrat de Londres n° 30 »; que ce contrat type de la « London Corn Trade Association » porte que le marché doit être considéré comme fait en Angleterre, que les différends, s'il en survient, seront résolus suivant la loi anglaise et que les parties font élection de domicile à Londres; – Att. que Rossard ayant assigné Dambricourt en résiliation de marché devant le tribunal de commerce de son domicile, l'arrêt attaqué a rejeté l'exception d'incompétence soulevée par le défendeur, sous prétexte qu'on pouvait se demander si les parties avaient bien compris la portée d'une clause que le contrat ne visait que par une référence et que l'adoption de la législation étrangère et l'attribution de compétence à la juridiction anglaise ou à des arbitres non désignés pour des litiges non encore nés, ne procédaient que d'une fiction destinée à permettre aux parties d'éluder la prohibition faite par leur loi nationale m'alors, de recourir à la clause compromissoire; – Mais att. que le juge ne peut se dispenser d'appliquer une clause d'un contrat sous le simple prétexte qu'un doute pourrait s'élever sur le point de savoir si les parties ont bien compris la portée de leurs engagements; que l'arrêt attaqué constate que le marché litigieux porte sur la vente de blé de provenance étrangère, avec le concours de courtiers, embarquement en Amérique, transport suivant clause c.a.f. et livraison à St-Nazaire; que ce marché mettant ainsi en jeu des intérêts du commerce international et la nullité de la clause compromissoire édictée par l'article 1006 du Code de procédure civile n'étant pas d'ordre public en France, les parties, même françaises l'une et l'autre, ont pu valablement, dans un contrat conclu, soit à l'étranger, soit en France, déroger aux dispositions de ce texte et se référer pour régler leurs accords à une loi étrangère, telle que la loi anglaise, admettant la validité d'une pareille clause; – D'où il suit qu'en refusant tout effet, tant à la clause compromissoire qu'à la clause attributive de juridiction prévues par le contrat du 29 janvier 1925, l'arrêt attaqué a méconnu les dispositions de cette convention; qu'en statuant ainsi qu'il l'a fait, il a violé le texte ci-dessus visé; – Par ces motifs, et sans qu'il soit besoin de statuer sur le 1er moyen, Casse ...

Anhang 8

Arrêt de la Cour de Cassation – Chambre civile, 1ère Section – du 14 juin 1960

Broutchoux c/ Elmassian

La Cour, Sur le moyen unique:

Attendu que, selon les qualités et les motifs de l'arrêt attaqué, la Société anglaise Elmassian a passé commande à la Société française Veuve Henri Broutchoux et ses fils, de deux cents cartons contenant chacun quarante-huit boîtes de myrtilles au sirop à livrer en Angleterre pour le prix de 6.017.760 fr.; que le bon de commande stipulait que tout différend résultant du contrat ou ayant un rapport quelconque avec celui-ci serait réglé par arbitrage à Londres; qu'après livraison de la marchandise, la Société Elmassian a écrit à la Société Broutchoux que la mauvaise qualité des boîtes ou de l'outillage avait rendu cette marchandise impropre à la consommation, qu'elle lui en a réclamé le remboursement et l'a invitée à désigner, le cas échéant, un arbitre en l'informant qu'elle avait elle-même choisi en cette qualité Franck Cursi; que la venderesse n'ayant pas donné suite à cette lettre, la Société Elmassian a obtenu de la Haute Cour la désignation de Franck Cursi comme arbitre unique; que régulièrement convoquée aux opérations d'arbitrage, la Société Broutchoux a fait défaut et que l'arbitre a rendu une sentence en reconnaissant le bienfondé de la demande; que cette sentence, notifiée à la Société Broutchoux a, en l'absence de cette dernière, qui avait à nouveau fait défaut, été homologuée par le Haute Cour, laquelle a décidé que la somme de 7.076 livres sterling, dont la Société Broutchoux avait été reconnue débitrice, porterait intérêt au taux de 4 % à partir de la date de la sentence;

Attendu que, statuant sur la demande de la Société Elmassian, l'arrêt infirmatif attaqué a dit que la sentence rendue par Franck Cursi et la décision d'homologation de celle-ci seraient exécutoires en France; que le pourvoi reproche à la Cour d'Appel d'avoir accordé l'exequatur à une sentence arbitrale étrangère, qui ne contenait aucun motif, alors que la motivation des jugements est un principe d'ordre public en droit français et, qu'en l'espèce, la sentence ne se référait même pas à un acte de procédure susceptible d'éclairer les juges sur les raisons qui avaient dicté sa décision à l'arbitre;

Mais attendu que l'arbitrage prévu devait, de par la volonté des parties, avoir lieu à Londres et être soumis à la loi anglaise; que l'arrêt observe à cet égard que dans le silence de la convention et en vertu de l'article 6 de l'« arbitration act » du 28 juillet 1950, il était au pouvoir des magistrats anglais de soumettre le différend à un arbitre unique, sans pour autant retirer à l'arbitrage son caractère volontaire; que la Cour d'Appel retient encore que la loi anglaise n'impose pas aux arbitres l'obligation de motiver leurs sentences, que la régularité de la sentence rendue par Franck Cursi au regard de la loi anglaise n'est pas discutée et que l'homologation qui lui a été donnée par la Haute Cour n'a pas eu pour effet de rendre applicable la convention franco-britannique du 18 janvier 1934 relative à l'exécution des jugements; que la Cour recherchant alors si la demande d'exequatur n'était pas contraire à la convention de Genève du 26 septembre 1927 qui, dans son article 1er fixe les conditions nécessaires pour obtenir dans les territoires relevant de l'une des hautes parties contractantes, la reconnaissance de l'autorité de la sentence et l'autorisation de l'exécution, fait état notamment des pouvoirs étendus accordés au juge anglais pour intervenir dans la procédure d'arbitrage et répond par la négative; qu'appelés ainsi à dire si la reconnaissance ou l'exécution de la sentence n'étaient pas contraires à l'ordre public ou aux principes du droit public en France, les juges du second degré ont justement admis que le défaut de motifs de la sentence litigieuse n'était pas, en lui-même, contraire à l'ordre public international français; d'où il suit que, sans violer les textes visés au moyen, l'arrêt attaqué a légalement justifié sa décision;

Par ces motifs:

Rejette le pourvoi formé contre l'arrêt rendu le 20 janvier 1958 par la Cour d'Appel de Nancy;

Condamne la demanderesse, à une amende de deux cents Nouveaux Francs envers le Trésor Public; la condamne envers la défenderesse à une indemnité de cent cinquante Nouveaux Francs, et aux dépens liquidés à la somme de quarante-huit Nouveaux Francs soixante centimes en ce non compris les coût, enregistrement et signification du présent arrêt;

Anhang 9

Arrêt de la Cour de Cassation – 1ère Chambre civile – du 7 mai 1963

Gosset c/ Carapelli

La Cour,

Sur le deuxième moyen:

Attendu que des énonciations tant de l'arrêt attaqué que de la décision entreprise à laquelle il se réfère en la confirmant, il appert que la Société française Gosset a acheté à la Société italienne Carapelli une importante quantité de graines de semence, pour laquelle elle avait obtenu licence d'importation;

Que, bien qu'avisée, avant l'expédition, que faute d'une autorisation spéciale qui n'avait pas en fait été accordée, la marchandise serait arrêtée en douane, elle n'en a pas moins donné à la Société venderesse l'ordre de l'expédier, non sans avoir fait accepter, au préalable, par celle-ci, qu'elle avait tenue dans l'ignorance de la situation nouvelle, une stipulation additionnelle de payement seulement après dédouanement; que la Société Carapelli a alors saisi la juridiction arbitrale italienne, désignée par la convention d'arbitrage figurant à la vente, d'une demande tendant à la réparation du dommage à elle causé par l'impossibilité du passage de la marchandise en douane et du refus de la société Gosset d'en payer le prix; que la sentence arbitrale italienne, condamnant la société Gosset à des dommages-intérêts, ayant reçu l'exequatur en France par ordonnance du Président du Tribunal Civil de Marseille, la société Gosset a formé, en vertu de l'art. 1028 C. Proc. Civ., opposition à cette ordonnance devant le Tribunal; qu'il est reproché à l'arrêt confirmatif attaqué de l'avoir déboutée de cette action, alors que la dépendance de la convention d'arbitrage à l'égard du contrat auquel elle se rapportait, lequel, selon le pourvoi, était vicié de nullité; rendait également nul le compromis et l'arbitrage consécutif;

Mais attendu au contraire qu'en matière d'arbitrage international, l'accord compromissoire, qu'il soit conclu séparément ou inclus dans l'acte juridique auquel il a trait, présente toujours, sauf circonstances exceptionnelles qui ne sont pas alléguées en la cause, une complète autonomie juridique, excluant qu'il puisse être affecté par une éventuelle invalidité de cet acte; que ce motif de pur droit, qu'il appartient à la Cour de Cassation de suppléer, suffit à justifier la décision attaquée, sans qu'il y ait même lieu de s'arrêter aux motifs de l'arrêt inutilement critiqués par le pourvoi; que le deuxième moyen ne saurait donc être accueilli;

Sur le troisième moyen:

Attendu que, non moins vainement, il est fait grief à la Cour d'Appel de n'avoir pas répondu, selon le pourvoi, aux conclusions faisant valoir que la sentence arbitrale italienne serait nulle dans son pays d'origine, et devait en outre être annulée pour atteinte aux droits de la défense;

Attendu en effet que tant par motifs propres que par motifs adoptés l'arrêt confirmatif attaqué a rejeté les moyens en question comme non valables et irrecevables faute de rentrer dans l'énumération limitative de l'art. 1028 C. Proc. Civ. en vertu duquel avait été formée opposition à l'ordonnance d'exequatur; que le grief de défaut de réponse manque en fait;

Rejette les deuxième et troisième moyens;

Mais sur le premier moyen:

Vu les art. 474 et 1020 C. Proc. Civ.;

Attendu qu'en matière d'arbitrage international, est, en dehors des cas prévus par l'art. 1028 C. Proc. Civ., susceptible de tierce opposition l'ordonnance sur requête accordant l'exequatur à une sentence étrangère, laquelle comme telle se trouve en France soustraite à la possibilité d'un appel; qu'en déclarant irrecevable cette voie de rétractation introduite par la société Gosset contre l'ordonnance prononçant, à la requête de la société Carapelli, l'exequatur d'une sentence arbitrale italienne, l'arrêt confirmatif attaqué a violé les textes susvisés;

Par ces motifs:

Casse, mais seulement dans les limites du premier moyen.

Anhang 10

Arrêt de la Cour de Cassation – 1ère Chambre civile – du 2 mai 1966

Trésor public c/ Galakis

La Cour,

Sur le moyen unique pris en ses diverses branches:

Attendu qu'il résulte des énonciations de l'arrêt attaqué que la Mission des Transports maritimes, dépendant du Ministère de la Marine marchande a, le 20 avril 1940, affrèté le navire grec « Aspasia » pour le transport de marchandise en provenance de l'Quest-Africain; que la charte-partie, conclue avec Jean Galakis, propriétaire du navire, prévoyait dans son article 17 que tout différend né du contrat serait soumis à un arbitrage à Londres; que l'affréteur ayant dénoncé le contrat le 27 juin 1940 au cours du voyage, l'armateur se prévalut de l'article 17 de la charte-partie; que l'Etat français refusa de participer à l'arbitrage et que, par sentence du 12 octobre 1953, il fut condamné à payer à Galakis la somme de £ 11.344; qu'une ordonnance du Président du Tribunal de la Seine du 23 décembre 1954 accorda l'exequatur à cette décision, mais que, sur opposition formée par l'agent judiciaire du Trésor, le Tribunal, par jugement du 25 juin 1959, déclara nulles la clause compromissioire litigieuse ainsi que la sentence arbitrale du 12 octobre 1953;

Attendu qu'il est reproché à l'arrêt attaqué d'avoir infirmé cette decision au motif que l'interdiction faite à l'Etat de compromettre par les articles 1004 et 83 du Code de procédure civile avait pour seul fondement la protection spéciale que lui assure, devant les juridictions françaises, la communication des causes le concernant au Ministère public et qu'il y pouvait renoncer comme il peut renoncer à son immunité de juridiction; que le pourvoi soutient d'abord que tel n'est pas le fondement de l'interdiction pour l'Etat de compromettre, qui procède d'une méfiance de principe à l'égard de l'arbitrage privé, dépourvu des garanties juridictionnelles normales; que, selon le pourvoi, l'interdiction en question constituerait une incapacité frappant la personne morale publique quel que soit le caractère de son activité; que le pourvoi prétend enfin que cette incapacité est nécessairement régie par la loi française sans qu'on puisse en cette matière faire intervenir la loi qui régit le contrat, et que, par suite, toute renonciation à cette incapacité heurte des règles d'ordre public international;

Mais attendu que la prohibition dérivant des articles 83 et 1004 du Code de procédure civile ne soulève pas une question de capacité au sens de l'article 3 du Code civil; que la Cour d'appel avait seulement à se prononcer sur le point de savoir si cette règle, édictée pour les contrats internes, devait s'appliquer également à un contrat international passé pour les besoins et dans des conditions conformes aux usages du commerce maritime; que l'arrêt attaqué décide justement que, la prohibition susvisée n'est pas applicable à un tel contrat et que par suite, en déclarant valable la clause compromissoire souscrite ainsi par une personne morale de droit public, la Cour d'appel, abstraction faite de tous autres motifs qui peuvent être regardés comme surabondants, a légalement justifié sa décision;

Par ces motifs:

Rejette le pourvoi formé contre l'arrêt rendu le 21 février 1961 par la Cour d'appel de Paris.

Anhang 11

Arrêt de la Cour d'Appel de Paris – 1ère Chambre civile – du 21 février 1980

General National Maritime Transport Company c/ Götaverken Arendal A.B

La Cour,

Considérant que l'arbitrage intervenu entre une société libyenne et une société suédoise pour le règlement d'un litige survenu à l'occasion de l'exécution de contrats relatifs à la construction et la livraison en Suède de trois navires pétroliers, présente un caractère international puisqu'il met en jeu les intérêts du commerce international;

Considérant que chacun des trois contrats comportait une clause compromissoire, intégralement reproduite ci-dessus, prévoyant que l'arbitrage aurait lieu à Paris et serait régi par les Règles de conciliation et d'arbitrage de la C.C.I. « en vigueur au moment de la sentence »;

Que les opérations d'arbitrage s'étant déroulées entre le mois de juillet 1976 et le 5 avril 1978, le règlement de la C.C.I., en vigueur depuis le 1er juin 1975, comporte un article 11 ainsi conçu:

« Les règles applicables à la procédure devant l'arbitre sont celles qui résultent du présent règlement et dans le silence de ce dernier, celle que les parties, ou à défaut l'arbitre, déterminent en se référant ou non à une loi interne de procédure applicable à l'arbitrage ».

Que cette disposition consacrant le principe de la loi d'autonomie, sans recours éventuel à une loi supplétive, est différente de celle résultant de l'article 16 de l'ancien règlement en date du 1er juin 1955, attribuant une compétence subsidiaire à la loi du lieu de l'arbitrage en cas de silence gardé par les parties ou les arbitres;

Considérant que dans l'acte de mission, signé par les parties, il a été également prévu (page 4, deuxième alinéa du texte original) que:

« L'arbitrage sera effectué selon les règles de conciliation et d'arbitrage en vigueur de la Chambre de commerce internationale. Dans le silence du règlement les arbitres détermineront les règles qui gouvernent la procédure »;

Considérant qu'en l'espèce, il est constant que les parties n'ont pas désigné de loi procédurale applicable en dehors des règles de cette nature instituée par le règlement de la juridiction arbitrale; que les arbitres n'ont pas davantage procédé à une telle désignation;

Considérant que le fait qu'il ait été noté à la fin de la sentence, sous la signature de deux arbitres, que Monsieur Toshani, autre arbitre, invité à signer ce document, a exprimé son refus par écrit le 5 avril, ne vaut pas nécessairement référence implicite à la loi de procédure française ou à toute autre loi procédurale étrangère contenant des dispositions comparables à celles de l'article 1016, deuxième alinéa, de l'ancien Code de procédure civile française;

Qu'il importe peu que, devant la Cour d'appel de Stockholm la société Götaverken ait cru pouvoir déduire de cette circonstance que la sentence avait été rendue conformément à la procédure française; que cette déduction n'a que la valeur d'une opinion émise par une partie interprétant les énonciations de la décision rendue par les arbitres;

Que, par ailleurs, la référence faite par les arbitres aux règles françaises de conflits de lois pour la désignation de la loi applicable au fond n'exerce aucune influence sur le choix éventuel d'une loi procédurale puisqu'il est de principe constant en droit international privé français que l'autonomie de la clause compromissoire permet de choisir une loi de procédure d'une nationalité différente de la loi de fond et que la clause du règlement de la C.C.I. permet aux arbitres de désigner directement une loi de procédure sans avoir recours à des règles de conflits;

Considérant que la sentence litigieuse, rendue selon une procédure qui n'est pas celle de la loi française et qui ne se rattache en aucune manière à l'ordre juridique français puisque les deux parties sont étrangères, et que le contrat a été conclu et devrait être exécuté à l'étranger, ne peut être considérée comme française;

Qu'en présence de la clause très claire, ci-dessus rappelée, du règlement de la C.C.I., le lieu des opérations d'arbitrage, uniquement choisi pour assurer leur neutralité, n'est pas significatif et ne peut être considéré comme une manifestation de volonté implicite des parties de se soumettre, ne serait-ce qu'à titre subsidiaire, à la loi procédurale française;

Que les dispositions de la Convention de New York, destinées à faciliter la reconnaissance et l'exécution des sentences arbitrales, sont sans application lorsque la demande en justice ne tend pas à voir déclarer exécutoire la sentence rendue à l'issue d'un arbitrage international;

Qu'il ne peut en être tiré aucun argument décisif pour admettre, à titre supplétif, la compétence obligatoire de la loi de procédure du pays où l'arbitrage a eu lieu;

Qu'au surplus, il importe de rappeler que la France a usé de la réserve prévue à l'article 1er, 3°, de la Convention de New York, en déclarant qu'elle appliquera la Convention, sur la base de la réciprocité, à la reconnaissance et à l'exécution des seules sentences rendues sur le territoire d'un autre Etat contractant;

Considérant que les voies de recours contre une sentence arbitrale qui n'est pas française, – à supposer qu'il soit justifié d'un intérêt pour agir –, sont celles ouvertes à l'encontre des sentences étrangères;

Que l'appel en nullité doit donc, en conséquence, être déclaré irrecevable;

Par ces motifs:

Dit l'appel en nullité irrecevable,

Condamne la société General National Maritime Transport Company (G.N.M.T.C.) aux dépens.

Anhang 12

(Redaktion, Übersetzung und Anmerkungen von Detlev von Breitenstein in Zusammenarbeit mit Jean-Louis Delvolvé)

Clause Compromissoire Modèle

pour un contrat international avec application de la loi de procédure française (articles 1442 et suivants du Nouveau Code de Procédure Civile)

« Loi applicable et règlement des litiges

1. Le présent contrat est soumis au droit ...

2. Tous différends entre les parties survenant au sujet ou à l'occasion du présent contrat seront, à défaut d'accord amiable, tranchés définitivement par arbitrage. L'arbitrage aura lieu à Paris et sera soumis à la loi française avec les stipulations particulières suivantes:

2.1. Sauf si les parties se mettent d'accord sur le nom d'un arbitre unique, le différend sera jugé par un Tribunal arbitral composé de trois arbitres.

2.2. La partie qui entend soumettre un différend à l'arbitrage adressera ses demandes à l'autre partie par lettre recommandée avec accusé de réception, en indiquant le nom et l'adresse de l'arbitre qu'elle aura désigné.

Dans les trente jours de la réception de cette lettre, l'autre partie devra faire connaître à la partie demanderesse, par lettre recommandée avec accusé de réception, le nom et l'adresse de son arbitre et indiquer ses moyens de défense. Elle pourra également dans cette lettre formuler des demandes reconventionnelles, auquel cas la partie demanderesse pourra faire valoir ses moyens de défense par lettre recommandée avec accusé de réception, jusqu'à la désignation du troisième arbitre, visée ci-après.

Dans les trente jours de la réception de la lettre de la partie défenderesse, les deux parties désigneront d'un commun accord un troisième arbitre qui présidera le Tribunal arbitral. Ce troisième arbitre devra posséder une bonne pratique du droit des affaires et en matière internationale. A moins que les parties n'en conviennent autrement, le troisième arbitre ne saurait être ni de nationalité ... ni de nationalité ...

2.3. En cas de révocation, décès, empêchement, perte du plein exercice des droits civils, abstention ou récusation d'un arbitre (article 1464 1° et 2° NCPC), l'instance arbitrale se poursuit. Dans ces cas, la désignation de l'arbitre de remplacement sera faite dans les trente jours suivant l'évènement en cause, par la ou les parties à qui, selon les dispositions du paragraphe 2.2 ci-dessus, la désignation d'origine incombait.

2.4. Le Tribunal arbitral constitué sera valablement saisi par la remise d'une copie des lettres visées au paragraphe 2.2 ci-dessus. Avec la présente clause compromissoire, ces divers documents vaudront compromis, sans préjudice du droit de chacune des parties de soumettre aux arbitres tous mémoires et dossiers complémentaires.

2.5. [Le Tribunal arbitral statuera en droit.]

[Les parties confèrent au Tribunal arbitral la mission de statuer comme amiable compositeur.]

Dans tous les cas, le Tribunal arbitral devra respecter la volonté des parties, telle qu'elle résulte des stipulations du présent contrat.

2.6. Le Tribunal arbitral pourra désigner tous experts.

Il pourra commettre un des arbitres aux fins de procéder aux actes de l'instruction et de dresser les procès-verbaux y efférents.

[Le Tribunal arbitral devra rendre sa sentence dans le meilleur délai, et au plus tard dans les . . . mois de l'acceptation de sa mission par le troisième arbitre. Ce délai sera augmenté du temps supplémentaire que pourra avoir requis la désignation d'arbitres dans les conditions visées aux paragraphes 2.3 ci-dessus et 2.9 ci-après. Toutefois, le Tribunal arbitral pourra, après avoir entendu les parties, proroger ce délai, si les circonstances de l'affaire le rendent nécessaire.]

2.7. La sentence sera définitive et en dernier ressort, les parties s'interdisant tout recours. Dans le cas visé à l'article 1485 NCPC, la juridiction saisie ne statuera pas sur le fond, à moins que les parties n'en conviennent autrement.

Le Tribunal arbitral décidera par qui et dans quelles proportions seront supportés tous les frais et honoraires occasionnés par l'arbitrage.

2.8. Le Tribunal arbitral sera dispensé de déposer sa sentence, qui devra simplement être notifiée aux parties par lettre recommandée avec accusé de réception, au domicile élu, ou à défaut, au domicile ou au siège de chacune d'elles.

La sentence devra être exécutée de bonne foi par chacune des parties dès après cette notification. Si l'une des parties refusait de procéder à l'exécution, malgré une sommation de ce faire restée sans effet après un délai de quarante-cinq jours, les frais afférents à l'exécution forcée de la sentence, que l'autre partie engagera alors, seront à la charge de la partie récalcitrante.

2.9. Toutes difficultés relatives à la mise en œuvre du présent article et au déroulement de la procédure d'arbitrage peuvent être portées devant le Président du Tribunal de Grande Instance de Paris selon les modalités de l'article 1457 NCPC. »

Übersetzung

Muster-Schiedsklausel
für einen internationalen Vertrag mit Anwendung des französischen Verfahrensrechts (Artikel 1442 ff. des Neuen Zivilprozeßgesetzbuches – NCPC)

»*Anwendbares Recht und Regelung von Streitigkeiten*

1. Der vorliegende Vertrag unterliegt dem . . . Recht.

2. Alle zwischen den Parteien wegen oder aus Anlaß des vorliegenden Vertrages entstehenden Streitigkeiten werden, in Ermangelung einer gütlichen Einigung, endgültig auf dem Schiedswege entschieden. Das Schiedsverfahren findet in Paris statt und unterliegt dem französischen Recht nach Maßgabe der folgenden besonderen Abreden:

2.1. Außer wenn die Parteien sich auf den Namen eines Einzelschiedsrichters einigen, wird die Streitigkeit von einem aus drei Schiedsrichtern bestehenden Schiedsgericht entschieden.

2.2. Die Partei, die beabsichtigt, eine Streitigkeit der Schiedsgerichtsbarkeit vorzulegen, richtet ihre Ansprüche an die andere Partei mittels eingeschriebenen Briefes mit Rückschein unter Angabe des Namens und der Adresse des von ihr benannten Schiedsrichters.

Binnen 30 Tagen nach Erhalt dieses Briefes muß die andere Partei der Klägerin mittels eingeschriebenen Briefes mit Rückschein den Namen und die Adresse ihres Schiedsrichters bekanntmachen und ihre Verteidigungsmittel angeben. Sie kann in diesem Brief gleichfalls Widerklageansprüche geltend machen, in welchem Fall die Klägerin ihre Verteidi-

Anmerkungen

Mit Rücksicht auf Artikel 1496 NCPC wird empfohlen, eine ausdrückliche Rechtswahl zu treffen.

An sich ist auch die Wahl eines außerhalb Frankreichs gelegenen Schiedsortes möglich. In einem solchen Fall wären jedoch eventuell bestehende besondere Vorschriften des an dem gewählten Schiedsort geltenden Verfahrensrechts zu beachten.

gungsmittel bis zur im nachfolgenden vorgesehenen Benennung des dritten Schiedsrichters mittels eingeschriebenen Briefes mit Rückschein geltend machen kann.

Binnen 30 Tagen nach Erhalt des Briefes der Beklagten benennen die beiden Parteien gemeinsam einen dritten Schiedsrichter, der dem Schiedsgericht vorsitzt. Dieser dritte Schiedsrichter muß über eine gute Erfahrung im Wirtschaftsrecht und in internationalen Angelegenheiten verfügen. Außer wenn die Parteien etwas anderes vereinbaren, soll der dritte Schiedsrichter weder ... noch ... Staatsangehörigkeit sein.

In internationalen Schiedsverfahren empfiehlt es sich, den dritten Schiedsrichter aus einem anderen Land als dem der Parteien auszuwählen.

2.3. In den Fällen der Abberufung, des Todes, der Verhinderung, des Verlustes des Vollbesitzes der bürgerlichen Rechte, der Enthaltung oder der Ablehnung eines Schiedsrichters (Artikel 1461 1° und 2° NCPC) wird das Schiedsverfahren fortgesetzt. In diesen Fällen erfolgt die Benennung des zu ersetzenden Schiedsrichters binnen 30 Tagen nach Eintritt des fraglichen Ereignisses durch die Partei oder Parteien, denen nach den Bestimmungen des voraufgehenden Paragraphen 2.2. die ursprüngliche Benennung oblag.

Diese Klausel bezweckt, das in Artikel 1461 NCPC vorgesehene Ende des Schiedsverfahrens in einem der genannten Fälle zu vermeiden.

2.4. Das bestellte Schiedsgericht wird wirksam befaßt durch die Übergabe einer Kopie der in dem voraufgehenden Paragraphen 2.2. genannten Briefe. Mit der vorliegenden Schiedsklausel gelten diese Unterlagen als Schiedsvertrag, unbeschadet des Rechtes einer jeden Partei, den Schiedsrichtern ergänzende Schriftsätze und Akten zu unterbreiten.

Obwohl das französische Recht nunmehr wohl nicht mehr den »compromis« (Artikel 1447 ff. NCPC) verlangt, wenn die Parteien eine Schiedsklausel vereinbart haben, empfiehlt es sich oft, ein solches Schriftstück zu erstellen, in dem Einzelheiten betreffend das durchzuführende Schiedsverfahren geregelt werden können.

2.5. [Das Schiedsgericht entscheidet nach Recht.]

[Die Parteien übertragen dem Schiedsgericht das Amt, als amiable compositeur zu urteilen.]

Vgl. die Artikel 1474 und 1497 NCPC. In dieser Schiedsklausel ist zwischen der einen oder anderen der alternativ vorgeschlagenen Bestimmungen zu wählen.

In allen Fällen muß das Schiedsgericht den Willen der Parteien beachten, so wie er sich aus den Bestimmungen des vorliegenden Vertrages ergibt.

Diese Klausel empfiehlt sich mit Rücksicht auf Artikel 1496/1497 NCPC. Insbesondere bei langfristigen Verträgen ist ein Verfahren der Vertragsanpassung an geänderte oder nicht vorgesehene Umstände zu erwägen.

2.6. Das Schiedsgericht kann jedwede Sachverständige bestellen.
Es kann einen der Schiedsrichter damit beauftragen, die Maßnahmen der Beweisaufnahme durchzuführen und die diesbezüglichen Verhandlungsprotokolle abzufassen.

[Das Schiedsgericht muß seinen Schiedsspruch baldmöglichst und spätestens binnen ... Monaten nach der Annahme seines Amtes durch den dritten Schiedsrichter erlassen. Diese Frist wird um die zusätzliche Zeit verlängert, die eventuell erforderlich ist für die Benennung von Schiedsrichtern unter der im vorstehenden Paragraphen 2.3. und nachstehenden Paragraphen 2.9. bezeichneten Bedingungen. Gleichwohl kann das Schiedsgericht nach Anhörung der Parteien diese Frist verlängern, wenn die Umstände der Angelegenheit dies erforderlich machen.]

Vgl. Artikel 1461 NCPC, der unpraktisch sein dürfte und abbedungen werden sollte.

Wenn die Parteien die strenge Bindung des Schiedsgerichtes an die Sechs-Monats-Frist, die nur im Einverständnis der Parteien oder durch staatlichen Gerichtsentscheid verlängert werden kann, nicht wünschen, dann sollten sie diese Klausel vorsehen.

2.7. Der Schiedsspruch ist endgültig und letztinstanzlich; die Parteien versagen sich jeden Rechtsmittels. In dem in Artikel 1485 NCPC vorgesehenen Fall entscheidet das angerufene Gericht nicht zur Sache selbst, es sei denn, die Parteien vereinbaren hierzu etwas anderes.

Das Schiedsgericht entscheidet, von wem und in welchem Verhältnis alle durch das Schiedsverfahren veranlaßten Kosten und Honorare getragen werden.

2.8. Das Schiedsgericht ist davon entbunden, seinen Schiedsspruch niederzulegen; dieser muß lediglich den Parteien durch eingeschriebenen Brief mit Rückschein am gewählten Sitz oder, in Ermangelung eines solchen, am Wohn- oder Geschäftssitz einer jeden von ihnen zugestellt werden.

Alsbald nach dieser Zustellung muß der Schiedsspruch nach Treu und Glauben von jeder der Parteien vollzogen werden. Falls eine der Parteien sich weigert, die Vollziehung vorzunehmen, trotz einer diesbezüglichen und nach einer Frist von 45 Tagen erfolglos gebliebenen förmlichen Aufforderung, gehen die Kosten im Zu-

Es handelt sich um die Niederlegung bei Gericht, die in Frankreich zur Gültigkeit und Wirksamkeit des Schiedsspruches nicht erforderlich ist, eventuell aber für die Vollstreckung in einem anderen Land verlangt wird.

sammenhang mit der Zwangsvollstreckung des Schiedsspruches, die die andere Partei daraufhin einleitet, zu Lasten der widerspenstigen Partei.

2.9. Alle Schwierigkeiten betreffend die Durchführung dieses Artikels und den Ablauf des Schiedsverfahrens können vor den Präsidenten des Großen Instanzgerichtes von Paris nach Maßgabe des Artikel 1457 NCPC gebracht werden.«

Diese Hilfsfunktion eines staatlichen Gerichts dürfte sich empfehlen, kann aber abbedungen werden (vgl. Artikel 1493 Absatz 2 NCPC).

Literatur

P. Bellet et *E. Mezger,* L'arbitrage international dans le nouveau code de procédure civile, Rev.cr.dr.int.pr. 1981, 611.

G. Cornu, J. L. Delvolvé, P. Level, Y. Loussouarn, P. Paclot, R. Perrot, J. Robert, La réforme du droit de l'arbitrage (décret du 14 mai 1980), Rev.arb. 1980, 583.

J. L. Delvolvé, France as a forum for international arbitration, The International Contract-Law & Finance Review, 1981, 421.

Y. Derains, National reports: France, Yearbook Commercial Arbitration, vol. VI, 1981, S. 1.

Ph. Fouchard, B. Goldman, F. C. Jeantet, J. Robert, Le droit de l'arbitrage international en France (décret du 12 mai 1981, Rev.arb. 1981, 447.

P. Level, La réforme de l'arbitrage international, Semaine Juridique, édition CC et I 1981, No. 9899.

E. Mezger, Überblick über das französische Recht der Schiedsgerichtsbarkeit nach dem Reformdekret vom 14. 5. 1980, ZZP 1981, 117 ff.

E. Mezger, Kernpunkte der Reform des Rechts der internationalen Handelsschiedsgerichtsbarkeit in Frankreich, RIW 1981, 511 ff.

J. Robert, La législation nouvelle sur l'arbitrage, in: Recueil Dalloz, Sirey 1980, ch., S. 189.

J. Robert, L'arbitrage en matière internationale, in: Recueil Dalloz, Sirey 1980, ch., S. 209.

In Vorbereitung:

Arbitration in France, Trilingual Edition, annotated by *Jean-Louis Delvolvé.*

Stich- und Schlagwortverzeichnis*

* Zusammengestellt von Beate Maiwald

Schriftenreihe des Deutschen Instituts für Schiedsgerichtswesen

Herausgegeben von Prof. Dr. Karl-Heinz Böckstiegel

Band 1

Die Internationale Schiedsgerichtsbarkeit in der Schweiz

Mit Beiträgen von
Eugen Bucher, Frédéric-Edouard Klein, Werner Wenger, Dieter Hangarter

1979. VIII, 159 Seiten. Broschiert 118,– DM. ISBN 3-452-18585-0

Band 2

Vertragspraxis und Streiterledigung
im Wirtschaftsverkehr mit arabischen Staaten

Mit Beiträgen von
Ernst Klingmüller, Hilmar Krüger, Jacques El-Hakim, Konrad Dilger, Herbert Stumpf

1981. X, 387 Seiten. Broschiert 320,– DM. ISBN 3-452-18932-5

Band 3

Schiedsgerichtsbarkeit in Frankreich

Mit Beiträgen von
Detlev von Breitenstein, Roland Funck-Brentano, Jacques Mauro, Ernst H. Mezger, Richard Neuer, Alexander Schill

1983. X, 166 Seiten. Broschiert 145,– DM. ISBN 3-452-19449-3

Carl Heymanns Verlag KG · Köln · Berlin · Bonn · München